도서
출판 **밀알서원** (Wheat Berry Books)은 CLC가 공동으로 운영하는
복음주의 출판사로서 신앙생활과 기독교문화를 위한
설교, 시, 수필, 간증, 선교·경건서적 등을 출판하고 있습니다

하나님으로부터 걸려 온 전화

애들아, 나도 너희들에게 할 말이 있단다

A phone call from God
Written by Hawon
All rights reserved.
Korean Edition Copyright © 2024 by Wheat Berry Books, Seoul, Korea.

하나님으로부터 걸려 온 전화
애들아, 나도 너희들에게 할 말이 있단다

2024년 1월 20일 초판 발행

지 은 이 | 하원

디 자 인 | 서민정
펴 낸 곳 | 도서출판 밀알서원
등   록 | 제21-44호(1988. 8. 12.)
주   소 | 서울특별시 동대문구 천호대로71길 39
전   화 | 02-586-8761~3(본사) 031-942-8761(영업부)
팩   스 | 02-523-0131(본사) 031-942-8763(영업부)
이 메 일 | clckor@gmail.com
홈페이지 | www.clcbook.com
송금계좌 | 기업은행 073-085404-01-017 예금주: 밀알서원
일련번호 | 2024-4

ISBN 978-89-7135-153-6

이 책의 출판권은 도서출판 밀알서원이 소유합니다.
신저작권법에 의하여 한국 내에서 보호받는 저작물이므로 무단 전재와 무단 복제를 금합니다.

하원 시리즈 ①

하나님으로부터
걸려 온 전화

애들아,
나도 너희들에게
할 말이 있단다

도서
출판 밀알서원

목차

저자 서문   7

첫 번째 이야기
EXIT(비상구)   40

두 번째 이야기
성경은 만물의 기원과 죄의 기원을 알려 준다   107

세 번째 이야기
출생의 비밀   120

네 번째 이야기
진짜 도둑 1   155

다섯 번째 이야기
진짜 도둑 2   191

여섯 번째 이야기
하나님으로부터!   225

일곱 번째 이야기
영원으로부터 온 편지   241

여덟 번째 이야기
가자! 하나님과의 인터뷰 현장에   313

하나님의 자녀가 되는 영접 기도문   321
책을 펴내면서   323

"네게 넥타이가 있잖아?
내가 시키는 대로 하면 편안하게 이 세상을 떠날 수 있어. 목을 매!"
이런 소리가 귀에서 계속 들려왔다.
나는 결국 그 목소리를 따라 아무도 없는 산에 올라가 큰 나무에 밧줄을 걸었다.
돌을 층층이 올린 뒤, 그 위로 올라가 목에 밧줄을 걸고 눈을 감았다.
이제 몸을 비틀기만 하면 아무도 없는 이곳에서 삶을 마감할 수 있었다.
그때 우레와 같은 한 소리가 들려왔다.
정말 지옥이 이보다 무서울까 하는 생각이 들 정도로 무서운 음성이었다.
"너, 이대로 죽으면 지옥 가!"
나는 망설일 틈도 없이 황급히 밧줄을 목에서 걷어냈다.
한시도 더 이 산에 머물러서는 안 된다는 두려움이 지배했다.
서둘러 산을 내려오면서 한 가지 의문이 일었다.
'내가 어떻게 여기까지 올라왔지?…'
어둠이 짙게 내린 무섭고 거친 산이었다.

— 부활, 중독, 아버지의 마음/영화감독 김상철

한 번 죽는 것은 사람에게 정해진 것이요 그 후에는 심판이 있으리니
_히 9:27.

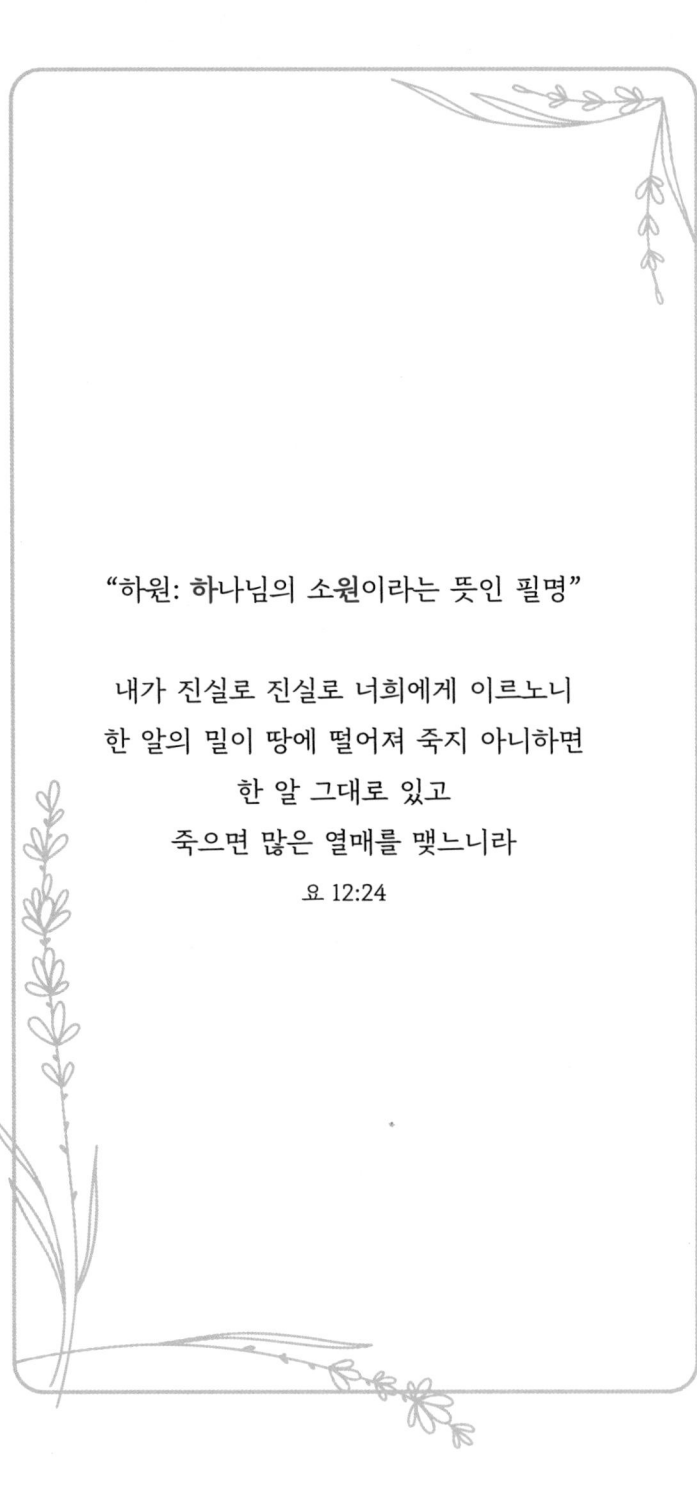

"하원: 하나님의 소원이라는 뜻인 필명"

내가 진실로 진실로 너희에게 이르노니
한 알의 밀이 땅에 떨어져 죽지 아니하면
한 알 그대로 있고
죽으면 많은 열매를 맺느니라

요 12:24

저자 서문

지는 꽃, 떨어지는 꽃, 그 모든 꽃잎 새로이 소생되기를 ….

이 나뭇잎에서 저 나뭇잎으로 옮겨가는 애벌레처럼
그저 하루를 갉아먹는 것이 최선인 삶
나는 최선을 다해 사는 척하는 것 같다
애벌레는 무사히 무당벌레가 될 수 있을까
무당벌레는 자신의 무늬를 이해하고 받아들일 수 있을까

이 세상에서 언젠가 죽기 마련인 목숨은 그때가 언제일지 알 수 없고
이 짧고 비참한 삶은 외로움으로 묶여있다

태어난 모든 것은 죽지 않을 수 없다
갓 태어나 죽음이 뭔지 모르는 초태생 동물에게도
역시 죽음이 기다리고 있다
이것이 바로 우리 존재의 운명이다

창조냐 진화냐 그것이 문제로다!
지구 최남단 남극점의 거대한 대륙.
면적 약 1,440만 제곱킬로미터로 지구 육지 면적의 9.2퍼센트.
온 대륙이 얼음으로 뒤덮인 새하얀 세상.
이곳에 사람이 만들지도 않은 로봇들이 떼를 지어 살아가고 있다고 해 보자! 얼마나 끔찍하겠는가? 실로 경악할 일이 아닐 수 없다(그런 일은 일어나지 않지만).

모든 피조물은 "하나님이 하나님이지 나는 아니다."라고 말하기 위해 존재한다. 이 말은 로봇이 "나를 만든 이가 인간이지 내가 아니다."라고 말하는 것과 같은 의미이다. 물질을 확대하고 확대하면 거기엔 원자가 있다.
인간 안에 설계된 원자를 알면 진화란 말은 감히 입 밖에 나올 수 없다.
인류 문명의 발전은 측정 기술의 발전에 비례한다고 해도 과언이 아니다.
"측정하지 못하고 논한다면 지식의 시작은 될지언정 과학적이 되려면 아직 멀었다." 이는 절대온도 개념을 제안한 켈빈 경이 한 말이다.
진실은 사실에 기반을 둬야지 괜한 추측이나 무슨 무슨 설로 대변하는 게 아니란 것이다.

인간이 좋아하는 로봇! 로봇은 그 설계도가 매우 복잡하다.
그중에 사람을 본떠 만든 AI는 훨씬 더 정밀하다.
고도화된 기술을 가지고 각 분야의 수많은 사람들이 달려들어 엄청난 노력과 힘을 쏟아부을 때 비로소 그 운동력을 갖게 된다.
인간은? 측량되지 않을 만큼 더 복잡하다.
우리 눈앞에 있는 쌀 한 톨 또는 물방울 하나를 이 세상 모든 잘나가는 과학자들이 다 합쳐서 어벤저스 팀을 만든 후에, 우리가 가진 모든 자금을 다 투자해도 우리 눈앞에 있는 그 쌀 한 톨, 물방울 하나를 만들어 낼 수 없다는 사실이다.

오랜 시간 인류는 '진화'와 '창조'라는 두 메커니즘(사물의 작용 원리나 구조) 을 가지고 수십 세기에 걸쳐 치열한 각축전을 벌여왔다.

"창조야! 아니야 진화야!" 하며 피 튀기는 싸움을 벌여온 것이다.

중간은 없다. 존재는 우연(진화)이든 필연(창조)이든 둘 중 하나로 지금 우리의 생명체들이 이 세계(Cosmos:질서정연한 우주)에 발붙이고 살아가고 있을 뿐. 가령 자동차라는 것이 누가 만들었든 저절로 존재해 나왔든 둘 중 하나이지, 어느 날 하늘에서 "툭!" 떨어진 것이 아니란 것이다.

어떤 이들은 "우연이면 어떻고 필연이면 어때, 그냥 살다 가면 그뿐이지." 하고 대수롭지 않게 넘기지만, 우연일 때는 그 말이 정답일 수도 있겠으나 필연이라고 할 때는 그 답이 180도 달라지게 된다.

집마다 지은이가 있으니 만물을 지으신 이는 하나님이시라 _히 3:4.

주인이 있는데, 엄연히 그 만들어진 물건의 주인이 존재하고 있는데, 그렇게 대처한다는 건 주인에게 두 가지 큰 리스크를 남긴다.

첫째는 주인의 명예를 모독하고 있는 것이요,
둘째는 주인의 재산권 침해에 해당하는 누를 범하는 행동이다.
이것은 아주 심각한 문제이다.

우연이 맞다면 주인이 없기에 별짓을 다 해도 괜찮다.
가져다가 타든 굴리든 때리고 부수든 무슨 짓을 하든 간에
법적으로 하등 문제 될 게 없다.
그러나 주인이 있다고 할 때는 상처 내고 흠집 내고 망가뜨린

그 부분에 반드시 변상해 주어야 한다.
주인이 원하는 그대로 원상 복귀해 주어야 하는 것이
법치주의가 명시한 법률유보의 원칙이다.

> 내가 반드시 너희의 피 곧 생명의 피를 찾으리니 짐승이면 그 짐승에서 사람이나 사람의 형제면 그에게서 그의 생명을 찾으리라 다른 사람의 피를 흘리면 그 사람의 피도 흘릴 것이니 이는 하나님이 자기 형상대로 사람을 지으셨음이라 _창 9:5-6.

하위 차원은 결코 상위 차원을 논리적 이성적으로 이해할 수 없고
지배관리 통제할 수 없다는 것에 모두 의의가 없을 것이다.
도계에는 '인간은 자기가 알고 있는 것만을 발견할 수 있다.'는
오래된 금언이 있다. 우주(생명)의 신비를 풀고자 먼 길을 달려왔고,
존재의 의미를 알고자 몸부림치는 것은 오직 만물 중 인간만이 유일
하다.
그 속에 '하나님의 형상(창1:27)'이 함께하기 때문이다.
과학의 역량은 지금까지 보이지 않는 존재의 실재성!
죽음의 장막 너머의 범주를 벗어난 과녁들! 즉 신神 존재 증명에 대한
영적 표식과 신의 지문을 찾아낼 수 없다고 했다.
오히려 그 반대이다. 21세기 현 과학은 미지의 세계를 더듬어
죽음의 장막 저편 세계까지 완벽히 추적해 들어가 불가능의 트로피를
손에 넣는 쾌거를 이룩했다.

지금까지 지구상에 왔다 간 수천억 인구 중 단 한 사람도
같은 얼굴, 같은 눈동자(홍채), 같은 목소리, 같은 성향,
같은 지문, 같은 DNA를 가진 사람이 한 사람도 존재하지 않았다.
이 사실은 무엇을 의미하고 있을까?

지금부터 우리는 긴급으로 보도되고 있는 다음 속보를 통해,
우리 개개인의 생명체들이 어떤 작용과 루트 속에서
현재를 살아가고 있는가를 한 치의 오류 없이 판별해 내야 한다.

- 하나님으로부터 걸려 온 전화 제2부 <계셨군요 당신> 中

라디오 생방송 中 걸려 온 한 통의 전화

마이크! 제 얘기 좀 들어 주시겠어요?
물론이지 로건, 무슨 일이니?
하나님이 저에게 말씀하신 것에 대해 얘기하고 싶어서요.
그래? …
어제 우리 아빠가 송아지를 줄로 옭아매셨는데 …
이 송아지는 매우 늙은 소에게서 태어나서 …
건강한 우유를 먹지 못했어요.
그래서 오늘 아침 제가 밖에 나가서 묻고 왔어요.
하나님께 물어봤어요.
하나님! 왜 제 송아지를 데려가셨나요?
저에겐 소중한 아이인데 …
그때 하나님께서 말씀하셨어요.
로건, 내 아들도 나에게 소중했단다 …
하지만 사람들을 구원하기 위해 죽어야 했어 …
똑같은 거라고 생각해요. 전 그 아이를 참 아꼈어요.
하나님에게 그의 아들도 매우 소중했어요.
이제 한 가지 사실을 말할게요. 굉장히 중요해요!
사랑하는 사람이나 애완동물을 잃어버렸을 때
하나님께서도 사랑하는 아들을 잃으셨다는 사실을 항상 기억하세요.

하나님은 모두 이해하십니다. 언제나 이해해 주십니다.
그냥 하나님께 나아가면 돼요.

하나님이 세상을 이처럼 사랑하사 독생자를 주셨으니 이는 그를 믿는 자마다 멸망하지 않고 영생을 얻게 하려 하심이라 _요 3:16.

딸을 잃은 엄마의 선택

여자의 일곱 살 난 딸을 성폭행하고 살해한 가해자가 법정에서 오히려 아이가 자신을 유혹했다는 진술을 하자, 피해자는 가해자를 총으로 쏴 죽인다.
여러분은 어떻게 생각하는가? …

남편 없이 홀로 키워 온 일곱 살난 딸을 살해한 범죄자를 법정에서 일곱 발의 총을 쏴 살해한 엄마

본 실화를 바탕으로 제작된 영화 〈No Time For Tears - The Bachmeier Case〉.
사랑하는 가족을 성폭행하고 죽인 살인범의 얼굴을 법정에서 대면하게 된다면 당신은 어떻게 행동할 것 같은가!
실제 이 같은 상황에서 법정에서 범인을 살해한 유족의 사연이 전해졌다. 최근 한 온라인 커뮤니티에서는 〈일곱 살 딸을 살해한 범죄자를 법정에서 총으로 쏴 죽인 엄마〉라는 제목으로 실화가 공유됐다.

사건은 1981년 독일에서 발생했다.
일곱 살 난 아이 안나는 같은 마을 주민이었던 서른다섯 살 남성 클라우스 그라보우스키에게 유괴되어 몇 시간에 걸쳐 성폭행당한 후 살해됐다. 안나의 시신은 처참한 상태로 강가에 버려졌다. 그라보우스키는 잡히지 않다가 약혼자가 그를 경찰에 신고한 후에야 범죄를 자백했다.

그러나 그라보우스키는 법정에서 "여자아이가 스스로 내 집에 들어온 것이지 유괴가 아니다. 성행위도 스스로 원해 나를 유혹했다."는 주장을 일관되게 내세웠다. 게다가 "여자아이가 성관계를 빌미로 나를 협박하며 돈을 뜯어내려고 해서 두려워 어쩔 수 없이 죽였다."고 주장했다.

안나의 엄마, 마리안 바흐마이어는 그라보우스키가 가벼운 형을 받을 것 같아 두려웠다. 그리고 끝내 결심을 하기에 이른다. 재판 사흘째 되는 날, 마리안은 코트 안에 권총을 숨긴 채 재판에 참석했다. 그라보우스키가 진술하던 순간이었다. 방청석에서 일어나 꼿꼿하게 선 마리안은 진술 중인 그라보우스키의 등에 여덟 발을 쐈다. 일곱 발이 명중했다. 우연히도 안나의 나이(일곱 살)와 같은 숫자였다. 그라보우스키는 그 자리에서 즉사했다.

아빠 없이 홀로 안나를 키워왔던 엄마 마리안은 "그라보우스키가 더 이상 안나에 대해 거짓말하는 것을 막아야 했다. 우발적인 범행이 아니고 신중한 고려 끝에 그라보우스키를 살해했다."고 인정했다. 실제 조사 결과 그라보우스키의 주장과 달리 안나는 마을에서 정육점을 하던 그라보우스키가 키우는 고양이와 함께 놀고 싶어 하다가 납치된 것으로 알려졌다.

마리안은 범행 뒤 곧바로 살인 혐의로 기소되었고 유죄로 인정되어 6년 형을 선고받은 마리안은 3년 복역 후 석방됐다. 이후 마리안은 46세의 나이로 세상을 떠났다. 사인은 암이었다. 마리안은 유언으로 "딸, 안나의 곁에 묻어달라."고 청했고, 죽은 후 안나와 함께 같은 무덤에 묻혔다.

<하나님의 명판결>

살아서 악한 짓을 한 남자가 죽어서 하늘나라에 갔다.

하나님이 그에게 물었다.
"천국과 지옥 중 어디에 가기를 원하느냐?"
그는 대답했다.
"천국에 가기를 원합니다."
그러나 하나님이 다시 물었다.
"그럼, 생전에 나쁜 짓을 한 적은 없느냐?"
남자는 속일 수 없다는 것을 알고 이렇게 말했다.
"강도짓을 하기는 했지만 … 오래 하지는 않았습니다."
"또?"
"강간을 하기는 했지만 … 많이는 하지 않았습니다."
"그리고?"
"사람을 죽이기는 했지만 역시 많이 죽이진 않았습니다."
그러자 하나님이 말씀했다.
"응, 그랬군 … 그럼, 너를 아주 뜨거운 곳으로 보낼 텐데 많이 뜨겁지는 않을 거야 … 그리고 그곳에서 네가 저지른 행위가 네게도 똑같이 일어나게 될 텐데 그리 괴롭지는 않을 거야 … "

> 또 내가 들으니 하늘로부터 다른 음성이 나서 이르되 내 백성아 거기서 나와 그의 죄에 참여하지 말고 그가 받을 재앙들을 받지 말라 그의 죄는 하늘에 사무쳤으며 하나님은 그의 불의한 일을 기억하신지라 그가 준 그대로 그에게 주고 그의 행위대로 갑절을 갚아 주고 그가 섞은 잔에도 갑절이나 섞어 그에게 주라 _계 18:4-6.

"가장 두려워해야 할 세 가지는 백성과 하늘, 그리고 자기 마음이다."
- 목민심서

소금을 비싸게 파는 방법은? 소와 금을 나누어 팔면 된다.
깨끗한 친구를 사귀려면 어디로 가야 할까? 목욕탕.
너무 아는 척하는 사람을 네 글자로 줄이면? 얇적존재.

그럴 리가 없는데 … 절대로 그럴 리가 없는데 …
예를 들어 칠십 년 동안 매일매일 단 하루 1분 1초도 죄를 짓지 않고 살아온 사람이 있다고 치자. 그런데 이 사람이 어느 날 밤길에 운전을 하다 '아차' 하는 사이 그만 사람을 치고 함께 세상을 떠났다.
자, 어떻게 될까?
이 사람이 갈 곳이 천국인가? 지옥인가?
죄값을 치러야 하는지 아닌지를 묻고 있는 것이다.

> 그러므로 율법의 행위로 그의 앞에 의롭다 하심을 얻을 육체가 없나니 율법으로는 죄를 깨달음이니라 _롬 3:20.

어제 잘못 산 것이 오늘 하나님께 나아가는 데 있어 발목을 잡혀서는 안 된다. 오히려 그것 때문에 더 힘 있게 하나님께 나아가야 한다.
나폴레옹은 "오늘의 불행은 언젠가 내가 잘못 흘려보낸 시간의 보복"이라고 말했다. 그 말을 죽은 후 마지막 심판대 앞에서 해서는 안 된다.

과학자들은 새로운 정보를 접하게 되면 또다시 자기주장을 바꾼다. 왜냐하면, 그들이 말하고 있는 것이 원래 진리가 아니기 때문이다. 그러나 진리는 처음부터 바꿀 필요가 없다. 왜냐하면, 처음부터 진리였을 뿐 아니라 나중에도 진리이고 영원토록 진리이기 때문에.
진리는 변하지 않는다. 진리는 시대를 초월해 불변해야 하고 특정인이 아닌 모든 이에게 똑같이 복(유익)이 되어야 하는 게 그 특징이다. 그 진리가 여러분을 찾고 있다. 나 자신이 스스로를 용서 못 하더라도 하나님 앞에 나아가 진심으로 회개해야 한다.

성경이 기록한 대로 그분의 인자하심은 영원하기에 …

아름다운 굴복/무명의 성도로부터

지나온 시간을 회상해 본다. 안개처럼 희뿌연 지나온 나날들 …

일찍이 나는 어머니를 여의고 늘 형들의 매받이가 되어 유년 시절을 보냈다. 나중에야 알았지만, 어머니는 정신이 혼미한 상태로 약을 먹고 절벽에서 투신했다고 한다.

새로 들어온 새어머니라는 여자는 동화 속 계모처럼 늘 나를 무서운 눈초리로 째려보다가 나중에는 아무것도 아닌 일로 자주 매질을 해대곤 했다. 어린 나이 때부터 막노동 저리 가라는 일들도 서슴지 않아야 했고, 그나마 날 귀여워하시던 할머니마저 별로 힘이 되어주지 못하고 황천길로 떠났다.

지금도 생각나는 것은 이따금 할머니를 따라 절엔가 하는 곳에 가서 손이 발이 되도록 비벼대며 무슨 말인지 도통 알아들을 수 없는 주문을 따라 했던 기억이 떠오르곤 한다. 아버지가 술, 놀음, 여자, 폭력 등등 이런 문제가 있다는 것은 여기서 굳이 장황히 설명하지 않아도 될 것 같다. 하나님을 떠난 인간에게 그것은 옵션에 불과한 것이니.

나는 점점 흉물로 변해가기 시작해 근본도 알 수 없는 괴물이 되어 갔다. 음식물은 증오를 키우는 데 사용되었고, 끝도 없는 외로움만을 배설해 냈다. 왜 그런지, 왜 그래야만 하는지 그 이유를 따져 물을 겨를도 없이 나는 그저 버러지처럼 이리저리 밀쳐진 채 굴러다녔다.

엄마가 그리울 땐 담벼락에 쪼그리고 앉아 하염없이 흐르는 눈물을 닦아냈고, 따뜻한 털을 지닌 삽살개만이 나의 유일한 친구가 되어 주었다. 그리고 죽음이란 단어가 내 머리를 온통 지배할 즈음에 이르러서야 그 끔찍한 곳에서 도망쳐 나올 수 있었다.

그러나 인생은 그리 호락호락하지 않았다. '뭐 피하려다 뭐 뒤집어쓴다'고 그것은 탈출도, 도피도 아니었다. 나는 또다시 이리 뒹굴 저리 뒹굴 닥치는 대로 굴러다녔다. 차면 굴렀고, 때리면 맞았다. 욕하면 그거라도 배부르게 먹었다. 세상에 그런 무서운 욕이 있다는 걸 알았을 때 그건 어린 영혼에 너무 큰 치욕을 안겨 주었다. 그때의 나이 불과 열두 살이었다.

내게도 원래 악마의 피가 흐르고 있었던 것일까?

두 눈에 불꽃이 튀었고, 주먹을 쥐었다. 더 이상 당하지만은 않으리라는 적개심이 타올랐다. 소매치기와 사기, 절도, 강간 그리고 밀수 등등 나는 그야말로 악 백화점 그 자체였다. 양심이라는 말에 더 큰 분노와 앙심을 불러일으켰고 스스로 악마가 되고자 주문을 외웠다.

나는 지옥의 마왕이다!

사탄의 후계자다!

스스로 하사하고 기뻐 날뛰었다. 그런 날이면 어김없이 코가 삐뚤어지게 술을 마셔대고는 무작정 차를 강탈해 마치 레이스 선수마냥 도로 여기저기를 누볐다. 죽어도 좋았다. 아무것도 두렵지 않았다. 그 순간만은 내 세상이었다. 나는 도로의 황태자였다.

서적과 잡지, 비디오, 영화 그리고 음악 모두가 악과 관계되고 악과 교류하는 것들로 내 영혼을 가득 채워 나갔다.

아예 칩 자체가 교체된 것일까!

보이는 것은 전부 저주의 대상이 돼버렸고, 그야말로 나는 저주의 화신이 되어 내가 가는 모든 곳에 악을 뿌렸다. 감방을 학교처럼 들락거렸다. 그땐 그것이 악마의 직속 안수를 받는 것인 줄도 몰랐다. 그것이 얼마나 무서운 것인지 땅 위 모든 만물을 암흑으로 변하게 하는 거대한 방사능 구름인 것을 …

나 같은 악마에게도 인간의 온기는 남아 있었을까?

내게도 한때는 사랑하는 사람을 만나 단란한 가정을 꾸리고 싶었던 때가 있었다. 그러나 그것은 얼마나 가당찮은 꿈이었던가! 사랑하는 여인이 배 속의 아기와 함께 8톤 트럭에 받혀 영영 돌아오지 않았다.

오호라 그렇지, 그러면 그렇지, 내게 무슨! 나 같은 것에게 무슨! 희망도 소망도 없었다.

술을 얼마나 마신 것일까?

수면제를 사 들고 무조건 산속으로 들어갔다. 때는 겨울이었고 처음으로 천국의 기운을 느꼈다. 그것만이 가장 행복한 길이라 여겨졌다. 두 눈에선 뜨거운 눈물이 흘렀지만, 오히려 달콤했다.

…… 여기저기서 사람들의 오가는 소리가 들렸다.

이 곳은 어디일까?

천국인가? 지옥인가?

병원이었다. 눈을 뜰 수가 없었다. 나 자신을 죽이고 싶었다. 실패한 것이다. 아악악! 아아악! 나는 미친 듯 악을 쓰고 발버둥쳤다.

"깨어나셨군요. 설경을 찍으러 산에 갔다가 형제님을 발견하고 병원으로 이송했습니다."

한 중년 남자의 상황 설명으로 내 인생 1막 1장의 막은 그렇게 끝이나 버렸다. 죄 많은 인생들의 죄를 용서해 주시고, 죽음 이후에 그들을 천국으로 초대하기 위해 예수께서 십자가에 달려 돌아가셨다는 얘기를 들었다. 그가 하나님이라는 증거로 삼일 만에 부활하셔서 제자들에게 보이시고 하나님 나라의 일을 말씀하신 후 승천하셨고, 나 같은 인간을 구원하기 위해 지금 이 자리에 성령으로 와 계신다고 했다. 기침이 나왔다.

비아냥이었을까? 그러면서도 나는 자꾸만 그 소리에 귀 기울여갔다. 눈에 보이는 것만이 전부가 아니라는 말을 할 때의 그의 눈에선 광채가 났다.

사기꾼 같지 않은 그의 인품 때문에 예수 그리스도를 주로 믿고 싶었던 것일까?

아니었다. 나는 그보다 더 권위 있고 덕망 있는 마치 신과 같은 모습으로 인간을 이끌면서 끝내 그들을 파멸로 내던지는 자들을 보아 왔다. 그들이 곧 하나님이자 구세주였다. 창세기 3장 마귀의 술수에 빠져 로마서 3:23 모든 인간이 죄인이 되어버렸다는 말을 들을 때는 호흡이 곤란해지기 시작해 가슴이 요동치기 시작했다.

'내 죄가 순전히 내 죄만은 아니라는 것이지 … ?'

희망이 솟구치는 걸 느꼈다.

'내게도 길이 있다는 거지 … ?

살 길이 있다고??!!'

이게 웬일인가!

부모 떠난 아이가 길을 잃고 헤매임 같이 지금 모든 인간은 하나님을 찾고자 도덕, 철학, 과학, 종교 등 여러 가지 모양새로 힘쓰고 애쓰고 있다고 했다. 시간이 잠시 정지되는 듯했다(산속에서 그대로 죽었더라면 … 나를 속여 온 더러운 존재 …).

충격과 두려움이 휘감았다. 마치 누군가 내 몸에 수천 볼트의 전류를 흘려보내고 있는 듯했다. 죽음 이후에 대해 잘 모르면서 함부로 아무렇게나 말해서는 안 된다고 했다. 즉, 죽음으로서 인생 모든 게 끝난다고 확정 짓는 건 세상에서 가장 어리석은 일이라 했다.

현세에 일어나는 일들(예언된)의 성경 말씀과 정확하게 일치되는 수많은 과학적 증거와 성경을 믿는 모든 증인들의 한결같은 고백과 태초로부터 지금까지 있었던 신자들의 기하학적 패턴의 수많은 기도 응답과 죽음마저 뛰어넘었던 불멸의 순교 정신과 무엇보다 언제고 그들이 바라는 천국(영생)에 대한 확신에 찬 모습과 확고부동한 믿음을 보면 그 사실을 보다 정확히 알 수 있다는 것이었다.
　이 모든 것이 타 종교에서는 결코 찾아볼 수 없다는 것 또한 덧붙여 말하면서 지금 죽어도 자기 자신은 천국에 이른다고 했다. 하나님 품에 안긴다고 했다.
　진정으로 예수가 그리스도시오, 죄인 된 인간들을 위해 십자가에 죽으사 모든 죄를 용서해 주시고 부활하사 지금도 성령으로 내 안에 함께 하시고 있음을 믿는 자는 포악자, 방탕자, 그 어떤 죄 많은 자일지라도 이미 그 영혼이 하나님 나라에 이른다고 했다. 하나님 사랑은 그런 것이라 했다.
　지난 세월 파리 떼 같이 내 몸에 달라붙었던 수많은 죄악이 머릿속을 훑고 지나갔다. 내 죄, 내 모든 죄를 용서받을 수 있다면 … 형언할 수 없도록 황홀한 순간에 나의 1막 2장의 인생은 그렇게 또 다시 시작되었다.

　　영접하는 자 곧 이름을 믿는 자들에게는 하나님의 자녀가 되는 권세를 주셨으니 _요 1:12.

　나 같은 자도 사랑하시는 하나님!
　그 위대한 사랑 앞에 나는 굴복했다. 그건 정말 '세상에서 가장 아름다운 굴복'이었다. 패배함으로써 내가 죽어짐으로써 다시 회생할 수 있는 행운을 거머쥐었다. 나는 그것을 택했고 끝없이 날아올랐다.
　아름다운 세계여 영원하라!
　거짓말 같은 참말이 정녕 바로 내 등 뒤에 존재해 있었구나!
　내 죄를 용서하기 위해 십자가에서 피 흘리시고 부활하신 살아 계신 예수 그리스도!
　나는 믿노라. 나는 그분을 믿노라. 살 떨리게 고백했다.

언젠가 이 세상에 없을 그대를 사랑합니다.
고뇌가 극에 달해 자살의 유혹으로 삶의 도피를 꿈꾸는
미운 오리새끼 같은 당신을 사랑합니다.
깊이 있는 물음과 고뇌 어린 시선과 생각하는 의자에 줄곧 앉아 있어도
그 한 가지가 떠오르지 않아 번민하는 당신입니다.

이유 없는 슬픔과 까닭 모를 공허로 잦은 우울과 불면의 밤을 지새우는
당신께 무지갯빛 사랑을 전합니다.
높은 이상과 꿈과 비전으로도 끝내 행복의 관문에 들어설 수 없는
비극과 애통이 존재하는 세상입니다.

굳은 결의와 다짐과 수많은 약속으로도 무장 해제되는 어마어마한
약점이 있는 나와 당신입니다.
온몸의 뼈를 깎고 또 피를 다 뽑아내는 고통으로도 통제되지 않는
거대한 악마의 성에 갇힌 우리입니다.

부모, 외모, 성격, 재능 이런 것들이 나의 바람과 관계없이
나의 것으로 된 것이기에, 내 과거의 모든 걸 버리고 싶고 지우고 싶고
또 영영 바꿔버리고 싶어 오늘도 눈물로 침상을 적시는 사람들입니다.

나를 알아줄 날 안아 줄 내 흐르는 눈물방울 닦아 줄 한 사람이 없어
오늘도 비련의 골짜기에서 애곡하는 이들입니다.
자꾸만 솟구치는 마음의 상처가 끝없는 분노의 불길 되어
나 자신마저 활활 태워 버리고 마는 기막힌 인생살이입니다.
단 한 번도 참다운 관심과 배려와 사랑을 받아본 적 없는 서글픈 삶
입니다.
그대여! 쓰디쓴 고독과 자신의 존재가치와 생의 의미와 사후 세계를

한 번쯤 골몰히 생각해야 한다는 것은, 아무래도 동물과는 다른 소치가
우리 인간에게 주어진 때문이 아닐런지요.

먹고, 마시고, 자고, 일어나는 이런 생리적인 욕구가 채워진다고 해서
우리 마음속에 솟아나는 허무의 강물은 마르지 않으니까요.
그대여! 이 세상에 장차 우연이란 것을 비웃는 시대가 올 것입니다.

그대의 등 뒤에서 아홉 개의 모든 이해와 소통과 희망의 문이
완전히 닫히고 각자의 주장만이 난무할 때,
이 세상에 참사랑이 존재하느냐 존재하지 않느냐의 문제로
밤새 시시비비를 가려 본들
그 사실을 믿는 자들에게는 결국 그것이 존재하는 것이요,
그렇지 않은 자에게는 영원히 그것은 존재하지 않는 것이니까요.
허무의 강물은 참사랑으로만 메워질 수 있음을.
하나의 마지막 통로(문)는 언제나 그대를 향해 열려 있답니다.
오늘, 그 문을 열 수 있는 열쇠를 전능자로부터
받을 수 있기를 간절히 소망합니다.

> 좁은 문으로 들어가라 멸망으로 인도하는 문은 크고 그 길이 넓어 그리로 들어가는 자가 많고 생명으로 인도하는 문은 좁고 길이 협착하여 찾는 자가 적음이라 _마 7:13-14.

갓난아기가 엄마 품을 떠나게 되면 어떻게 될까?
 물을 떠난 물고기와 땅에서 뿌리가 뽑힌 나무, 그리고 날개를 잃고 하늘을 날지 못하는 새는 모두 죽게 된다. 현재 우리네 인생 또한 영적으로 하나님을 떠나 고통 속에 죽어가고 있다.
 아이를 잃은 엄마의 소원은 무엇일까?

아이를 되찾는 것이다. 아기를 살릴 수 있는 유일한 방법은 엄마 품에 아이를 안겨 주는 것이다.

이 책은 하나님을 떠나 고통 하는 그대를 하나님과 재회할 수 있도록 28년간 고군분투하며 쓴 글로써, 이 책을 통해 영원하신 영적 부모이신 하나님과 뜨겁게 해후할 수 있기를 기도한다.

기도 중에 있을 때 하늘 문이 열리며!

> 여호와께서 내게 말씀하셨다 사람아 내가 너를 이스라엘 민족의 파수꾼으로 세웠다 내가 하는 말을 잘 듣고 그들에게 경고하라 내가 악한 사람을 향해 너는 반드시 죽을 것이다라고 말하면 너는 그대로 그에게 경고해야 한다 만일 그렇게 하지 않으면 그 악한 사람은 자기의 죄 때문에 죽겠지만 나는 그 사람이 죽는 것에 대한 책임을 너에게 물을 것이다 그러나 네가 악한 사람에게 경고했는데도 그가 그 악한 길에서 돌아서지 않는다면 그는 자기 죗값을 받아 죽을 것이며 너는 아무런 책임을 지지않을 것이다 _ 겔 3:16-19.

무섭고 두려운 사명

본서는 "너희는 가서 모든 민족으로 제자로 삼아 땅끝까지 증인이 되라(마 28:18-20)"고 명하신 예수님의 지상(특별)명령에 의해 집필된 특수 문서로, 이 책에 관한 모든 정보와 설명은 잠시 후 이어질 "EXIT(비상구)"와 마지막 이야기 "책을 펴내면서"에서 소상히 밝히고 있으니 모든 독자 여러분은 이 부분을 미리(필히) 참고하기를 바란다.

아울러 이에 한 가지 덧붙일 것은 이 책 전체를 다 읽기 전에는 그 누구도 이 책에 관한 섣부른 판단을 하지 말아야 한다는 점도 함께 전한다. 마치 이스라엘 백성이 여리고 앞에서 그 성을 다 돌 때까지(7일 동안) 단 한마디의 말도 입 밖에 내지 말라고 명하신 것처럼, 그 어떠한 액션이나 모션을 취해서는 안 된다는 점‥ 재차 강조한다.

　본서는 앞서 밝힌바 인간 개인의 사사로운 목적이나 바람으로 발간돼 나온 것이 아닌 마지막 때 히든카드와 같이 이 세상을 향해 제시되어야 할 비장의 무기로, 오직 "세계 복음화(세상을 살리기 위한)"를 위한 하나님의 계획 가운데 태동해 28년간 최후통첩으로 탄생되었다.

2023년 11월
지상에서 그대가 가장 행복하기를 바라는
천국 가이드로부터!

　어느 날 갑자기 평소 아빠를 쏙 빼닮았다고 생각한 아들이 아빠를 원망스러워했다. 부잣집 녀석들은 어떤 이유로 부유하게 태어나 놀면서도 잘 먹고 잘사나 싶은 생각이 들었기 때문이다.
　그래서 아빠에게 따졌다.
　"아빠, 왜 아빠는 부자로 안 태어났어요?
　아빠가 부자로 태어났으면 저도 놀면서 잘 살 수 있잖아요."
　아빠는 한심하다는 표정으로 아들을 보며 말한다.
　"이런 녀석 보게나! 그러는 너는 왜 손흥민으로 안 태어났냐?"
　도대체 나란 놈은 왜 이 모양일까?
　그저 착하고 열심히 살아온 것도 죄라면 죄일까?
　왜 나는 지금껏 되는 일이 하나도 없는 걸까?
　빌어먹을 놈의 세상, 도대체 요놈의 세상은 왜 이런 것일까?
　어느 놈은 부모 잘 만나 평생을 떵떵거리며 살고, 어느 놈은 평생을 뼈 빠지게 일해도 그저 근근이 끼니만 연명하는 꼴이라니 …
　그래, 세상 어디를 둘러보아도 진실이란 것은 없다. 세상은 온통 부패와 부정직으로 가득 차 있으며 진리를 논할 대상이 단 한 군데도 없는 것이다.

인생은 한바탕 꿈이다.

누구도 슬프고, 무섭고, 혹독한 꿈을 꾸기를 원치는 않는다. 좀 더 많은 연봉, 좀 더 높은 지위, 좀 더 큰 집, 좀 더 멋진 외모, 좀 더 맛있는 음식, 좀 더, 좀 더, 좀 더 …

꿈속에라도 어디 한 번 이것들을 가져본 때가 있었는가!

그러나 현실 세계에서도 마치 동화 속 왕자나 공주처럼 이것들을 갖춘 이들도 드물게는 있다. 세상천지 그들은 무슨 복을 타고났는지 보통 사람은 평생 구경 한 번 못 해본 돈을 펑펑 물 쓰듯 쓰고 산다.

마치 향락을 위해 태어난 듯하다. 불공평하다. 하늘이 원망스럽다. 하늘에 삿대질까지 해가며 이럴 수가 있냐고, 따져보기도 하지만 대꾸해 주는 메아리조차 없다.

세상엔 하루에도 수십만 명씩 잘도 죽어 나가더라만 이 질긴 놈의 명줄은 끊어지지도 않는다.

그림 같은 세상이 있나요?
그 그림 같은 세상에 나도 한 번 살아볼 수는 없는 건가요?
왜 사람들은 있지도 않은 천국을 꿈꾸고 지옥을 얘기하나요?
왜 믿지도 않는 지옥, 그 지옥에 간다고 하면 금세 낯빛이 파래지면서 다섯 살짜리 딸아이 뺨을 호되게 내려치는 걸까요?
왜일까요? 왜 믿지도 않는 천국, 그 천국에 간다고 하면 누구나 좋아라 입이 귀에 걸리게 되나요?
왜인가요? 왜 인간은 사차원 세계를 꿈꾸고 또 두려워하는 건가요?
대답해 줄 수는 없나요?
속 시원히 그 베일 한 번 걷어줄 수는 없는 건가요?

인간은 무엇이고 영생은 무엇이며 신은 어디에 현존해 있는지 …

하나님은 있을까? 없을까?

증거 충분한 믿음과 증거 불충분한 믿음. 많은 사람이 하나님은 없다는데 한 표를 던진다.

무슨 근거로 그쪽에 그토록 과감해지는 것일까!

막말로 저 넓은 우주공간을 다 뒤져보기라도 했다는 말인가?

(못 찾겠다 꾀꼬리 꾀꼬리 나는야 언제나 술래~)

내 느낌 생각은 하나도 중요하지 않다. 엉터리기 때문이다.

다시~ 하나님이 있을까, 없을까?

있을 수도 있고 없을 수도 있다?

좋다! 하나님이 있을 수도 있고 없을 수도 있다. 문제는 판을 뒤집고 하나님이 있으면, 믿는 자에게 주어지는 보상은 '메가밀리언' 그 복권과는 가히 비교조차 안 될 만큼 크다는 데 의의가 있다.

1조 7,000억 원! 보통 사람이 수천 년 동안 숨만 쉬고 일해야 모을 수 있다는 돈, 이는 미국 복권 사상 최고 수령 금액으로 이 정도면 인생 역전을 넘어 그동안 인생 가운데 뼈에 사무쳤던 모든 한, 원망, 저주, 불타는 적개심으로부터 빠져나올 수 있다.

하나님을 만나면 모든 소원이 이루어진다. (물론 천국에서)

하나님이 없다면 보상이고 나발이고 다 물 건너간 것이겠으나 만에 하나 하나님이 있으면 … 믿는 자와 안 믿는 자의 차이는 말 그대로 하늘과 땅 차이 … 천국과 지옥이다. 천국은 나, 믿는 자의 것이며 심판은 너, 안 믿는 자의 것이 되고 마는 것이다.

찜질방에서 우연히 아들의 여자 친구와 마주하게 되었다. 엘리트다운 면모가 물씬 풍기는 반듯한 아가씨였다. 우리는 무척 반가워하며 이런저런 일상의 담소를 나누다가 비로소 문제의 본질로 들어갔다.

"슬기야, 오늘 엄마에게 얼마간의 시간 좀 내어주지 않으련 … ?"

"네 엄마, 저도 오늘은 모처럼 여유가 있네요."

"슬기야, 역사상 단시간 내, 가장 많은 목숨을 앗아갔던 그 무시무시한 코로나란 쓰나미에서 구사일생으로 살아남는 자들이 아니겠니? (웃음) '바이러스'는 생물 분류체계로 보면 가장 낮은 단계에 위치하는데, 그래서 세포 밖에서는 생명체가 아닌 무생물로 분류하기도 하지. 그런데 이런 가장 하등한 존재가 공포의 대상이 되는 건 역설적으로 가장 하등하기 때문에, 또 가장 치명적일 수 있다는 것을 우리에게 일깨워 주는 대목이기도 하지. 그런 면에서 지구는 언제 또다시 이보다 더 강력한 슈퍼 바이러스가 출몰해 지구를 강타하게 될지 예측불허인 거고 … "

"네 … 저도 그렇게 생각하고 있어요!"

"이 사태의 배후가 어떤 악명 높은 자들의 인구 감축 정책이든, 또 인간의 실수이든, 아니면 바이러스 단독 반격이든지 간에, 바이러스라고 하는 것은 분명 새롭게 대두된 '인공지능로봇'과 함께 '지구 온난화', '핵무기'와 더불어 본격적으로 지구의 대 멸망을 초래하게 될 위험 요소로 손꼽는 공포의 대상임은 확실하지.

확률적으로 발생 가능한 사건이 오랫동안 일어나지 않았다는 것은 이제 곧 다가올 때가 되었음을 암시하고 … 급변하는 시대의 위기 속에 누구나 민감한 변화를 감지하는데 이제 사람들은 '말세'라든가 '종말'과 같은 예민한 단어들이 자주 입에 오르내리며, 때를 같이해 수면 위로 그 몸체가 완전히 드러나 코로나보다 더 무서운 존재로 부각된, 거대한 악의 무리(사이비 거짓 선지자)가 무참히 인생을 좀먹어 들어왔던 시국에 망연자실할 수밖에 없었으며, 세상은 그만큼 마지막을 향해 무섭게 치달아 가는 시점을 본능적으로 직감하기 때문인 거지.

그러므로 너희도 준비하고 있으라 생각하지 않은 때에 인자가 오리라 하시니라 _눅 12:40.

믿든지 안 믿든지 세상은 성경 말씀대로 흘러가고 … 에베소서 6:10-12의 말씀대로 모든 악의 배후엔 악령이 주권자로서 마지막 전력을 다해 온 세상을 집어삼키기 위한 전략 속에 온몸을 비틀고 있으며,

세상은 어디에나 가짜와 진짜는 있었고, 어느 시대에나 어느 사회에서나 가짜가 진짜 행세를 하는가 하면, 짝퉁이 진품으로 둔갑해 세상을 뒤흔들고, 명품일수록 그 가치가 높을수록 쓰레기 모조품과 가짜들은 더 득세하기 마련이니, 이제라도 세상은 두 눈 바로 뜨고 두 귀 제대로 열고 이것들을 분별해 나가는 지혜가 그 어느 때보다 절실히 필요한 시기인 거지."

사랑하는 자들아 영을 다 믿지 말고 오직 영들이 하나님께 속하였나 분별하라 많은 거짓 선지자가 세상에 나왔음이라 _요일 4:1.

"슬기야, 만일 천국이 있다면 그곳에 가야 하지 않겠니?"
"네 … 그렇긴 하지만 천국이 있는지 없는지는 잘 모르잖아요. 천국은 죽어야 가는 곳인데 …"
"아니야 슬기야, 천국은 죽어서 가는 곳이 아니란다.
천국은 살아 있을 때 가는 곳이야!"
"네에? 천국이 살았을 때 가는 곳이라고요??"
"응, 천국은 지금, 현재 살아서 가는 곳이야.
슬기는 혹, 지구 반대편에 있는 우루과이란 나라를 가본 적 있니?"
"아뇨, 아직 …"
"그래, 그러면 그 나라의 존재 여부에 대해 의심해 본 적 있니?
가본 일이 없다면 당연히 의심해 봐야 하지 않을까?
그럼, 역사 속 인물에 대해서는?
한글을 만드신 세종대왕이나 이순신 장군, 그런 분들의 실존에 대해서 역시 의심해 본 적 없지?"

"네, 당연히!"

"그래? 한 번도 직접 가서 확인해 보거나 또 사람을 만나 본 적이 없는데 의심해 보지 않았단 말이지!!

… 그런데 슬기야, 천국도 이와 같단다. 세상에는 눈으로 본다고 다 볼 수 있는 게 아니고, 또 눈으로 확인하지 않고도 볼 수 있는 사실(증거)들이 있단다. 천국도 그와 같아.

가보진 않았으나 알게 되는 곳! 믿게 되는 곳!

당연히 깨우쳐져서 본 것보다 더 확실히 명쾌히 알게 되는 곳, 천국!

이 천국이 궁금해지지 않니 … ?"

> 악인은 정의를 깨닫지 못하나 여호와를 찾는 자는 모든 것을 깨닫느니라
> _잠 28:5.

『로빈슨 크루소』라는 책에 보면 로빈슨과 프라이데이라는 아이가 다음과 같은 대화를 나눈다.

"하나님은 굉장히 전능하시고 능력이 많으시다고 하셨죠?"

"암, 그렇고말고."

"그렇다면 어째서 그렇게 능력이 많고 힘이 많은 하나님께서 마귀를 없애버리고 고통과 죄를 없애버리지 않으셨을까요?"

"너, 참 지혜로운 말을 하는구나!

그렇지만 내가 하나 묻겠는데, 왜 하나님은 날마다 악을 행하면서 하나님을 불쾌하게 하는 인간을 전부 없애버리지 않고 기다리실까?"

친구 여러분! 이 분명한 사실을 그냥 지나치지 마십시오. 하나님께서는 하루가 천년 같고 천년이 하루 같습니다. 어떤 이들이 생각하는 것처럼 하나님께서는 자신의 약속을 더디 이루시는 분이 아닙니다. 그분은 여러분을 위해 참고 계십니다. 그분께서 종말을 유보하고 계신 것은 한 사람도 잃고 싶지 않으

시기 때문입니다. 하나님께서는 모든 이에게 삶을 고칠 수 있는 시간과 공간을 베풀고 계십니다. 그러나 하나님의 심판 날이 닥칠 때는 아무 예고 없이 도둑처럼 닥칠 것입니다. 하늘이 천둥 같은 소리를 내면서 무너지고 모든 것이 큰 화염에 휩싸여 분해되어 땅과 그 안에서 이루어진 모든 것이 낱낱이 드러나 심판을 받을 것입니다 _벧후 3:8-11.

하나님은 순악질이데이 … 하나님 없재?

"산소마스크를 떼어도 살면 하나님 계신 거고, 죽으면 하나님은 없는 거다."

이것이 보통 사람의 영적 상태이다. 세상에 가득한 죄악, 불의한 자들의 득세와 횡행을 볼 때 즉각 심판이 임하지 않는 이유는 하나님이 없기 때문이다. 그러나 반대로 그 즉심의 대상이 바로 내가 될 수도 있다고 할 때, 회개라는 뉘우침의 시간이 주어져야 하는 것보다 나은 판결은 아닐는지 …

> 하나님은 모든 사람이 구원을 받으며 진리를 아는 데에 이르기를 원하시느니라 _딤전 2:4.

진실은 늦긴 해도 반드시 도착한다.

A: 송 회장 그 인간, 미제 살인사건이랑 분명 연관이 있는데 …
B: 검사가 추측을 함부로 입에 올리면 못쓴다.
A: 몹시 합리적 의심이에요. 분명 뭔가 있는데 먼지 한 조각도 안 걸려들어요. 단서는 없고 사건은 점점 복잡해지고 … 낚싯줄로 고래 잡는 심정이에요.
B: 미로를 빠져나갈 수 없을 땐 조감도를 그려봐! 하늘에서 보면 별것 아닐 수도 있어.

> A: 그렇게는 하고는 있는데 …
> B: 미련한 진실을 이기는 건 없어. 사금을 캐는 사람들처럼 수천 장의 기록을 모으고 거르다 보면 가라앉았던 진실이 떠오르게 돼 있어.
> —드라마 <저스티스> 中

세상이 이토록 지옥인 이유는 사람들이 하나님과 정반대의 길을 가기 때문이다.

눈에 보이는 것이 전부가 아니에요
지금 내 모습 전부가 아니 아니야

어깨 넓다고 마음까지 넓은가요
얼굴 곱다고 마음까지 고운가요
얼굴 밉다고 마음까지 미운가요

눈에 보이는 것이 전부가 아니에요
지금 내 모습 전부가 아니 아니야

안경 썼다고 모두 공부를 잘하나요
머리 크다고 모두 머리가 좋은가요
겉모습 멀쩡한 사람들에게도
마음의 병은 있기 마련이죠
우리는 너무나 많이 속아왔죠
겉모습 멀쩡한 사람들
눈에 보이는 것이 전부가 아니 아니야
하얀 얼굴은 마음까지 하얀가요
까만 얼굴은 마음까지 까만가요

눈에 보이는 것이 전부가 아니에요
지금 내 모습 전부가 아니 아니야
인격 미달이 얼굴에 써있나요
양심 불량이 가슴에 써있나요
눈에 보이는 것이 전부가 아니에요
지금 내 모습 전부가 아니 아니야

우리 아빠는 경찰 옷을 입었지만
우리 아빠는 경찰이 아니 아니야

겉모습 멀쩡한 사람들에게
너의 두 눈에 보이는 세상
모두가 진실은 아니야

너의 두 눈에 비친 내 모습
그대로 전부가 아니야

너의 두 눈에 보이는 세상
모두가 진실은 아니야

눈에 보이는 것이 전부가 아니에요
눈에 보이는 것이 전부가 아니에요
눈에 보이는 것이 전부가 아니에요
  - 임현정/눈에 보이는 것이 전부가 아니에요

사람은 누구나 세 개의 얼굴을 가지고 살아간다.
공개적인 얼굴! 개인적인 얼굴! 그리고 비밀의 얼굴!

사람의 본성은 월식 같아서 잠깐 가려져도 금세 본색이 드러나게 되어있다. 오늘날 사람들은 대개 각박하고 몰인정하고 포악한 마음을 갖고 있다.

하늘도 울고 땅도 운/김영서 저/어느 성폭력 생존자의
<눈물도 빛을 만나면 반짝인다> 中

아무튼 그날도 밤이 깊었다. 다른 가족들은 잠이 들어 몰랐다지만 나는 그 말이 믿어지지 않는다. 그냥 가족들은 그 사람과 나만 집에 두고 또 존재하지 않는 사람이 돼버렸다. 피곤한 하루를 보내서 곯아 떨어진 나를 단잠에서 깨운 것은 그 사람이었다.

"일어나. 정신 차려봐. 아까 빌린 재밌는 비디오야. 자, 정신 차려봐!"

초등학생인 나는 그 사람이 흔들어 깨우는 바람에 겨우 잠을 깼다. 처음에는 잠깨는 게 쉽지 않았다. 그런데 그 사람이 비디오를 켜는 순간 다른 가족들이 깰까봐 텔레비전 볼륨을 음 소거로 해놓았는데도 그 충격적인 장면 때문에 잠이 확 깼다.

너무 하얀 피부여서 붉어 보이는 백인 남녀가 벌거벗은 몸으로 나오는 비디오였다.

거기 나오는 사람들은 가슴도 성기도 엄청나게 컸다.

'저게 사람의 몸일까?' 싶을 정도로 컸다.

더 놀라운 것은 실제 남자와 여자가 관계를 맺는 장면이었는데

아예 성기가 들어갔다 나왔다 하는 부분을 클로즈업해 잡은 화면이 긴 시간 이어졌다. 그것뿐 아니었다. 방금 전까지 남자랑 짐승처럼 소리를 내며 그 짓을 하던 여자가,

욕탕 안에서 다른 여자랑 키스를 하고 몸을 어루만지며 이상한 소리를 내는 장면이 계속됐다. 가죽끈 같은 것으로 서로 몸을 때리고,

묶고, 신음소리를 내며 그 짓을 하기도 했다.
　방금 전까지 무척 피곤했는데 잠이 확 달아났다. 무섭기까지 했다. 아빠는 왜 내게 이런 영화를 보여 주는 걸까 싶어 걱정이 됐다.
　그 사람은 집중해서 영화를 보더니 내 몸을 꽉 잡았다.
　"야, 저 여자처럼 저렇게 엎드려봐. 이렇게.."
　그러더니 내 허리를 뒤에서 꽉 쥐어 잡고는 엎드리게 했다.
　그리고는 딱딱해지고 커진 성기를 뒤에서 내 몸에 강제로 집어넣으려 했다.
　내 몸을 찢어버리고 내 영혼을 갈기갈기 찢어버리려 한다.
　배가 아픈 것인지, 어디가 아픈 것인지 알 수가 없었다.
　그냥 몸이 머리부터 발끝까지 아팠다. 어딘가 찢어진 것도 같았다.
　아픈 것은 둘째치고 너무 수치스러웠다. 나는 이러고 싶지 않다.
　나는 저 새끼처럼 미치지 않았는데, 개새끼가 제가 하고 싶은 대로 내 몸을 마음대로 하는 게 싫다. 지랄, 미친 새끼, 똥물 같은 새끼, 이놈한테서는 어느 세상에서는 맡아볼 수 없는 똥물 냄새가 나기 시작했다.
　토할 것 같다. 그 사람은 혼자 신음소리를 내며 진짜 좋아서 그걸 하고 있었다. 그러더니 이제는 다른 짓을 해 보고 싶은 모양이다.
　"야, 이번에는 그래, 이렇게 해봐. 아니 이렇게, 그래. 시키는 대로 해봐, 저거 보고!" 그 사람은 그 영화에 나오는 짓거리들을 모두 흉내 내고 싶은 모양이다.
　어쩌면 저렇게 노골적인 장면을 그렇게 가까운 곳에서 찍었을까 싶은 그런 영화를 본 게 부끄럽기도 했고, 다른 사람들이 전혀 보지 못하고 알지 못하는 장면을 알고 있다는 죄책감도 들었다.
　수업 시간에 이런 장면이 떠오를 때면 나도 모르게 혼자 고개를 흔들어 화면을 흩트렸다. 그러나 그 장면 속 장면들은 지금도 생생하다. 지금도!

> 그 개새끼가 내게 준 똥물 같은 기억들은 몸에만 남은 게 아니라, 내 머릿속에도 박혀 있는 것 같다. 그때의 상황, 기억, 냄새, 영상 모두 다 더럽다. 그 사람은 늘 어떻게 나를 괴롭힐까, 그것만 생각하는 사람 같다.

> 하나님, 당신(기독교)을 고발합니다!
> 아 … 힘들다.
> 이봐요, 하 씨?
> 진짜, 너무 하는 거 아녜요? 적당히 좀 해라, 적당히 … !
> 사람 마음도 몰라줄 거면서 뭐 하러 하나님 해??
> 　　　　　　　　　　　　　　　　-드라마 <황금빛 내 인생> 中

　네, 하나님 당신은 욕먹을 만하십니다. 당신은 진짜 심한 욕 먹을 만하십니다. 지금 현재(과거 역시), 당신이 만드신 사람들이 너무 큰 고통을 당하고 있고, 또 그 인간들에 의해 수많은 사람이 짓밟히고 있는데, 어느 누가 당신을 향해 "빡큐"를 날리지 않겠습니까?

　예, 오늘만큼은 저도, 오늘만큼은 정말이지 당신을 옹호하고 싶지 않습니다. 제가 반평생을 살아오면서 이같이 세상과 인간들에게 역겨움이 느껴지긴 처음입니다. 오늘 같은 날은 정말 술이라도 진탕 퍼마시고 인간이기에 가지는 이 감정, 이 느낌, 이 슬픔, 굴욕, 이 괴로운 상념 모두를 잊고 연기처럼 훨훨 사라지고 싶습니다.

　"………"

　하나님 … ?

　어떻게 세상은 썩지 않은 곳이 한 군데가 없을 만큼 완벽하게 썩었고, 온통 비열과 곤궁, 패악이 뒤엉켜 형태를 알아볼 수조차 없게 되었는지요?

도대체 이제 당신조차도 손을 쓸 수가 없는 지경에 이른 겁니까?

아니면 아예 손 쓸 마음이 없으신 겁니까?

이 타락상을 보느니 차라리 예전처럼 홍수를 일으켜 세상을 싹 다 물로 쓸어버리기라도 한다면 속 시원하시지 않을까 하는데 … 이제 그런 한탄도 나오시지 않을 만큼 세상에 흥미를 잃으신 것인지 … 그렇다면 이건 너무 무책임하신 거 아닌가요, 하나님 …??

" ……… "

정말 기분이 엿 같습니다.

어떻게 친아비란 놈이!

초등생 그 어린것에게!!

그것도 목사라는 놈이?!?!

장장 9년간에 걸쳐 갈취, 폭행, 감금하면서 어떻게 그 더러운 짓거리를 자행해 올 수 있었는지 … .

온몸이 부들부들 떨리고 세상의 더러운 욕이란 욕은 다 입 밖으로 쏟아져 나올 것 같습니다!

기분 전환이라도 할 겸 틀어놓은 TV에서는 외화 한편이 흘러나오는데 … 오히려 더 기분을 잡쳐버리고 말았습니다. 몸서리쳐질 만큼요.

지금 제 몸에 돋아나는 이 소름 보이시나요, 하나님!

" ……… "

갑작스레 때를 같이해 떠오르는 한 가지는 예전에 제가 봐왔던 온갖 더럽고 추잡한 '음란물들'이 계속해서 머릿속에 오버랩 되어 스쳐 가면서, 속에 있는 모든 걸 다 기워내고 싶을 만큼 이 세계가 너무도 환멸스럽고 구역질이 납니다.

'악마가 부족해 목사를 만들었다 … '

도대체 어찌 된 것입니까?

대체 어찌 된 것이길래 기독교가 이렇게까지 막장극이 돼버린 것입니까? '기독교는 사회악이며 악마집단이다.'란 소리가 고막을 찢을 듯 온 세상에 울려 퍼지고 있는데 …
　기독교인 전체가 이것에 책임 없지는 않겠지만 … 그래도 이건 해도 해도 너무한 것 아닙니까!
　"무엇을 말하는 것이냐?"
　무엇이라뇨, 하나님! 지금 그걸 몰라서 물으시는 겁니까??
　자칭 당신의 종이라 일컫는 저 빌어먹을 목사님들 때문이지요!!!
　한 번 들어보시겠습니까?
　세상은 말하길 악마가 부족해 목사를 만들었다고 안 합니까?
　도대체 그런 넘들은 어디서 파생된 것인가요?
　모른다고 하지 마십시오!
　다 기독교 안에서 파생돼 나온 괴물들이니 … !!!

어디선가 알 수 없는 힘에 이끌려 자동차 바퀴는 어느 틈엔가 파란 여명을 뚫고 호수 가장자리에 와 닿아 있었다.

아직 이른 새벽 어스름한 기운이 내뿜어지는 힘 말고도, 또 다른 어떤 신비한 힘이 강력하게 온통 주위를 감싸고 있는 것을 하원은 온몸으로 감지할 수가 있었다. 휘감아 오르는 물안개는 호수 전체를 휘감아 맴돌며 마치 무언가 오랫동안 내재한 비밀을 애써 토해내기라도 할 듯, 알 수 없는 몸짓을 계속하고 있었다.

순간, 이 숨이 막힐듯한 전경 속에서 하원은 몸서리쳐질 듯 무언가에 압도되고 있는 자신을 발견하며, 이 알 수 없는 세계로부터 전해지는 중압감은 이제 막 세상의 모든 운명을 삽시간에 결정지을 듯 애곡하고 있음을 조용히 암시받았다.

이 현상이 주는 느낌은 마치 아주 오래전부터 준비된 어떤 전지한 힘에 의해 친밀히 계획된 듯 또 다른 시각으로 이 세계의 모든 사물을 새롭게 받아들이고 있었고, 이는 인간으로서 도저히 거부할 수 없는 어떤 또 하나의 세계가 자신을 완전히 빨아들이고 있었으며, 그것은 이제껏 알지 못했던 새로운 신비에의 광영으로 나아가는 두렵고 떨리는 순백색 신부와 같이 오묘한 정체성을 띠고 있었다.

대체 지구에 무슨 일이 있었던 것일까 …?

첫 번째 이야기

EXIT(비상구)

    다른 이유는 아무것도 필요하지 않았다. 나치들은 단지 그가 유대인이기 때문에 찾아온 것이다. 그들은 그의 집을 급습해서 그와 그의 가족을 모두 잡아갔다. 그러고는 소 떼처럼 몰아서 기차에 태우고 크라코우에 있는 죽음의 수용소로 보냈다. 눈앞에서 가족이 죽어가는 모습을 지켜보아야 했던 그는 밤마다 악몽에 시달렸다.

    가스실에서 죽은 아들의 옷가지를 여기저기에서 보게 되는 그 끔찍한 상황을 어떻게 견뎌낼 수 있었을까?

    그래도 그는 살아가고 있었다.

    어느 날 그는 자신을 둘러싼 악몽 같은 환경을 바라보면서 피할 수 없는 현실에 대항했다. 그는 하루만 더 이런 곳에 머문다면 분명히 죽을 것 같았다. 그래서 당장 탈출해야 한다고 결심했다. 어떻게 탈출해야 하는지는 모르지만, 반드시 해야만 한다는 사실은 잘 알고 있었다. 그다음 몇 주 동안 그는 다른 포로들에게 어떻게 하면 이 끔찍한 곳을 탈출할 수 있을지 물어보았다. 하지만 그들의 대답은 항상 똑같았다.

    "바보 같은 짓은 하지 마!

탈출은 절대 불가능해. 그런 생각은 자기 영혼을 괴롭힐 뿐이야. 그냥 열심히 일하고 살아남기를 기도하는 수밖에 없어."

그러나 그는 이 현실을 도저히 받아들일 수가 없었다.

그는 꼭 탈출해야 한다는 강박관념에 사로잡혔다.

'어떻게 하면 탈출할 수 있을까?'

분명히 방법이 있을 거야.

어떻게 하면 이곳에서 살아 나갈 수 있을까?'

끊임없이 생각했다. '구하라 그리하면 얻을 것이요'라는 말씀이 있다. 그 덕분인지는 모르지만, 그는 마침내 답을 얻었다. 그것은 그가 너무 강렬하게 그런 질문을 했기 때문인지도 모르고 혹은 "바로 지금이 그때다!"라는 강한 확신이 있었기 때문인지도 모른다. 아니면 그 불타오르는 한 가지 질문에 집중적으로 계속 초점을 맞추고 있었기 때문인지도 모른다.

어쨌든 인간 정신의 위대한 힘이 그를 일깨운 것만은 분명했다. 해답은 이상한 방법으로 찾아왔다. 그것은 시체가 썩는 매우 역겨운 냄새였다. 그가 일하는 작업장에서 몇 미터 떨어지지 않는 곳에서 남녀노소를 불문하고 가스실에서 죽은 수많은 시체가 트럭에 던져지고 있었다. 그 시체에서 금니를 빼고 보석, 옷 등 그들이 가진 모든 것을 벗겨내고 있었다.

'인간들이 어떻게 저토록 비열하고 파괴적일 수 있을까?

어떻게 신은 저런 악마들을 만들어낼 수 있을까?'

스타니슬라브스키 레히는 이렇게 한탄하는 대신에 이렇게 질문을 던지고 즉시 답을 얻어냈다.

'어떻게 하면 이 기회를 이용해 탈출할 수 있을까?'

날이 저물고 인부들이 막사로 돌아갈 때 그는 트럭 뒤에 웅크리고 숨었다. 그리고 재빨리 옷을 모두 벗어 던져 버리고는 아무도 눈치채지 못하게 시체 속으로 몸을 숨겼다. 그는 죽은 척하고 몸을 움직이지 않고 있었다. 그러자 잠시 후에 한 무더기의 시체가 그 위로 쏟아졌다. 시체 썩는 고약한 냄새가 진동했고 뻣뻣하게 굳은 시체들이 그를 아래위 사방으로 둘러싸고 있었다. 하지만 그는 미동도 하지 않은 채 트럭이 곧 출발하기만을 기다렸다. 드디어 트럭의 시동 소리가 들렸다. 곧이어 트럭이 덜컹거리며 움직이는 것이 느껴졌다.

그 순간 그는 죽은 시체 더미 속에서 희망이 솟구치는 것을 느꼈다. 마침내 트럭이 멈추고 수용소 밖에 있는 엄청난 크기의 구덩이 안으로 수십 구의 시체와 레히를 쏟아부었다. 레히는 밤이 될 때까지 그 속에서 기다렸다. 레히는 주변에 사람이 없는 것을 확인한 다음 무덤에서 빠져나와 25마일을 벌거벗은 채 달려 자유를 찾았다.

이 책에 온 것을 진심으로 환영한다.

세상에서 가장 소중한 그대가 여기에 왔다는 것은 결코 우연이 아니며, 그것은 누군가에 의해 아주 오래전부터 계획된 매우 긴밀한 순간이다. 이 시간은 인간이 인간으로서 당연히 찾고 누려야 할 '최고의 복(영생)'을 부여받게 되는 시간으로 소중한 그대 가슴에 영원히 안기게 될 것이다. 그대는 자의에서든 타의에서든 이 여행에 편승 된 것은 생의 최고의 영광을 누리게 되는 중요한 시점이 되는 순간이기 때문이다.

자, 지금부터 그대는 '천국의 문에 들어갈 열쇠'를 찾아 떠나는 여행'에 함께 동참되었는데 이제부터 그대는 아주 특별한 '다큐멘터리'를 관람하게 될 것이다.

여기에서는 모든 것을 말한다. 모든 것을 있는 그대로 다 드러내며 오로지 진실만을 말할 뿐이다. 혹 누군가의 눈치를 살피거나 설득을 요하지 않으며, 애써 불필요한 이해를 구하지도 않을뿐더러, 모든 실상에 대해 그저 솔직하게 있는 그대로 사실을 사실로써 토로하며 선명하게 이야기를 전개해 나갈 것이다.

그러나 단순한 사고와 순간적인 즐거움을 느끼는 데 익숙해진 그대는, 혹 인생의 의미를 논하는 철학적인 부분에서 때로 지루함을 느껴 어쩌면 이 여행에서 도중하차하고 싶은 순간이 올 수도 있다. 허나 분명히 말할 것은 이 책은 조금만 문제의 핵심을 간파하기만 하면 그대가 지금껏 세상 속에서 배웠던 그 어떤 학문보다 의미가 더 크며, 그 내용을 이해는 부분에서도 훨씬 더 쉬울 것이다.

영원한 생명을 얻기 위해 거기에 투자되는 '시간과 돈'은 어떻게 환산될 수 있을까? 책 한 권의 값과 그 책을 읽는 데 드는 시간 말이다. 아무리 아이큐가 두 자리인 사람이라도 이 정도 계산은 벌써 나왔을 것이다.
또한 반대로 그 적은 분량의 시간과 돈을 투자하지 않음으로 해서 오게 되는 영원한 실패는 또 어떻게 환산되어야 할까?
아무리 감나무에서 감이 저절로 떨어져 입속에 들어오기만을 학수고대하는 사람도, 거기에는 반드시 누워있어야 하는 수고와 기다림이란 수고가 함께 깃들어져야 만이 바로 자신이 원하던 바를 온전히 성취해낼 수 있는 법이다. 그와 마찬가지로 당신이 끝내 이 모든 것을 감수하고 마지막까지 이 여행에서 제공되는 "지상 최고의 선물"을 기대하게 되는 한, 이 여행은 결코 그대가 기대하는 어떤 기대도 저버리거나 실망하게 하지 않을 것이며, 마침내 그대는 그대 일생일대의 최고 승리자가 되어 끝없는 평화와 기쁨, 그리고 그대가 그토록 무의식 속에서조차 애타게 갈망하던 "영원한 세계"와 만나게 되는 인생 가운데 가장 강력한 경험을 체험하게 될 것이다.

꽁꽁 얼어붙은 북극에 사는 에스키모인들은 늑대를 잡기 위해 이런 방법을 사용한다고 한다. 그들은 날카로운 칼에 피를 흠뻑 묻힌 다음 그것을 얼린다. 그리고 날카로운 칼날이 위쪽을 향하도록 얼어붙은 땅속에 칼의 손잡이를 박아 놓는다. 그러면 피 냄새를 맡은 늑대들이 와서 칼날을 핥는다. 얼어서 무감각해진 늑대의 혓바닥은 어느새 날카로운 칼날을 핥기에 이른다. 자신의 피를 흘리기 시작한 늑대는 그 피에 끌려 더욱더 빠른 속도로 계속해서 칼날을 핥는다. 죽음에 이를 때까지 …

굶주림이란 인간을 짐승과 연결하는 가장 설득력 있는 유혹이라는 생각이 든다. 인간의 무의식 가운데 '본능'이란 말이 자주 오르내린다. 본능이란 학습이나 경험에 의하지 않고 동물이 세상에 태어나면서부터 이미 갖추고 있는 행동양식이나 능력을 말한다. 인간의 원시적 본능에는 생존 본능과 반사적 본능이 있다. 무의식 속의 심리 요소에는 태생적인 무의식 층이 존재하는 것을 뜻한다.

인간은 신의 옷을 입고 싶었다. 신처럼 말하고 싶었다. 신처럼 군림하고 싶었다. 하지만 신은 그런 인간들의 생각을 용납하지 않았다. 파괴된 세상에 동물보다 더 동물처럼 변해버린 인간들 … 그들은 칼을 들고 서로에게 군림하고자 서로를 학살하기 시작했다.

그러던 어느 날 … 한 낯선 신사가 상자를 들고 남자의 집을 방문했다. 상자에는 버튼이 하나 붙어 있을 뿐 다른 건 아무것도 눈에 띄지 않았다. 신사는 온화한 어조로 남자에게 말했다.

"버튼을 누르면 어디 있는지 모를 사람이 죽습니다.
대신 버튼을 누르면 백만 달러를 드립니다."

그렇게 말하며 신사는 돈뭉치가 가득 든 다른 상자를 꺼내 보여 주었다. 남자는 주저했고, 신사는 사흘 후 다시 올 테니 그때까지 결론을 내라 말하며 상자를 두고 떠나갔다. 고민을 거듭한 남자는 결국 마지막 날 버튼을 눌렀다. 다음 날 신사가 나타나 남자에게 백만 달러를 건네주고 상자를 회수했다. 떠나려는 신사에게 남자가 물었다.

"정말로 사람이 죽었습니까?"

"네, 어젯밤 아주 먼 곳 당신이 모르는 어떤 사람이 죽었습니다."

남자는 양심의 가책을 느꼈으나 눈앞의 현금에 애써 현실을 무시하려 했다. 그러다 문득 한 가지 생각이 났다.

"하나 더 가르쳐 줘요."

"네, 무엇입니까?"
"그 상자는 이제 어떻게 됩니까?"
그러자 신사는 빙그레 미소 지으며 말했다.
"당신이 모르는 어딘가 먼 곳의 누군가에게 줄 겁니다."
'나를 모르는? …'
순간 남자의 몸이 빠르게 굳어갔다.

인간이 신에 대한 믿음을 내려놓는 순간 불안은 증폭되고 그 불안 심리를 이용하는 악마가 인간을 지배해 버린다. 그 신의 자리를 대신하는 악마가 현실과 초현실을 오가며 인간을 더욱더 현혹하고, 모든 이성의 끈을 놓아버리게 만들어 광기 어린 풍경을 연출하게 된다.

두 가지 뉴스

여기 좋은 뉴스와 나쁜 뉴스가 있다. 그대는 어떤 뉴스부터 듣겠는가? 좋은 뉴스는 한류스타들이 총출동하는 콘서트 티켓을 구했다는 것이고, 나쁜 뉴스는 건강검진 결과 췌장암 판정을 받았다는 통보이다. 보고 싶은 뉴스와 봐야 할 뉴스, 그대는 어떤 뉴스를 선택할 것인가? 가슴은 뜨겁되 머리는 차갑고, 머리는 뜨겁되 가슴은 차갑고 … 그대는 어느 부류인가? 그대의 생명(영혼)을 앗아가고 현금을 듬뿍 안겨 준다면 미래(사후)는 전혀 개의치 않고 상자의 버튼을 누를 것인가 … !

세상은 보이는 세계와 보이지 않는 세계, 진리와 비진리, 거짓과 진실, 그리고 선과 악이 늘 공존하며 우리의 삶을 어지럽게 몰아가고 있다. 알고도 속고 몰라서도 속는 이 세상! 영화 짐 케리 주연의 <트루먼 쇼>에서처럼 만일 우리의 삶이 어떤 보이지 않는 거대한 힘에 의해 철저히 조작된 삶을 살아가게 된다면, 그 얼마나 허망하며 무섭고 끔찍할까 …

가상 세계

누군가는 현재 지구에 사는 인간들의 삶이 진짜가 아닌 가짜, 즉 가상 세계인 '시뮬레이션'일지도 모른다고 말한다. 수십 년 전만 해도 컴퓨터 게임은 점-선-면으로 이루어진 2차원적인 모습이었다. 하지만 시간이 흐를수록 게임 속 그래픽은 마치 실사를 보는 듯한 착각에 빠질 정도로 발달했다. 그리고 현재 VR 기술은 우리의 시각을 완전히 게임 속으로 들어가게 해 주며 온몸에 장비를 착용하면 촉각까지 장악할 수 있게 되었다.

만약 기술이 더 발달해 완벽한 그래픽과 우리 몸의 오감을 완벽하게 장악하게 된다면 그리고 우리가 태어날 때부터 그 게임 속에서 살게 된다면 과연 우리는 현실과 게임 속 세상을 구분할 수 있을까? 아니 애초에 어떤 것을 현실이라고 정의할 수 있을까?

어느 날 장자는 제자를 불러 이런 말을 들려주었다. 내가 지난밤 꿈에 나비가 되었다. 훨훨 날아다니는 기쁨에 내가 장주인 것을 잊었다. 꿈에서 깨니 나는 장주였다.

알 수 없다. 내가 나비가 되는 꿈을 꾼 것인가, 나비가 내가 되는 꿈을 꾸고 있는 것인가 … 장자 이야기를 들은 제자가 말했다. 스승님의 이야기는 실로 그럴듯하지만 너무나 크고 황당해 현실 세계에서는 쓸모가 없습니다. 그러자 장자가 말했다. 너는 쓸모 있음과 없음을 구분하는구나! 그럼, 네가 서 있는 땅을 한 번 내려다보아라.

너에게 쓸모 있는 땅은 지금 네 발이 딛고 서 있는 발바닥 크기만큼의 땅이구나!

제자가 아무 말 못 하고 발끝만 내려다보고 있자 장자가 말했다.

너에게 정말 필요한 땅은 네가 디디고 있는 그 땅이 아니라 너를 떠받혀 주는 바로 네가 쓸모없다고 여기는 나머지 부분이다.

아주 오래전부터 장자, 플라톤 같은 깨달음을 얻은 사상가와 철학자들은 이 지구와 우주 안에서 현실에 대한 의문을 품어왔다. 물론 그 당시에 컴퓨터 속 시뮬레이션이라는 개념은 상상할 수도 없었기에 우리의 의식과 고차원적인 방향의 접근이었다. 이후 과학이 발달하면서 많은 과학자는 이 의문에 대해 과학적으로 접근하기 시작했다. 그리고 1999년 영화 <매트릭스>가 전 세계적으로 흥행하면서 시뮬레이션에 대한 세상이 더 이상 일부 과학자나 철학자의 생각이 아닌 우리 현 인류 전체의문으로 확산하기 시작했다.

영화 내용은 여러분도 잘 알겠지만 '인공지능 로봇'이 세상을 지배하게 되고 인간은 강제로 가상현실 속에서 살게 된다. 그리고 가상현실 세계에서 빠져나온 주인공들이 인공지능 로봇과 맞서 싸우는 내용의 영화다. 영화를 본 사람들은 정말 신선한 상상력이라고 생각하면서도 말도 안 되는 생각이라고 여겼으나 마음에서는 작은 의심이 꿈틀대기 시작했다.

세상이 시뮬레이션일 수도 있다는 컨셉은 '영화'나 '드라마' 등에 단골로 등장하는 콘텐츠인데 이를 학문적으로 진지하게 다뤄서 논문으로 발표한 사람이 있다. 바로 스웨덴의 철학자 옥스퍼드 대학교수인 '닉 보스트롬'이 모의 실험가설(Simulation hypothesis)을 발표하면서 '시뮬레이션 세상'이라는 개념은 공식적으로 수면 위에 오르게 된다(2003년).

그의 가설에 따르면 우리는 분명히 시뮬레이션 세계를 구축할 수 있는 기술을 갖게 될 것이고, 그렇게 되면 우리는 갖가지 목적으로 수십억 수백억 개의 시뮬레이션 세상을 만들게 될 거라는 것이다(문명이 발전함에 따라 인공의식이 포함된). 그렇기에 지금 우리가 살고 있는 이 세상은 이미 다른 세상에서 만들어놓은 가상현실일 가능성이 매우 높다는 것이다.

현재의 인간보다 훨씬 고도화된 기술을 가진 문명이 존재하고 그 문명이 현실과 가상의 분간이 어려운 완벽한 가상 세계를 구축할 수 있는 기술이 있다고 가정하는 것으로부터 시작한다. 그들은 인간이 지금도 수도 없이 많은 게임을 개발하고 있는 것처럼 무수히 많은 가상 세계를 만들어낼 것이며, 결국 현실 세계는 단 하나지만 현실 세계와 흡사한 가상 세계는 무한하게 많이 생기게 된다는 것이다.

또한, 시뮬레이션 되는 세계는 완벽한 가상 세계이기 때문에 가상 세계 내에서도 또 다른 완벽한 가상 세계를 만드는 것이 가능할 것이고, 그렇다면 마치 열어도 열어도 계속 나오는 '마트료시카 인형'처럼 무수히 많은 가상 세계가 중첩되고 또 중첩된 가상의 가상의 가상 세계들이 중구난방으로 펼쳐진 세상이 되는 것이다.

현실과 가상의 구분이 불가능한 세계가 끝도 없이 펼쳐져 있는 세상이라면 가짜세계가 진짜 세계보다 압도적으로 그 수가 않을 것이고, 당연하게도 우리가 현실 세계로 믿는 이 세상이 무수히 많은 가상 세계 중 하나에 불과할 확률이 훨씬 높아지게 된다는 것이다.

놀라운 것은 몬트리올대학의 연구진들도 세상이 시뮬레이션일 가능성에 대해 조사했는데 가설이 실제일 확률이 50퍼센트 미만이라고 발표했다. 지극히 공상적인 내용의 가설임에도 실현 가능성이 상당히 높게 나온 것이다. 모의실험 가설 발표 이후 많은 학자가 반박을 시도했으나, 이 가설을 확실하게 꺾을 만한 의견은 아직까지 나오지 않고 있으며 어쩌면 틀렸다고 할만한 구체적 근거는 앞으로 나오지 못할 수도 있다.

2016년에 개최된 '아이삭 아시모프 기념 토론회'에서 저명한 과학자들이 모여 이 문제에 대한 토론을 벌였는데, 증거를 제시하는 많은 이론 중에 가장 핵심이 되는 것은 양자 얽힘 현상이다. 양자는 쌍으로 얽히는 특성이 있는데 두 양자가 아무리 멀리 떨어져 있어도 한쪽 양자를 측정하는 바로 그 순간, 공간과 거리를 무시하고 다른 한쪽 양자의 성질이 정해져 버린다. 따라서 한쪽 양자에 대한 정보를 다른 쪽 양자에게 전달하는 물질이 있다면 이 물질은 빛보다 빠르게 이동했다는 의미가 된다. 하지만 기본 물리학 법칙대로라면 이 세상에 빛보다 빠른 물질은 존재하지 않기 때문에 이는 말이 안 되는 것이다.

 그렇다면 우주를 이루고 있는 최소 단위는 원자나 입자 같은 형태가 아니라, 정보 그 자체일 수 있다는 결론에 다다르게 된다. 우주를 이루는 최소 단위가 정보 그 자체라면 이는 비트(bit)로 이루어진 컴퓨터로 만들어진 세상이라는 가장 강력한 증거가 되는 것이다.

 오바마 전 미국 대통령 과학 자문이었던 제임스 게이츠 교수는 우주를 구성하는 입자들이 움직이는 법칙에서 (쿼크와 전자, 초대칭에 대한 연구) 컴퓨터의 오류 검출 코드가 들어가 있는 것을 발견하기도 했다. 많은 과학자의 공통된 의견은 이 세상을 이루는 가장 기본 단위를 파면 팔수록 우주가 마치 컴퓨터로 코딩한 듯한 정확하고 정교한 수학 법칙에 기반하고 있다는 사실이다. 이외에도 2006년 노벨 물리학상 수상자인 조지 스무트 박사와 수많은 과학자가 이 이론을 지지하고 많은 증거를 내놓고 있다.

 이 외에도 이 세계가 시뮬레이션임을 주장하는 다양한 주장 중에는 빛의 제한 속도가 걸려 있다. 외계의 문명과 단절되도록 시스템화된 것이라는 주장. 시간 결정 이론이 실제로 구현되며 자발적 시간 병진 대칭에서 깨짐 현상이 관찰됐다는 점. 또 '뇌'가 '유기 컴퓨터'의 0과 1로 작동되는 원리와 동일한 것으로 밝혀진 점 등 매우 다양한 주장이 있다.

 그렇지만 이런 다양한 의문과 주장이 아직까지 이 세상이 시뮬레이션임을 밝히는 과학적인 증거는 되지 못한다. 반증 될 수 없는 주장은 과학이라고 말할 수 없기 때문이다. 다만 그 의심은 계속 증폭되고 있고 앞으로 더 많은 의심이 생기게 될 것은 확실하다.

 세계에 대해 의심을 품은 사람들은 또 다른 의심을 하고 있다. 비록 현재까지 그 어떤 것도 발견되지는 않았지만 마치 게임이나 소프트웨어 등에서 볼 수 있는 '이스터 에그'(개발자가 숨겨놓은 기능)처럼, 지금 이 세계가 컴퓨터의 시뮬레이션이라면 설계자가 의도자가 배치한 '메시지'나 '탈출구'가 어딘가에는 분명 존재할 거라며 의심하고 있다. 여러분도 지금부터 두 눈을 크게 뜨고 주변을 샅샅이 살펴보기를 바란다. 지금 우리가 사는 세계의 '이스터 에그'이 시뮬레이션에서 탈출할 수 있는 결정적 힌트를 바로 그대가 발견할 수 있기에 그렇다.

> 좁은 문으로 들어가라 멸망으로 인도하는 문은 크고 그 길이 넓어 그리로 들어가는 자가 많고 생명으로 인도하는 문은 좁고 길이 협착하여 찾는 자가 적음이라 _마 7:13-14.

이 세계는 리허설에 불과 … 진짜 무대는 따로 있다

세상은 급변하는 물결 속에 있다. 그 누구도 이 세계가 어디로 흘러가게 될지 전혀 예측 불가능한 시점에 서 있다. 과거 19세기까지만 해도 인류에겐 희망이 있었다. 유토피아가 건설돼 많은 사람을 풍요롭게 해줄 거라고 믿었다. 우주를 정복하고, 암(질병)을 정복하고, 수많은 로봇이 인간 삶을 한 차원 높은 단계로 승화시켜 줄 거라 희망했다(물론 그것은 일부 사람들에게는 적용된다).

그러나 편안하게 되었을지언정 평안은 잃었다. 죄악은 점점 더 그 가짓수를 늘려가고 있고, 인류는 지금껏 자신들이 뿌려놓은 죄악의 열매들을 고스란히 추수하고 있으며, 앞으로도 지구촌에 들이닥치게 될 수많은 재앙과 재난의 무시무시한 파괴력은 인간 삶을 더욱 옥죄어 들어 온다.

현재의 인류가 과거의 인류보다 더 행복하다고 생각하는 사람은 아마 거의 없으리라! 인류는 속고 있고 속고 있다는 사실을 눈치채지 못하고 있다. 빙산의 일각만을 가지고 문제점을 다뤄왔기에. 수면 아래에 감춰진 진짜 문제(영적 문제)는 간과한 채 여전히 눈에 보이는 작은 문제(육적 문제)만을 초점 맞춰 따라가다 보면 결국엔 이 시대 인류도 과거 화려했던 문명들과 같이 영원 속으로 영원히 잠식되어 버리고 말 것이다.

뉴 노멀 시대를 살아가는 우리! 생과 사! 그리고 종말! 더 나아가 사후세계 … 천국과 지옥 … 신의 존재에 대해 생각하는 게 일상이 되어 버린 요즘 … 2011년 장안에 화제를 모았던 24가지 '현문현답'이 재조명되고 있다.

이는 1987년 삼성의 창업주 故 이병철 회장이 타계하기 한 달 전에 남긴 인생의 본질적인 24가지 질문 … 어찌 인간의 지혜로 신의 뜻을 헤아릴 수 있을까! 과학을 덜 알면 무신론자가 되고, 더 깊이 알게 되면 신의 존재를 느끼게 되는 역설 …

사후세계 과연 존재하는가?

죽음의 두려움 앞에서 인간은 누구나 죽음에 대한 공포가 있다. 그것이 죽는 순간의 고통에 대한 것이건 자기 존재의 소멸에 대한 것이건, 대개는 죽음을 떠올리면 감당하기 힘든 공포의 무게로 짓눌려진다.

과연 죽음 이후 어떤 일들이 벌어질까?

사후세계 미리 알 수 있을까?

우리는 많은 궁금증을 가지고 살아가고 있다. 인간의 궁금증이 끝이 없는 이유는 경험해 보지 못한 것에 대한 궁금증일 것이다.

왜 그토록 궁금하지만 해결하지 못하는 걸까?

눈에 보이지 않아서일까?

아니면 궁금하지만, 관심이 없어서일까?

많은 인간의 궁금증 중에서 내세는 과연 있을까?

우리 인생은 3막으로 이루어져 있다.

1막은, 엄마 뱃속의 10개월이다.

2막은, 우리가 지금 살아가고 있는 현세,

3막은, 우리가 궁금해 하는 죽음 이후의 삶 즉 내세, 이렇게 이루어져 있다. 2막은 우리가 보고 알고 경험했던 것이지만 3막, 내세를 알아볼 필요가 있다.

 죽음, 의학적으로 육체에서 영혼이 빠져나간 상태. 이것을 의학적 죽음이라고 한다. 이로써 정확해진 것은 우리는 육체만 있는 것이 아니라 영혼도 존재한다는 것을 알아야 한다. 그럼, 우리에게 중요한 것은 육체도 중요하지만, 더 중요한 것이 바로 영혼이다. 영혼을 알아야 내세를 이해하게 된다. 죽으면 모든 것이 소멸하는 것이 아니라, 끝나는 것이 아니라, 영적 세계 즉 내세로 들어가게 된다. 그래서 사람이 죽으면 "돌아가셨다." 말을 하는 것이다.
 어떤 사람들은 난 믿지 않으니까 이런 사람들도 많지만, 믿든 믿지 않든 머지않은 시간 내에 우리는 누구나 다 경험하게 된다. 죽음(의학적 사망상태)에서 다시 살아난 수많은 사람의 증언을 말하는 책도 많이 있고, 의과대 교수들도 다들 죽음으로 끝이 아니라고 말하고 있다. 사후세계를 경험한 많은 사람을 대상으로 조사를 해봤더니 하나같이 비슷한 경험을 이야기하고 있다.

 첫째는 내 몸에서 내 영혼이 빠져나가 둥둥 떠다닌다고 했다.
 둘째는 자기 삶이 한순간에 필름 돌아가듯 짧은 시간에 생각들이 지나가는데 특히 죄지었던 기억이 되살아난다고 했다
 셋째는 긴 터널 같은 곳을 빠져나가 빛의 상태의 어떤 공간에 들어간다고 했다. 이렇게 대부분의 사후세계를 경험한 사람들이 한 얘기는 비슷하다.

 골자는 무엇인가?
 저 세 가지 상태를 겪었든 안 겪었든 관계없이 사후세계는 존재한다는 것이다. 즉, 죽음이라고 판명을 받은 한 사람의 생명은, 이 세상에서의 육체의 모든 호흡을 끝마치고 다른 세계로 들어가 버렸다는 것이다. 물론

성경에서 말하는 죽음은 죽음, 그 즉시 내세에서의 어떤 삶을 살게 되는 것은 아니다. 하지만 분명한 것은 많은 이의 특수한 경험과 상태를 통해 우리는 죽음 이후 또 다른 세계가 존재하고 있음을 분명히 전달받고 있으며 암시받고 있다는 데 주목해야 한다.

죽음 이후 어떤 일들이 벌어질지 궁금해하는 사람들이 많다. 우리는 성경에서 그 답을 찾아야 한다. 성경은 누구나 알아야 할 필수이기 때문에 우리는 3막으로 가기 전 2막에서 준비해야 하는 것이다. 그리고 준비하지 않은 모든 사람은 하나님의 심판대에 서야 한다고 말씀하고 있다. 모든 사람이 알아야 할 성경, 꼭 믿어야 할 그 말씀, 더 이상 미루지 않고 경청하기를 바란다.

> 무익하나마 내가 부득불 자랑하노니 주의 환상과 계시를 말하리라 내가 그리스도 안에 있는 한 사람을 아노니 그는 십사 년 전에 셋째 하늘에 이끌려 간 자라 (그가 몸 안에 있었는지 몸 밖에 있었는지 나는 모르거니와 하나님은 아시느니라) 내가 이런 사람을 아노니 (그가 몸 안에 있었는지 몸 밖에 있었는지 나는 모르거니와 하나님은 아시느니라) 그가 낙원으로 이끌려 가서 말로 표현할 수 없는 말을 들었으니 사람이 가히 이르지 못할 말이로다 _고후 12:1-4.

故 이병철 회장의 '잊혀진 질문' 24가지

천국 가기 힘들다는 부자, 악인인가?

24년간 봉인되어 있었던 삼성그룹 창업주 故 이병철(1910-1987) 회장의 (이하 존칭 생략) 타계하기 한 달 전 천주교 신부에게 주었던 24가지 질문지가 2011년 세상에 공개되었다.

이 질문지는 처음 1987년 10월, 가톨릭대 故 박희봉 교수는 이 질문지를 받았다. 박 교수는 이를 가톨릭계의 대표적인 석학인 정의채 몬시뇰에게 건넸다. "조만간 이병철 회장과 만날 예정이었다. 답변을 준비해 달라"는 말을 들었으나 이 회장의 건강이 악화되었다. 만남은 연기되었고, 끝내 답을 듣지 못한 채 이 회장은 다음 달 19일 77세를 일기로 타계했다. 그분의 "잊혀진 질문"은 인간과 신 그리고 종교에 대한 실존적 물음이 담겨 있었다. 돈에 관한 얘기도, 기업에 관한 얘기도, 경영에 관한 얘기도 아니었다. 인간과 신 그리고 종교에 대한 물음이었다.

대한민국의 최고 부자, 재계의 거물, 현대사의 거목의 질문

폐암으로 투병 중에 이 회장은 삶을 돌아보며 어떤 생각을 했을까?
또 죽음을 예견하며 어떤 고뇌를 했을까?
공개된 질문들은 가볍지 않다. 무겁다. 그리고 깊다. 삶과 죽음의 경계선에서 이 회장이 던졌던 인간적 고뇌, 실존적 시선이 녹아 있기 때문이다. 이 회장의 첫 질문은 직설적이었다.
"신의 존재를 어떻게 증명할 수 있나?
신은 왜 자기 존재를 드러내지 않나?"
그렇게 종교의 '급소'를 찔렀다. 물음은 여기서 그치지 않았다.
"신이 인간을 사랑했다면 왜 고통과 불행과 죽음을 주었나?
종교가 없어도 종교가 달라도 착한 사람들은 죽어서 어디로 가나?"
성경에 부자가 천국에 가는 걸 낙타가 바늘구멍에 들어가는 것에 비유했다.
"부자는 악인이란 말인가?"
그렇게 가슴의 밑바닥에서 올라오는 물음들이었다.
절절하게 흘러가던 물음은 마지막 질문에서 멈췄다.
"지구의 종말은 오는가?"
첫 질문은 '시작', 마지막 질문은 '끝'에 관한 것이었다.
이 질문을 통해 이 회장은 자기 삶, 그 시작과 끝을 돌아봤을까 … ?

삼성그룹 비서실에서 이병철 회장을 10년간 보필했던 손병두(70) KBS 이 사장은 "당시 비서실에 필경사가 따로 있었다. 보고서를 올릴 때 또박또박한 필체로 다시 써서 올렸다. 이 질문지는 비서실 필경사의 필체"라고 확인했다.

정 몬시뇰은 "이건 영혼에서 나오는 물음이다. 물질에서 나오는 물음이 아니다. 깊은 곳에서 올라오는 심령의 호소가 담겨 있다. 그래서 오늘을 사는 우리를 돌아보게 한다. 이 회장의 질문지에 담긴 메시지를 요즘 젊은이들도 숙고할 수 있다면 좋겠다."고 말했다. 하지만 이병철 회장은 그 질문에 대한 답변을 끝내 듣지 못하고 영원히 저세상으로 갔다.

그가 떠난 세상은 과연 어떤 곳일까 … ?

이병철 회장은 후회 없이 모든 것을 누리고 인생을 후회 없이 살다 간 것처럼 보이지만, 그는 분명 죽음을 두려워했으며 죽음 이후의 삶을 걱정하고 있었다. 복음 전파는 사도행전 땅끝까지 이르러 내(예수 그리스도) 증인이 되라는 예수님의 지상 최고의 명령(천명)이며, 크리스천들의 사명이다. 하지만 살아생전 아무도 그에게 복음을 전달하지 않았다. 그의 질문에 답해줄 이들이 그의 주변에 많았겠지만 아무도 그에게 아주 기본적인 복음조차 전달하지 않았다. "낙타가 바늘귀에 들어가는 것이 부자가 하나님 나라에 들어가는 것보다 쉽다."(막 10:22-25)고 하신 예수님의 말씀 때문일까 …

하지만 그는 죽음의 문턱에서 스스로 신에 대해 본능적으로 궁금해하기 시작했다. 죽기 전 만약 누군가가 그에게 좀 더 일찍 복음을 전했더라면 그는 적어도 스스로 판단해 볼 수 있는 기회를 얻었을 것이다. 만약 이병철 회장이 조금만 더 일찍 복음 가진 누군가를 만나고 그들이 그에게 잘 설명하고 진리를 깨닫게 해 그가 복음을 받아들이고 죽음을 맞이했더라면, 이는 이병철 회장 자신뿐 아니라 수많은 이에게 큰 울림과 선한 영향을 미쳤을 것이다.

모든 사람은 이병철 회장처럼 본능적으로 신의 존재에 대해 궁금해하고 있다(인간인 이상). 전도서 3:11에서 솔로몬은 '사람의 마음에 영원을 갈망하는 마음을 심어주셨다'라고 말하고, 바울 사도 역시 로마서에서 '본디 사람의 속에서는 만드신 만물 속에서 숨겨진 하나님의 형상을 본다'라고 했다.

이처럼 우리 주변에는 겉으로는 아닌 척해도 본능적으로 듣고 싶고 알고 싶어 하는 이들이 넘쳐난다. 핵심만 바로 짚어주면 올바른 양심과 지성을 지닌 사람들은 당장 그 자리에서 예수님을 영접하지는 않더라도 많은 부분 수긍하는 것을 필자는 지난 수십 년간 숱하게 보아왔다. 너무 가슴 아픈 일은 비신자들에게 복음이 거부되는 것이 일단 하나님 자체를 거부하는 것보다, 그분을 믿고 있는 우리 신자의 나쁜 행실들을 보고 실망한 나머지 마음 문을 꼭꼭 걸어 잠근다는 사실이다. 그래서 이 책은 그 빗장을 풀기 위해 쓰였다.

> 너희는 세상의 소금이니 소금이 만일 그 맛을 잃으면 무엇으로 짜게 하리요 후에는 아무 쓸데 없어 밖에 버려져 사람에게 밟힐 뿐이니라 _마 5:13.

이 말씀 그대로 하나님의 자녀들이 '빛과 소금'의 역할을 감당하지 못함으로 현재 기독교의 명성은 땅에 떨어질 대로 떨어져 무참히 짓밟히고 있다. 하지만 필자를 비롯해, 이런 덜떨어진(덜 성화 된) 신자들 때문에 하나님의 나라(천국)에 입성하지 못한다면 이보다 더 억울하고 분통 터지는 일은 세상에 없을 것이다.

사람들은 누구나 지구 종말에 대해 관심을 갖는다. 지구 종말 하면 지구촌 전체의 죽음, 즉 모두의 죽음이 한꺼번에 있을 것이기에 사람들은 두렵긴 해도 의외로 그날을 덤덤하게 받아들일 마음의 준비와 태세를 갖춘다. 다 함께 맞이하는 죽음이 그나마 위로도 되고 훨씬 부담도 덜 되기 때문이다. 그런데 하나님은 인류종말보다 개인 종말에 대해 더 관심을 가지고 계신다. 그것은 마지막 날 죽음 이후에 있을 지옥 불심판 때문이다.

> 만군의 여호와가 이르노라 보라 용광로 불같은 날이 이르리니 교만한 자와 악을 행하는 자는 다 지푸라기 같을 것이라 그 이르는 날에 그들을 살라 그 뿌리와 가지를 남기지 아니할 것이로되 _말 4:1.

문명의 손길이 전혀 닿지 않은 아주 머나먼 작은 섬나라에, 뉴욕의 한 교회에서 젊은 두 명의 선교사가 단기 파송된 적이 있었다. 그들이 일정을 마치고 떠나려는 그날 아침, '로니'라는 청년의 가방 속에는 '웸'이라고 하는 아주 호기심 어린 청소년 병정개미 한 마리가 들어 있었다. 웸은 며칠 전 전혀 새로운 모습의 청년인 로니를 보고 한눈에 반해 그 주위에서 계속 맴돌았다.

더구나 로니의 가방 안에서 풍겨 나오는 생전 처음 맡게 된 달콤한 냄새는 그야말로 천국을 연상케 했으며, 웸으로 하여 로니의 가방을 연모하지 않을 수 없게 했다. 며칠간 로니의 가방으로 뻔질나게 출근해 오던 웸은 이날도 가방 안에 흩어져 있는 과자며, 빵부스러기들을 먹으며 생애 있어 가장 행복한 순간을 만끽하고 있었다.

이날도 웸은 눈을 뜨자마자 일찌감치 로니의 가방으로 행차해 떡하니 자리를 잡고는 신나게 식사를 하던 중, 그만 자신도 모르게 스르르 잠이 들어버렸다.

얼마나 시간이 지났을까 … 이상한 낌새가 들어 눈을 번쩍 뜬 웸은 소스라치게 놀랐다. 판이하게 다른 이상 기온이 감지됐기 때문이다.

다름 아닌 비행기 안이었다. "두근두근~"

심장판막에 비상이 걸렸다! "두근두근!! 팡팡팡!!!"

주체할 수 없는 두려움에 웸은 비명을 질렀다.

"아악~ 아악~ 살려주세요! 살려주세요!!"

그러나 아무도 웸을 구하러 오는 이가 아무도 없었다.

잠시 후 … 강단 있기로 유명한 웸은 스스로를 달래며 "그래 죽기 아니면 까무러치기지 뭐," 하면서, 로니의 가방에서 슬며시 기어 나와 조심스레 비행기 창문 쪽으로 향했다. "오마이 갓! 오마이 갓!!" 너무도 멋진 광경이 시야 가득 들어왔다. 마치 융단을 깔아놓은 듯 펼쳐지는 새하얀 솜뭉치들~ "아아~" 손에 닿을 듯 보드란 구름 속으로 다이빙해 들어가고 싶었다. "짝짝짝!! 뷰티풀~ 뷰티풀~~" 그때부터 웸의 신나는 모험이 시작되었다.

뉴욕에 도착한 웸은 로니의 가방 안에 꼭 붙어 얼굴만 빼꼼히 내밀고는 세계 최첨단 대도시에서 벌어지는 광경을 하나씩 목도하기 시작했다.

"오! 오! 오!" 보고도 믿기지 않는다는 말이 100퍼센트 실감이 났으며, 웸의 가슴 속에서는 연신 "두두두두~~" "두두두두두~~" 끊이지 않는 다듬이 소리로 머리가 다 아파올 지경이었다.

다양한 종의 벌 떼 같은 인파! 그들의 각양각색 자동차!

꽁무니에 불이 붙은 듯 잽싸게 달려 나가는 모터사이클!

하늘을 찌르는 아파트! 빌딩! 그 안에 탑재된 기괴한 장치와 기술들!

놀라운 기능의 가전제품! 밤마다 정신 사납게 번쩍이는 온갖 형용색색의 네온사인!

둘이 먹다가 하나가 죽어도 모를 산해진미! 고도의 경지에 이른 예술작품!

최고급 상품들이 한도 끝도 없이 진열돼 있는 데파트! 대형마트!

수많은 일을 대신 해 주고 있는 인공지능 기계! 로봇!

다 죽어가는 자도 기어이 살려내고야 마는 어마어마한 달러의 최첨단 의료 장비들!

아인슈타인도 몰랐던 더 깊은 세계를 관찰하며 막대한 예산을 들여 끝없이 업그레이드되고 있는 허블우주망원경!

물질을 나노 단위까지 쪼개는 가공할 만한 투시력의 광학 현미경!

번개 같은 제트기! 치타보다 빠른 고속열차!

세상을 한눈에 관통하는 인공위성! 초고속 인터넷!

LTE보다 수십 배 더 빠른 5G!

바라만 봐도 오금이 저리는 80톤가량의 시속 13,000마일까지 빛보다 더 빠르게 튕겨 나가는 후덜덜한 미사일!

최첨단 기술을 이용한 수많은 무기! 전투기!

기어이 지구를 수초 내에 박살 내고야 말 무시무시한 핵무기!

베일에 가려진 미항공우주국(NASA)!

그리고 더 짙은 베일에 가려진 우주 … !

그렇게 뉴욕에서 로니와 함께 한 달여간 생활한 웸 …

이제 그는 웸만한 것에는 눈 하나 깜빡 않는 강심장이 되어 가고 있었다. 하지만 점차 흥미를 잃어가는 웸 … 날이 갈수록 고향이 그리워 견딜 수가 없었다. 한 달이 지나고 두 달 남짓 … 웸은 하나도 행복하지 않았다. 어쩌다 뉴욕에 사는 개미들을 만나도 뜻이 통하지 않았을뿐더러, 어찌나 성질들이 고약하고 팍팍한지 그곳 정보를 알아내는 데도 꽤 고생을 해야 했다. 그러던 중 웸은 고대하던 한 가지 소식을 전해 들었다.

로니가 다시 자기의 고향으로 제2차 선교여행을 떠난다는 것이다. 너무도 기쁜 웸은 마음이 들떠 저녁 식사도 거른 채 새벽 늦게서야 잠이 들었다.

윙~윙~윙~~ 몇 시간의 비행 끝에 다시 꿈에 그리던 집으로 돌아온 웸은 정말 믿어지지 않았다. 그동안 그곳에서는 웸의 실종으로 인해 온통 눈물바다가 되어있었다. 돌아온 웸을 부둥켜안고 어찌나 울어대는지 … 정말이지 웸은 부모님 때문에 꽥꽥! 숨이 막혀 죽는 줄로만 알았다.

며칠을 적응한 웸은 점차 안정이 되어 갔고 … 차차 자신이 겪고 돌아온 상상할 수도 없는 신비의 세계에 대해 이야기하기 시작했다. 친구, 선생님, 가족, 이웃 … 그러나 웸의 말을 믿어주는 개미는 좀처럼 나타나지 않았다.

그런 세계가 있다는 것에 대해 그들 머리로서는 도저히 납득할 수 없는 거였다. 가족들마저도 웸을 정신이 좀 이상해진 것 같다며 태산 같은 걱정을 해댔다. 그런 날은 웸은 정말 낙담이 되어 깊은 시름에 잠겼다.

어쩌다가 귀를 쫑긋해 주는 이들을 만나면 너무나도 감격스러워 찔끔찔끔 눈물까지 흘렸다. 자기 말에 관심을 두고 들어주는 이들이 한량없이 고마워 그들을 마구마구 있는 힘껏 축복해 주었다. 웸은 자신이 두 달 가량 겪고 돌아온 전혀 다른 신비의 세계에 대해 밤새도록 이야기보따리를 풀어놓았다.

A: 넌 이기게 될 거야. 그 싸움에서. 난 이기는 편이 내 편이거든. 내가 편이 된 이상 넌 이기게 돼 있어.
B: 하하하! 중전의 그 자신만만함 든든합니다.
A: 나한텐 비장의 무기가 있거든. 난 미래를 알아. 기억나? 내가 이백 년 후 세상에서 온 남자라는 거?
B: 기억납니다! 그 허무맹랑한 소리.
A: 만약 그게 사실이라면? 그래서 내가 미래의 지식을 너한테 전수해 준다면?
B: 허허, 지금 그걸 나더러 믿으라는 겁니까?
A: 믿기 힘들면 그저 내가 꿈을 꾸고 왔다고 생각해. 꽤 생생한 미래의 꿈을.
B: 그렇다면 그 허무맹랑한 말을 믿지는 않겠지만 어디 한 번 들어나 봅시다! 이백 년 뒤 조선은 어떻소?
A: 우리는 더 이상 조선이라고 부르지 않아. 대한민국, 그게 조선의 미래야! 대한민국에서는 임금을 백성이 직접 뽑아~

> B: 그런 말도 안 되는 … 아, 좀 더 그럴싸한 얘기를 …
>   그래야 내가 믿든지 속든지 하지 않겠소!
> A: 하하, 벌써 놀라면 곤란해!! 내 말도 안 되는 얘기는 이제 시작이거든.
>
> —드라마 <철인왕후> 中

인간의 능력 어디까지인가?

　사람들은 이렇게 말한다. 크면 클수록 더 좋다. 누구인지는 모르겠지만 문명의 여명 이래로 사람들은 큰 꿈을 꿨다. 건물 역시 크게 지었다. 거대한 피라미드에서 만리장성에 이르기까지 인류의 건축에 대한 열망은 한계가 없었다. 오늘날의 엔지니어도 마찬가지다.

　하늘을 찌르려나! 한해가 다르게 더욱 솟구쳐만 가는 빌딩들 …

　끝없는 야심! 무한도전에 힘써온 인류 …

　과거 상상조차 할 수 없었던 수중 열차! 나라와 나라를 연결하는 해저 열차! 바다를 누비는 고속도로! 그리고 최고속도 603킬로미터/h로 달리는 초고속 열차까지 …

　그런데 심지어 비행기보다 더 빠른 열차를 2030년까지 완공하겠다는 것이다.

　빨려 들어가는 듯한 엄청난 속력! 최고 속력 한 시간에 1,280킬로미터로 주행하는 초고속 캡슐 차량!

　그것은 음속에 버금가는 속도로 무려 1,280킬로미터에 달하는 이 열차를 사우디 전역에 하이퍼루프로 연결하겠다는 것!

　터널 내부를 진공으로 만들어 저항을 없애고 터널 바닥은 자기장이 흐르도록 설계해 열차가 살짝 뜬 상태로 마찰 없이 달린다. 하이퍼루트가 한국에 생기면 서울에 있던 친구가 갑자기(17분 후) 짠하고 부산에 나타나는 것이다.

나는 신석기시대의 사람이다

어느 날인가 나는 내 앞에서 벌어지는 이상한 광경을 목격했다.

꿈인지 생시인지 난데없이 어디선가 목재들이 날아들고 철근들이 날아들어 집을 짓는 데 필요한 모든 재료가 하나둘씩 모여들더니, 이제 그것들이 점점 여러 모양을 구축한 신비한 건축물로 변해가는 것이 아닌가! 그런데 그뿐만이 아니었다. 여기저기서 그런 일들이 자꾸만 일어나더니만 그 많은 자동차, 비행기, 컴퓨터, 냉장고, TV 등 수많은 물체가 끝도 없이 만들어지는 것이었다. 너무도 황홀한 나머지 나는 앞으로도 그런 일들이 계속해서 발생함으로 인해 큰 부자가 될 것을 생각하며 크게 환호성을 질렀다.

우리가 매일 사용하는 핸드폰이 어떻게 해서 생겨나는가 했더니, 어느 날 우연히 어떠한 점 같은 것 하나가 발생해 점점 그것들이 하나둘씩 회로를 구성해 나가다 결국은 그런 다재다능한 기능을 갖춘 전화기가 된 것이다.

우리는 지금 어디, 어느 나라에 살고 있는 사람인가?

집을 짓기 위해서는 설계사의 설계도가 필요하다.

조형물이란 무엇인가?

점, 선, 면, 색, 빛, 공간, 시간 등의 여러 가지 요소와 재질을 이용해 2차원, 3차원 공간 내에서 창조적인 형태를 나타내는 것을 말한다.

고로, 조형물은 사물을 통한 매우 구체적인 인간 활동의 감각과 지각의 … 무엇이다? 결과물이다.

어둡고 음산한 곳을 지나 점차 빛이 계곡처럼 불어나는 세계로 와 있었다. 이곳은 지금껏 내가 한 번도 와 본 적이 없는 너무도 낯선 풍경을 하고 있었다. 거리를 지나가는 사람들은 한결같이 이상한 모양새를 하고 있었는데 그들의 머리 모양이나 옷, 신발, 손에 든 물건까지 그것이 너무 우스꽝스럽고 묘해서 하마터면 폭소를 터트릴 뻔했는데, 한편으론 그 경박스러움 때문에 끝내 이맛살이 찌푸려지고 말았다.

 이런저런 혼란에 빠져 있을 때 휙휙휙~ 무언가 토해낼 듯 이상한 소리가 나서 하늘을 올려다보니, 어디선가 엄청난 굉음과 함께 날아드는 새들은 그 크기도 속도도 정신을 잃을 만큼 크고 빨라서 순식간에 나를 혼비백산하게 만들었다. 그런데 이 일이 너무나 순식간에 벌어진 것인지라 그것이 과연 새인지 무엇인지 판단할 수조차 없었다.

 무리가 지나가고 간신히 정신이 들 때쯤, 이번에는 저편 한가운데서 벌 떼처럼 몰려드는 또 하나의 무리가 있었다. 점차 그들은 내 쪽을 향해 돌진해 왔는데 이 역시 그 모습이 코뿔소인지 멧돼지인지 모를 괴물 형상을 하고서 가까스로 내 옆을 스쳐 지나가려는 찰나, 나는 그만 너무도 놀라 뒤로 발라당 넘어지고 말았다.

 어떻게 이런 일이 가능한가?

 지금 이 일이 꿈인가 생시인가?

 채 숨을 몰아쉴 겨를도 없이 이번엔 내 몸이 휙 하고~ 다른 시공간에 와 있다는 것을 직감했다. 한 가정집에 당도한 것 같았는데, 그곳에는 몇 명의 사람이 함께 모여 무언가에 열심히 도취하고 있는 듯했다. 모두 한 곳을 뚫어져라 응시하고 있었는데 참으로 놀랍고 황당한 것은 어떤 대문짝만한 같은 데에 사람이 들어가서, 어느 때는 그들의 수가 수십에서 수백수천으로 늘어나 그 안에서 걷고 뛰고 뒹굴면서 갖가지 행동을 취하고 있었다.

 사람들은 그 속을 들여다보며 '와!'하고 탄성을 지르기도 했고 때로 '휴!' 하고 탄식하기도 했으며, 또 어떤 땐 화가 나는지 마구 욕설을 퍼붓기도 했다. 나는 정말 이것이 귀신에 홀린 것인지 뭔지 판단이 안 섰는데, 그때 귀여운 계집아이 하나가 또 다른 대문짝만한 데서 뭔가를 한 그릇 꺼내어 왔는데, 그 안에는 얼음 알갱이가 수북이 담겨 있었다. 기절초풍

할 노릇은 밖에는 온통 매미 떼가 고막이 터져날 듯 울어대는 삼복더위라는 것이다.

   그것 말고도 그 집에는 버튼 하나를 누르면 시원한 바람이 솔솔 불어오는 희귀한 물건도 있었고, 아니 아예 북극 바람이 몰려와 온몸을 사시나무 떨게 만들어버리는 도저히 믿기 어려운 것도 있었다. 스위치 하나로 잠시 후 뜨끈뜨끈한 밥이 되는가 하면, 저절로 빨래가 빨아져 나오는 물건도 있었고, 구석구석 여기저기 돌아다니며 말끔히 청소해 주는 것도 있었으며, 차마 말로 표현하기 어려운 갖가지 이름 모를 것들이 여기저기 널려있었다.

   그런데 내가 최고로 놀라 기절할 뻔했던 것은 청년 하나가 네모진 물건 하나를 손에 들고 말을 하고 있었는데, 자세히 들어보니 그 청년과 대화를 나누고 있는 사람은 자기 나라도 아니고 수천만 리나 떨어진 머나먼 곳에 살고 있더란 것이다.

   허허~! 참으로 오래 살고 볼일은 볼일이었다.

   스마트폰 안에 담긴 온갖 기능들은 그야말로 혀를 내두를 정도였는데 백번은 더 내둘러도 부족할 지경이었다. 보고도 믿기지 않는다는 말이 아예 무색해지는 순간이었다.

   그 밖에 나는 여기저기 세상 이곳저곳을 돌아다니며 수많은 광경을 보게 되었는데 대부분의 일을 사람이 아닌 기계가 해 주고 있었다. 황홀경에 빠져든 것은 두말할 필요도 없었다. 나는 점점 생각하기를 '아 이곳 사람들이 정녕 사람은 사람이되 나와는 전혀 다른 차원의 사람들이구나~' 하는 것을 두 눈으로 똑똑히 목격하게 되었다.

   그들의 과학 세계는 어마어마했다. 최첨단 전자 현미경과 광학 현미경을 엄청난 배율로 확대해 머리카락의 구조, 원자 알갱이, 미생물의 세포 조직까지 낱낱이 밝혀냈다. 최근에는 머리카락 내부를 나노 단위로 볼 수 있는 방사광가속기의 엑스선 위상차 현미경 기술로 머리카락을 자르지 않고 80나노미터(1나노미터는 10억분의 1미터) 단위로 촬영했다.

반도체를 만들기 위해서 사람 머리카락 10만분의 1밖에 안 되는 공간에서 국제적인 전쟁을 벌이는 것이다. 반도체 칩으로 들어가면 가히 놀라운 신비의 세계가 펼쳐졌다. 그 속에서 무슨 일이 벌어지고 있는가 …!

"특정 세포 안에 있는 유전자의 진정한 의미를 예측할 수 있게 됐다. 따라서 앞으로는 신경조직의 세포들이 서로 어떻게 정보를 교환하는지, 장기 세포들이 음식물의 영양소를 어떻게 흡수하는지 등을 더욱 정확하게 알 수 있을 전망이다."

프레이씨는 이 연구 결과를 제2차 세계 대전 때 독일 나치군이 사용했던 암호 기계 '에니그마'를 연합군이 결국 해독하는 데 성공한 것과 비교했다. 그는 "지시를 받은 에니그마가 여러 가지 복잡한 상징들로 암호를 만드는 것처럼 유전자 역시 DNA에 숨어있는 복잡한 상징을 암호로 사용하고 있다."고 설명했다.

잠깐 졸다가 눈을 떠 보니 어느 틈인가 나는 내가 사는 세상 속으로 와 있었다. 그곳에서는 모든 사람이 손수 삽과 괭이를 이용해 땅을 파고 곡식을 뿌리며 농사일을 하고 있었다. 그 이외에도 모든 일이 수작업을 통해 이루어졌는데 웬일인지 나는 예전 같지 않게 그것이 너무 힘겹고 고달파 보였다. 방금 보았던 세계와는 상상 초월 상반된 모습에 나는 그저 어안이 벙벙해질 따름이었다.

어쩌면 이렇게 세상이 하늘과 땅 차이가 난단 말인가!

그래서 나는 내가 보고 온 신비한 체험에 대해 일일이 사람들에게 찾아가 말하기 시작했다. 그것은 분명 꿈이 아닌 현실이었으며 우리도 언젠가 그 일을 스스로 이룩해야 할 과제라고 설명했다.

사람들은 매우 놀라워했으며 개중에 더러는 갸우뚱했고, 그러나 대부분 사람은 어디서 돼먹지 않은 소리를 하느냐며 정신 나간 사람 취급을 하기도 했다. 꿈도 망조가 든 꿈이라고 면박을 주는가 하면, 강포한 사람들은 저런 미친놈은 곤장을 흠씬 때려 바짝 정신을 들게 해줘야 한다고 벼르는 사람들도 있었다. 거기에 굴하지 않고 나는 어떻게 그것이 실현 가능한가를 조목조목 설명하면서 하루빨리 그 일을 성취할 방법들을 추진해 가자고 했다.

　이 일을 통해 모든 사람의 삶이 윤택해질 수 있으며 여러 가지 문제와 고통에서 해방될 수 있다고 했다. 많은 사람이 감복했으며 그 방법과 기술을 따라보자고 했는데, 반면 이에 반기를 드는 사람들은 참으로 놀랍게도 반대를 위한 반대로써 어떤 타당성마저 무시한 채 반대자로서의 사명을 굳혔는데, 이 자들은 대부분 그 일로 인해 당장 자기 일에 대해 어떤 피해가 가지 않을까 염려한 자들이었다.

　　이는 내 생각이 너희의 생각과 다르며 내 길은 너희의 길과 다름이니라 이는 하늘이 땅보다 높음같이 내 길은 너희의 길보다 높으며 내 생각은 너희의 생각보다 높음이니라 _사 55:8-9.

　문명이 주는 혜택은 축복인가, 저주인가?
　갈수록 황폐해지고 기계화되는 인간들 …
　인류는 지금 어디까지 왔나?
　지구의 종말! 지구의 종말을 가리키는 시계가 60초 전을 가리키고 있다. 기후의 이변, 사고와 재난의 연속, 민족 간의 분쟁과 국가 간의 전쟁. 사람들은 사실적 증거를 들어 지구의 종말이 온다고 설왕설래한다.
　과연 지구의 종말은 시작될 것인가?
　시작된다면 어떻게 스타트 될 것인가?

내일 지구에 종말이 온다고 했을 때의 반응

* 하루살이: 상관없다.
* 방송국 사장: 그래? 당장 특집 생방송 준비하라고 해!
* 백화점 사장: 지구 종말 특별 99퍼센트 바겐세일 준비해!
* 노숙자: 그래도 밥은 나오지?
* 만삭인 산모: 우리 애는 어쩌라고!
* 기상캐스터: 다행히 비는 내리지 않을 것입니다.
* 신창원: 내 그럴 줄 알고 잡혀줬다.
* 노스트라다무스: 거봐라. 내 말 맞지?
* 금연을 시작한 맹구: 괜히 끊었네.

　세상은 말세라고 한다. 범죄가 늘어나고 가족관계가 파괴된다. 재앙도 빈번해진다. 이리 보나 저리 보나 말세라고들 한다. 1999년, 그리고 2000년 예수님이 재림한다고 수많은 교인이 믿었고, 일부 사람은 컴퓨터가 2000년이란 숫자를 인식 못 해 핵폭탄 등 컴퓨터로 다루어진 기계 등이 조작이 불가능해 다 한 번에 터질 것이란 루머를 믿고 두려움에 떨기도 했다.
　또한, 지난 세기 동안 단 한 차례의 오차도 없이 지구와 우주의 시간을 정확하게 계산해 왔다던 마야의 달력이 2012년 12월 21일을 끝으로 지구의 종말을 예언했다고 해서 지구촌 곳곳에 한동안 소동이 있었다. 이날은 지구 종말, 지구 멸망이라는 말로 포털의 실시간 검색어가 뜨거운 하루였다.

　이에 프랑스 남서부의 산골, 이곳이 지구 종말 안전지대라 하여 전 세계 50여 개국 250여 명의 취재진이 몰려드는 헤프닝이 벌어지기도 했다. 그런데 그날이 지나고 여전히 세상은 잠잠하다.

그날은 과연 다가올 것인가?
온다면 어떤 식으로 올 것인가?

앞으로 100초 남은 지구 종말 시계

"파국을 막으려면 이제는 행동해야 할 때"
2년 전 '지구 종말까지 남은 시간이 불과 100초'라는 보도가 있었다.
'지구 종말 시계'(Doomsday Clock)가 바로 그것이다.
(시계 바늘이 자정을 가리키면 종말을 의미한다)

핵무기 위협의 긴급함을 알리기 위해 시작

1945년 히로시마와 나가사키에 투하된 원자폭탄의 참상을 지켜본 이들은 핵무기가 인류에게 가장 큰 위협이라는 것을 깨달았다. 그 후 '지구 종말 시계' 또는 '운명의 날 시계'(The Doomsday Clock)는 발전된 인류문명이 세상을 얼마나 위협하고 있는지 경고할 목적으로 기획되어졌다.

1947년 맨해튼 프로젝트에 참여했던 아인슈타인을 비롯해, 19명의 노벨상 수상자를 포함한 시카고대학의 저명한 과학자들이 핵전쟁 등으로 인류가 멸망하는 시점을 자정으로 설정하고, 전 세계적인 정치, 경제적 상황 평가 그리고 세계에서 진행되고 있는 핵실험이나 핵무기 보유국들의 동향과 감축 상황 등을 파악해, 째깍거리는 분침을 앞당기거나 늦추는 방식으로 지구 종말 위협의 증가 또는 감소를 표현하도록 한 것이다.

당시에는 인류에게 가장 큰 위협이 핵무기였지만, 시간이 흐르면서 지구 종말을 앞당기는 위험 요인이 다양해져 2007년부터 지구 종말 시계는 핵무기 외에도 기후변화로 인한 치명적인 영향을 추가했다. 현재는 바이오 테러리즘, 인공 지능, 사이버 공격 등도 위협의 대상으로 고려되고 있다.

지구 종말 시계, 자정까지 100초 전 … 3년째 유지

11시 53분으로 시작- 현재는 11시 58분 20초 '운명의 날 시계'는 지난 1947년 파멸 7분 전을 가리키면서 출발해 이번을 포함해서 지금까지 총 24번의 시간 조정이 있었다.

지난 1953년 미국과 소련이 수소 폭탄 실험을 했을 당시 자정 2분 전으로 종말에 가장 근접하게 분침이 당겨졌으며, 냉전이 끝난 뒤인 평화무드가 일렁이던 1991년에 자정 17분 전인 11시 43분까지 후퇴되었다.

시계가 시작된 이래 자정에서 가장 멀어졌던 때는 1991년으로, 미국과 소련이 첫 번째 전략무기감축협정(START I)에 서명하고, 소련이 해체된 시기였다. 이때의 지구 종말 시계는 자정보다 17분 앞선 11시 43분이었다.

그러나 이후 미국과 러시아 등 핵보유국이 핵무기 감축에 진전을 보이지 않고, 인도와 파키스탄, 북한의 핵실험과 새로운 위협으로 떠오른 기후변화 등으로 지구 종말 시계는 점점 자정에 가까워지게 되었다.

그 후, 2020년 지구 종말 시계는 자정까지 불과 100초밖에 남지 않은 11시 58분 20초로 발표됐다. 지구 종말 시계가 시작된 이래 종말에 가장 가까운 시간이었다.

레이첼 브론슨 핵과학자회 회장은 지구 종말 시계의 시각을 발표하며 "우리는 이제 세계가 종말에 얼마나 가까워졌는지를 분이 아닌 초 단위로 표현하게 됐다."고 말했다. 인류가 처한 상황이 그만큼 위급하다는 것이다. 시곗바늘을 앞당기게 한 가장 큰 요인은 역시 핵무기 위협과 기후변화였다. 그리고 상황은 또 갑작스레 바뀌었다.

러&우 사태/북 도발로 지구 종말 시계 빨라질까 … ?

　미국 '핵과학자회'(BAS)는 지난 1월 20일, 지구 종말을 의미하는 시계가 자정까지 100초 앞으로 다가왔다고 밝혔다. 올해 초 미국의 '핵과학자회'가 지구 종말의 시계(Doomsday Clock)를 3년 연속 자정으로부터 100초 앞으로 설정했는데, 당시 핵과학자회는 미국과 북한 간 대화의 진전이 없었지만, 북한이 대륙간탄도미사일 시험 발사와 핵실험을 하지 않은 것을 핵 위기를 완화하는 긍정적인 요인으로 평가했기 때문이다.
　하지만 북한이 대륙간탄도미사일을 발사하고, 추가 핵실험을 강행할 가능성이 커지면서 북한발 핵 위기 고조에 대한 핵과학자들의 우려가 커졌다.

러시아 핵 위협- 북 고강도 도발 등 반영 안 된 지구 종말 시계

　지구 종말의 날 시계가 발표된 지 한 달 만에 상황은 급변했다. 지난해 2월 러시아가 우크라이나를 침공했고, 전쟁이 길어지면서 푸틴 러시아 대통령은 핵무기 사용 가능성을 언급했다. 올해 초부터 잇따라 탄도미사일을 시험 발사해 온 북한은 마침내 지난 3월 24일 대륙간탄도미사일을 쏘아 올렸으며 다음 단계로 7차 핵실험 가능성까지 커진 것이다.
　핵과학자회 측은 최근 북한의 고강도 도발과 함께 국제사회에서 커지고 있는 핵 위기에 관한 (3월 29일) RFA의 질의에 "과학 안보위원회가 만나 현 상황을 논의했다."라며, "러시아의 우크라이나 침공으로 핵 위협은 더 커졌다."고만 답했다.
　한국 아산정책연구원 부연구위원도 (3월 30일) RFA에 올해 발생한 우크라이나 사태와 북한의 도발 등으로 지구 종말의 날 시간이 자정에 가까워질 수 있다고 관측했다.
　당연히 지구 종말의 날 시간이 짧아질 수밖에 없는 부분이 지금 러시아가 마치 핵을 사용할 것 같은 태세로 계속 우크라이나와 대치 중이고,

북한의 태도도 마찬가지이다. 그리고 이란 핵 협상과 관련해서도 명확하게 어떻게 될 거라는 게 안 나오고 있다.

핵무기 사용이 줄기는커녕 핵무기를 가진 일부 국가가 어설프게 사용하겠다는 의사 표시를 공격적으로 하고 있기 때문에, 지구 종말의 날 시간은 불리하게 돌아갈 수밖에 없다고 보는 것은 타당하다.

지구멸망 일곱 가지 시나리오

1. 소행성과의 충돌 2. 인공지능(AI) 3. 인공전염병 4. 핵전쟁
5. 강입자가속기 6. 신적 존재의 실험중단 7. 지구온난화

지금 우리는 그 어느 때보다 혼란의 시대를 살아가고 있다.

안팎으로 언제 무슨 일이 터질지 모르는 위험천만한 상황 가운데 놓여 있다. 더욱이 대한민국이라는 나라는 더더욱이나 그렇다.

언제나 인류 멸망 부동의 1위 자리를 지키고 있는 핵폭발

만약에 서울에 작은 핵폭탄이 터진다면?/시뮬레이션

1미터톤 규모가 터졌을 경우를 간단히 정리해 본다.

서울 시청을 중심으로 반지름 약 3킬로미터의 모든 것이 폭발과 동시에 "증발"한다. 그 일대가 태양의 약 천 배의 열로 약 1에서 2초간의 빛의 방출로 인해 불에 타는 것이 아니라 순식간에 "증발"해 버린다.

피해자들은 자신이 죽는지도 핵폭발이 일어났는지도 느낄 수 없다. 또한 약 7킬로미터 떨어져 있는 곳에는 모든 가연성으로 이루어진 모든 것이 엄청난 열로 인해 폭발의 중심지가 증발함과 동시에 타기 시작하며 주위의 모든 사람도 같이 타들어 가기 시작한다.

이 지역의 사람들은 3도 화상을 입게 되고 노출 부위가 25퍼센트 넘는 사람은 몇 초 뒤 절명하며, 거의 이 지역의 대부분인 운 나쁜(?) 노출 부

위 25퍼센트 미만의 사람은 약 1분 뒤, 후폭풍이 다가올 때까지 고통 속에서 기다리게 된다.

그리고 몇초 뒤 시속 1,000킬로미터로 산소를 팽창시키는데 속도는 점점 느려져서 25초 뒤에는 약 시속 400킬로미터 속력의 후폭풍이 동대문, 연세대, 숙명여대, 용산구청 등에 도착하게 되고 그리고 1분 뒤에는 시속 350킬로미터의 속력의 후폭풍이 약 7~9킬로미터 떨어져 있는 서울 시립대, 동작대교, 반포 등지에 도착하게 된다.

후폭풍은 약 진도 7의 지진의 파괴력으로 도시를 덮치는데, 지상의 모든 90 이상의 건물은 이 충격으로 파괴되고. 모든 건물 파편이나 유리 파편은 조각조각 나서, 이 부근의 사람들의 몸을 총알처럼 관통해 살상하게 되며, 더욱이 파편뿐 아니라 이 바람에 직접 노출되게 되면 사람의 몸도 두 동강이 난다.

또한 엄청난 열을 포함함으로 인근의 아스팔트가 부글부글 끓게 된다. 직접적인 후폭풍의 범위는 약 반경 30킬로미터의 건물들을 파괴할 수 있다.

선낙진 피해 - 대부분의 선 낙진은 눈처럼 떨어지는 뿌연 재인데 이 선낙진은 엄청난 방사능을 띤 오염 물질로 경기도 일대로 날아간다.

처음 열복사 내지 선낙진에 노출된 사람은 2주 내지 길게 6개월 안에 사망하게 된다. 작고 가벼운 먼지 크기의 재들은 더 높이 올라가 바람을 타고 더 멀리 뿌려지게 된다. 서울에서 터졌을 시 후낙진은 무역풍을 타고 일본까지 가게 된다.

결과적으로 종합했을 때 - 1차 열복사 및 2차 후폭풍에 의해 서울의 모든 80~90퍼센트의 건물파괴 및 서울 인구 천만 명 중 약 200만 명은 찍 소리 한번 내보지 못하고 즉사, 약 2백만 명은 고통 속에서 몸부림치다 사망 그리고 약 300만 명은 2주 내지 6개월 안에 사망하게 될 것이며 교통마비, 수돗물 중단, 전기중단, 의료기관 및 의료 요원의 부족 속에서 사망자는 더욱더 늘어나게 될 것이다.

또한 인근 주변 도시는 열복사 및 후폭풍에 의한 직접 피해는 그나마 서울보다는 좀 덜 할테지만 선낙진 피해로 인해 죽어가는 사람은 서울 못지않을 것이며, 전체적인 피해 역시 약 60퍼센트 이상의 인구가 직, 간접적인 피해로 6개월 안에 사망하게 될 것이다. 간단히 계산했을 때 우리나라 인구 중 천만에서 천이백만 명 정도가 사망할 것이다.

방사선 피해로 사망하는 사람의 고통은 말로 다 표현할 수 없을 정도로 처참하며, 핵전쟁 후를 표현한 TTAPS(Turco·Toon·Ackerman·Pollaok·Sagan) 보고서에서는 이를 '산자가 죽은 자를 부러워하는 세상(The quick envy the dead)'이라고 표현했다. 말 그대로 살아남은 사람들은 살아남아 있는 자기 운명을 저주하며 죽음을 고통 속에서 기나리는 시간만이 있을 뿐이다.

난리와 난리 소문을 듣겠으나 너희는 삼가 두려워하지 말라 이런 일이 있어야 하되 아직 끝은 아니니라 민족이 민족을 나라가 나라를 대적하여 일어나겠고 곳곳에 기근과 지진이 있으리니 이 모든 것은 재난의 시작이니라 _마 24:6-7.

"히로시마 시민에게 경고한다!

모든 시민은 8월 6일 아침 00시까지 50리 밖으로 대피하라~!
그렇지 않으면 목숨을 보존하기가 어려울 것이다~!! "
먹고 마시며 안일 무사했던 수십만의 시민은 영문 모를 경고장에 대해 각기 나름대로 수군거리기 시작했다.
어떤 이는 "이것은 공갈이다.", 어떤 이는 "거짓말일 게다.",
또 어떤 이는 "그때 가봐야 하지 않겠느냐"는 등 관심 없는 외침이었다. 그러기에 그들은 무서운 경고를 받고도 꼼짝달싹하지도 않았다. 그중

몇몇 소수의 무리만이 급히 가산을 정리하고 가족과 함께 정든 히로시마를 떠나 50리 밖으로 도피했다.

1945년 8월 6일 아침, 시민들은 과연 오늘 하루 동안에 어떤 일이 일어날 것인가 하는 의문을 마음에 품고 초조와 긴장 속에 요행을 바랄 뿐이었다. 그때 마침 서쪽 하늘에서 재빠르게 소리도 없이 다가오는 비행기가 있었다. 온 시민들은 자포자기와 좌절감에 빠지게 되었고, 죽음에 대한 두려움과 공포로 휩싸였다. 동시에 폭음과 함께 시꺼먼 죽음의 구름은 시가지를 흔들고 뒤엎어 버렸다.

인류 최초로 투하된 원자폭탄 리틀보이는 항공기에서 발사된 지 43초 후쿠 … 시마 병원 상공 1,900피트에서 터졌다. 폭탄의 위력은 12,500톤의 트라이나이트로톨루엔(TNT)와 동일했다. 결과는 참혹했다.

히로시마 원폭 생존자의 증언/친구들 산채로 타죽어/당시 13세

"나는 아직도 그날 아침을 생생하게 기억해요. 오전 8시 15분, 나는 창문을 통해 눈을 뜰 수 없을 정도로 푸른빛이 도는 흰색 섬광을 봤고, 마치 공중에 떠 있는 듯한 느낌을 받았어요. 내가 고요와 어둠 속에서 의식을 되찾았을 때 나는 무너진 건물 아래 갇혀 꼼짝도 못 하는 상태였고, 같은 반 친구들의 희미한 울음소리를 들었어요.

'엄마, 도와주세요! 하나님, 도와주세요!'라고 말했어요 …

그날 난 상상도 할 수 없는 참상을 봤어요. 제가 간신히 기어 나왔을 때 잔해는 불타고 있었고, 같은 반 친구 대부분은 그 건물 안에서 산채로 불에 타 죽어있었습니다. 유령 같은 모습을 한 사람들이 발을 질질 끌며 걸어 다녔고, 괴이한 모습으로 다친 사람들은 피를 흘렸으며, 불에 타거나 부어올라 있었어요. 그들의 신체 일부는 사라지고 없었어요. 살과 피부는 뼈에 매달려 있었고, 어떤 사람들은 손에 자기의 안구를 들고 있었으며, 복부가 파열돼 창자가 드러나 보이는 사람도 있었어요. 불에 탄 살의 악취가 가득했습니다."

피부가 양탄자 조각처럼 흘러내렸다

폭탄 한 개로 도시가 완전히 없어졌다. 주민 대부분은 민간인이었다. 그들은 타버리거나, 증발하거나, 숯이 돼버렸다.

그들 중에는 아이의 가족과 학교 친구들도 있었다.

그 후 수주, 수달, 수년에 걸쳐 수천 명이 방사선 때문에 무차별적이고 이해할 수 없는 방식으로 죽어 나갔고 … 방사선은 지금까지도 생존자들을 죽이고 있다.

"원자탄" 하면 떠오르는 시각적 이미지는 거대한 버섯구름이다. 반면 원자탄에 의해 죽거나 다친 수십만 희생자의 사진을 본 사람은 거의 없다. 34만 명이 죽고 37만 명이 후유증을 앓았다는 원자탄의 경우, 피해자의 끔찍한 고통을 보여 주는 사진은 거의 알려져 있지 않다.

왜 그럴까?

미국이 막았기 때문이다. 미국은 당시 원자탄의 인간적 참상을 보여 주는 사진과 동영상 그리고 피폭자 증언 등의 공개를 철저히 차단했다.

"내가 만일 백 년을 산다 해도 나의 마음속에서 이 몇 분 동안은 영원히 잊을 수가 없을 것이다. 히로시마 사람들 역시도 마찬가지일 것이다."

-생존자

경고!

분명히 경고는 주어졌다! 하지만 마지막 시간까지 경고를 받아들이지 않았던 불신의 대가는 돌이킬 수 없는 커다란 결과를 가져왔다. 순식간에 히로시마 시민 수십만 명의 생명과 재산이 잿더미가 되고 만 것이다.

이 얼마나 안타까운 일인가?

그러나 비록 원자탄의 위력을 잘 알지 못했지만 한 조각 종이쪽지의 경고를 겸손한 마음으로 받아들인 소수의 무리는 77년이 지난 지금도 이 사건의 증인들로 살아있지 않는가!

그러나 여기 미 공군의 경고보다 더 큰 경고가 있다.

여러분은 이 경고를 알고 있는가?

이 큰 경고는 한 사람도 멸망하는 것을 원치 않으시는 하나님의 경고이다(벧후 3:6-7).

아이러니만 더 커져가는 세계

오늘날을 일컬어 '불확실하다는 그 사실만이 확실하다'라고 말한다. 더 편리하고 더 빠르고 왕래는 더 가까워졌는데 더 바쁘고 더 위험하고 살기는 더 힘들어졌다. 더 많은 사실이 명확하게 규명되고 있음에도 불구하고 우리는 더 모호해지고 알 수 없는 시대에 살고 있다.

2004년 12월, 인도네시아에 지진으로 인해 생겨낸 엄청난 해일이 순식간에 동남아 해안을 강타했다. 그때 약 20만 명 이상의 사람이 사망했다. 사실 그전까지만 해도 한국에서는 쓰나미라는 말은 사용하지 않고 있던 시대에 살고 있었다. 인간이 얼마나 무력한지를 한눈에 보여 주는 사건이었다.

그리고 2011년 3월 일본에서 발생한 쓰나미가 있었다. 9.0의 대지진과 함께 있었던 쓰나미로 인해 사망자(실종자 포함)는 2만 명 이상이 집계되었다. 게다가 엄청난 쓰나미가 후쿠시마 원전을 덮쳐서 원전이 폭발하고 방사능이 대거 유출되고 그로 인한 피해는 지금까지 진행 중이다.

그리고 2015년 4월 에베레스트산에 있는 네팔에 규모 8.1의 대지진이 강타했다. 이로 인해 8천 9백 64명의 사망자와 21,952명 이상이 부상, 66만 명 이상의 이재민이 발생했다. 여러 유네스코 세계 유산이 파괴되었고 이 지진은 에베레스트산과 카트만두시 전체를 남쪽으로 3미터 이동해버렸다.

역사상 가장 많은 사상자를 낸 지진 10순위

1위 - 1556년 1월 23일 중국 산시성 지진: 사망자 83만 명
2위 - 1976년 7월 27일 중국 당산 지진: 사망자 25만 5,000명
3위 - 1138년 8월 9일 시리아 알레포 지진 - 23만 명의 사망자
4위 - 2004년 12월 26일 인도네시아 수마트라 지진: 사망자 22만 7,898명
5위 - 2010년 1월 12일 아이티 지진: 사망자 22만 2,570명
6위 - 856년 12월 22일 이란 담간 지진: 사망자 약 20만 명
7위 - 1920년 12월 16일 중국 하이위안 지진: 사망자 약 20만 명
8위 - 893년 3월 23일 이란 아르다빌 지진: 사망자 15만 명
9위 - 1923년 9월 1일 일본 간토 지진: 사망자 14만 2,800명
10위 - 1948년 10월 5일 투르크메니스탄 아시가바트 지진: 사망자 11만 명

여러분! 문제는 이렇게 무서운 비극이 일어날 것을 안 사람은 아무도 없었다는 사실이다. 점쟁이 자기 죽는 날 모른다고 그 수많은 예언가는 다 어디로 갔을까? 세상의 운명을 미리 알고 있다고 호언장담하던 그런 자들이 그 사건들이 발생하기 전에 다 무얼 하고 있었냐는 말이다. 그 사건들을 미리 다 예언했더라면 아마 전 세계적으로 영웅이 되고 돈과 명예가 한꺼번에 물러왔을 텐데 왜 그 사건을 예언하지 못했을까, 왜?

이유는 분명하다. 이 모든 것이 알려 주는 한 가지 분명한 사실은 사람은 결단코 미래를 알 수 없다는 것이다.

고작해야 지난 과거 따위 좀 알아맞히는 게 무슨 대수란 말인가!

당장 무슨 일이 벌어질지 알지 못해 오늘도 수많은 생명이 그 명줄을 다하고 있는 판국에…

> 너는 내일 일을 자랑하지 말라 하루 동안에 무슨 일이 일어날는지 네가 알 수 없음이라 _잠 27:1.

그렇다. 한 치 앞도 알 수 없는 게 인간이다.

그런데 미래를 맞히거나 예언하는 그러한 능력이 있다면 세상 모든 로 또복권은 전부 예언가들에게 돌아가야 맞지 않겠는가?

게다가 점치고 예언하신다는 그들의 행색은 보통 사람들보다 더 궁색하고, 그들 자신의 앞가림도 제대로 못 하고 살아가고 있는 형편은 우리에게 무엇을 시사해 주고 있는가!

여러분, 진짜 미래를 알면 세상 역사는 다시 쓰여야 했을 것이다.

> 주님께서 말씀하신다 민족의 신들아 소송을 제기하여 보아라 너희는 확실한 증거를 제시하여 보이라 야곱의 왕께서 말씀하신다 이리 와서 장차 무슨 일이 일어날 것인지 우리에게 말하여 보아라 지난날에 있었던 일들이 어떤 것이었는지 말하여 보아라 그러면 우리가 그것들을 살펴 결과를 알아보겠다 아니면 앞으로 올 일들을 우리에게 말하여 보아라 장차 올 일들을 말하여 보이라 그러면 우리가 너희들이 신이라는 것을 알 수 있을 것이다 그러면 우리가 모두 놀라며 두려워하게 될 것이다 _사 41:21-23.

그렇다면 우리는 미래에 대해서 전혀 알 수가 없는가?

세상의 운명이 앞으로 어떻게 될 것인 지구라는 별은 도대체 어디를 향해 달려가고 있으며, 그 마지막은 어디인지 내 장래는 어떻게 될 것인지에 대해서 우리는 정말 알 수 없는 것인가?

내 운명이나 이 세상의 미래가 어느 날 어이없이 무너져 내릴지 모르는데 우리는 정말 아무것도 알 수 없는 것인가?

대답은 참 절망적이다. 어렴풋이 위험이 다가오고 있다는 것을 느끼지만 정확한 것은 아무것도 알 수 없다는 것이 문제이다. 무언가 불길한 미래가 다가오고 있는데 그것이 언제 어디서 어떤 형태로 우리에게 갑작스럽게 올 줄은 전혀 몰라서 전전긍긍하고 있는 것이 오늘날의 현 상황이다. 그러나 해답이 전혀 없는 것은 아니다. 하나님의 말씀인 성경에서 그 해답을 찾을 수 있기 때문이다.

성경에는 크게 천 번의 예언이 나오는데 대부분의 예언은 이미 한 치의 오차 없이 역사 속에서 정확하게 이루어졌다. 그렇기에 나머지 지구에 닥쳐질 종말에 대한 이 예언도 반드시 이루어진다는 사실을 우리는 알 수 있다(마 24:34-39).

👍 추천 영상/마지막의 시작/한홍 목사

성경이 사실이라면 이 모든 일은 그대로 일어난다.

요한계시록 8:7-13은 이 땅에 일어난(일어날) 끔찍한 재앙들을 세밀히 예언을 기록했다.

핵전쟁, 지구온난화, 환경파괴, 해양오염, 강(수질) 오염 … 요한계시록을 제외한 모든 성경은 성령의 감동하심을 입은 사람들이 하나님께 받아 말한 것이다.

그런데 요한계시록은 다르다 하나님께서 '예수 그리스도'께서 직접 주셔서 반드시 속히 될 일을 기록한 책이기 때문이다. 요한계시록은 사도 요한의 기억 속에 존재하지 않는 그의 생전에 전혀 듣지도 보지도 못한 처음 듣는 '예수 그리스도의 계시'를 그냥 받아적기만 한 성경이다.

요한은 말 그대로 자기가 무엇을 듣고 있는지도 알지 못한 채 무작정 받아적기만 한 '펜'에 불과했다. 계시록은 반드시 속히 될 일을 기록한 책이다(계 1:1-3).

성경은 사실인가?

"성경은 사실이다."라는 말은 굉장히 중요하다. 왜냐하면 성경이 사실이면 성경 속에 있는 하나님에 대한 이야기, 그 하나님의 존재도 사실이어야 하기 때문이다. 성경이 사실이라면 이 성경 속에 있는 이 세상 종말에 대한 이야기, 이 세상에 종말이 온다는 이야기도 사실이어야 한다. 그것이 사실이 아니라면 성경도 사실이 아니다.

또 성경에서는 예수 그리스도에 대해서 말하고 있다. 예수 그리스도는 하나님의 아들이시다. 곧 하나님이신 분이 인간이 되어 이 세상에 오셨다고 말씀하고 있다. 그 일이 사실이라면 그것은 굉장히 중요한 문제이다.

예수 그리스도께서 하나님으로서 또 하나님의 아들로서 이 세상에 오셔서 살다가 가셨는데, 그분이 살다 가신 결과로 말미암아 복음이 전파되고 사람들이 구원받는 역사가 지금까지 이어지고 있다. 만일 성경이 사실이 아니라면 지금 우리가 이 성경을 읽고 복음을 전하는 것도 다 거짓이고 아무런 의미가 없다. 성경 속에는 영원한 천국에 대한 이야기도 있다.

현재 세상이 아닌 다음 세상, 영원한 천국이 있다고 말하고 있다. 그런가 하면 그 미래에 지옥도 있다고 말하고 있다. 지옥은 죄를 심판받고 고통을 당하는 곳이라고 기록되어 있다. 만일 성경이 사실이면 지옥도 사실이고 영원한 천국도 사실이다.

또 성경에서는 인간은 죽음으로 끝나는 것이 아니고 부활이 있다고 분명히 전하고 있다. 죽었다가 다시 살아나는 부활에 대한 이야기가 성경 속에 있다. 그것이 사실이라면 우리의 지금 삶은 죽음으로 끝나는 것이 아니고 미래에 천국 아니면 지옥, 그러한 미래가 있다는 것이다. 그것은 큰 문제이다.

성경이 사실이 아니라면 그것도 거짓말일 테니까 마음 놓고 안심하고 멋대로 살아볼 수 있겠지만 만일 사실이라면 큰 문제이다. 어디까지가 사실이고 어디까지가 사실이 아니냐 하는 문제를 좀 깊이 따져보아야 한다. 이런 문제를 그냥 간과해 버리고 "그까짓 것 뭐, 사는 데로 살다가 끝나면 그만이다." 하며 살아가다가 이 성경이 말하는 모든 것이 실재적으로 일어난다면 그것은 보통 문제가 아니다. 이런 문제는 그냥 아무렇게나 생각하고 넘어갈 수 있는 문제가 아니다. 그래서 성경이 사실임을 주로 역사를 통해 밝혀보려 한다.

또 과학적으로 성경을 공부해 보려 한다. 역사적으로, 과학적으로, 또 예언적으로, 또 개인의 체험 등으로 이렇게 여러 방면으로 이 성경이 사실인지 아닌지 대대적으로 밝히 찾아 연구해 오고 있다. 이 책은 그 역사의 중심 가운데 서 있다.

3800년 전 이미 성경에 기록해 놓은 과학적 사실

성경은 왜 있는 것일까?
성경은 영혼(인생)의 내비게이션이다(요 20:30-31).
성경은 왜 있는 것이냐?
'성경은 그리스도 예수 안에 있는 믿음으로 말미암아 구원(영생)에 이르는 지혜가 있게 하기 위함'이라고 디모데후서 3:15에도 기록되어 있다. 성경은 사람들이 구원받기 위해서 있는 것이다, 이런 뜻이다.

> 너희가 성경에서 영생을 얻는 줄 생각하고 성경을 상고하거니와 이 성경이 곧 내게 대하여 증거하는 것이로다 _요 5:39.

여기서 '내게'라는 말은 예수님 자신을 말하는 것이다. 상고한다는 말은 공부한다는 뜻이다. 즉, 영생을 얻기 위해서 성경을 공부한다는 것이다.
하나님 떠나 고통 가운데 있는 사람이 하나님께로 다시 돌아올 수 있는 유일한 길인 '예수 그리스도'에 대해 신구약 전체를 통해 설명하고 있다. 잘못된 내비게이션(종교, 미신, 무속, 철학, 과학)이 가르쳐주는 길로 계속 가는 것은 실패요 그곳의 종착지가 바로 지옥이다.

약속을 이루신 예수 그리스도

수천 년에 걸쳐 구약 성경에 끊임없이 예언되어 온 예수 그리스도는 정확히 2023년 전 지구 역사(이스라엘)에 오셔서 자기에 대해 예언 기록된 모든 말씀을 성취하심으로 "인류를 죄에서 구원"할 메시아임을 확증하셨다. 그럼에도 정작 현재의 이스라엘인 대부분이 예수님을 구세주 메시아(그리스도)로 믿지 않고 있으며, 여전히 그들을 구원할 새로운 왕(구원자)을 갈망하고 있다. 구원자 '예수'를 하나님이 보내신 "그리스도"로 받아들이지 않는 모든 국가, 사회, 가정, 그리고 개인은 끊임없이 어려움을 당할 수밖에 없고, 이에 최종적으로 그들 각자에게 들이닥칠 개인의 미래와 종말은 차디찬 단두대뿐임을 똑똑히 기억해야 한다.

> 바울은 자기 관례대로 회당으로 그들을 찾아가서 세 안식일에 걸쳐 성경을 가지고 그들과 토론하였다 그는 그리스도께서 반드시 고난을 당하시고 죽은 사람들 가운데서 살아나셔야 한다는 것을 해석하고 증명하면서 내가 여러분에게 전하고 있는 예수가 바로 그 그리스도이십니다 라고 말하였다 _행 17:2-3.

메시아의 예언이 이루어졌는데 왜 유대인은 인정하지 않았는가?

👍 추천 영상/유대인들이 예수를 죽인 역사적 이유
👍 추천 영상/랍비들이 예수님을 거절하는 진짜 이유는?

성경에 나타난 과학적 사실들

성경이 사실인지 우선 한 곳을 찾아보도록 하자.

> 그는 북편 하늘을 허공에 펴시며 땅을 공간에 다시며 물을 빽빽한 구름에 싸시나 그 밑의 구름이 찢어지지 아니하느니라 _욥 26:7-8.

이 말씀은 종교적인 이야기가 아니다. 지금도 '성경은 종교의 경전이다.'라고 생각하는 사람들은 우선 한 가지 생각을 교정해야 한다. '그는 북편 하늘을 허공에 폈다. 땅을 공간에 달아 놓았다.' 하는 문제는 절대로 종교적인 이야기가 아니다.

진리라고 믿고 있는 오해

지금으로부터 400여 년 전쯤 갈릴레오가 지동설을 주장하다가 큰 벌을 받았다. 재판을 받은 것이다. 갈릴레오는 지구가 돌아간다는 지동설을 주장해서 그전에 있던 생각들을 뒤집어 놓았다. 그래서 로마의 교황청에서는 그를 이단이라고 재판했고, "지동설을 취소하면 용서해 주겠다."라고 했다. 갈릴레오는 생명이 아까웠는지 자기주장을 취소했다.
그러나 법정을 나오면서 "그래도 지구는 돌아간다."라고 했다나~ 어쨌든 후에 다시 지구가 돌고 있음을 계속 관찰 연구를 해 또 한 번 지동설을 주장한 책을 써서 신을 모독했다는 죄목으로 또 한 번 재판을 받고 유죄판결!! 이 때문에 갈릴레오는 78세로 생을 마감할 때까지 가택 연금형을 받고 집안에서 갇혀 지냈다. 그가 떠나고 먼 훗날 … 교황청은 자신들의 과오를 깨닫고 그를 용서하고 그가 옳았음을 인정했다.
이 얼마나 어리석음의 극치인가?
"지구가 돈다면 어지러워서 걷지 못해!

우리가 가만히 서 있는 건 지구가 움직이지 않기 때문이야!"하고 반박한 것이다. 당시의 천문관측 기술로는 지구가 움직인다는 '연주시차' 같은 증거를 찾을 수 없었거니와 물체의 움직임에 대한 관념도 알지 못했다.

　* 갈릴레오 갈릴레이의 명언
"어찌하여 그대는 타인의 보고만 믿고 자기 눈으로 관찰하거나 보려고 하지 않는가?"
"진실을 모르면 바보요, 진실을 알고도 거짓을 가르치면 범죄다."
"나는 우리에게 감성과 이성 그리고 지성을 부여한 하나님께서 그 혜택을 무시하라고 했다는 것을 감사하다고 믿을 필요를 느끼지 않는다."
"모든 진리는 일단 발견만 하면 이해하기 쉽다. 중요한 것은 진리의 발견이다."

과학과 성경

　과학과 성경이 서로 상치된다고 믿는 사람도 있지만 그건 정말 모르는 소리다. 오랫동안 사람들은 성경이 과학적이지 않다고 비웃었다. 성경을 믿는 사람들이 어리석다고 생각했다. 그러나 지구가 둥글다는 것을 알려 준 것은 성경이었다.

　　　그가 그 땅의 둥근 천장 위에 앉으시나니 땅의 백성들은 메뚜기들과 같다 그가 하늘을 휘장처럼 펴시고 사람이 사는 장막처럼 그것을 펼치신다 _사 40:22.

　성경은 또한 천문학자들이 말도 안 된다고 말할 때 하늘의 별이 셀 수 없이 많다고 가르쳤다(히 11:12). 천문학자들은 별을 셀 수 있다고 주장했다(당시 맨눈으로 볼 수 있는 별은 4~6,000여 개 정도).

그러나 망원경의 성능이 좋아질수록 별의 숫자는 계속 늘어 간다. 성경은 하나님께서 하늘을 우리가 측량할 수 없는 넓이로 펼치셨고 해변의 모래처럼 많은 별로 그 하늘을 채우셨다고 하셨다. 현대과학은 이제 이것이 사실임을 확인한다(렘 33:22).

욥기서에 나타난 과학적 사실들

욥기는 책 중의 책이요. 가장 위대한 책이라고 단언할 수 있다. 욥기가 다룬 내용들을 보면 '과학'과 '진화론'은 감히 입도 벙긋할 수가 없다.

너무나 엄청난 비밀들이 숨겨져 있기에 …

욥기의 기록 연대 B.C.1800년 경, 그러니까 지금으로부터 약 3,800년 전에 하나님의 영감으로 기록된 이 책이, "악투루스, 오리온, 플레아데스 성단과 남쪽의 방들"을 언급하고 있다(욥 9:9; 38:32). 욥기서에는 인류가 오랜 시간 풀지 못했던 지구와 우주의 신비에 대해 가장 많이 전해 준다. 성경에는 과학적으로 놀라운 말씀들을 기록하고 있는데, 그 말씀들과 연관된 사실들을 검토해 보면 성경의 말씀이 항상 옳다는 것이 증명되어 왔다.

파리에 있는 루브르 박물관에는 3.5마일의 높이로 지금은 구식이 되어 버린 과학 서적들이 먼지를 머금고 수북이 쌓여있다. 1861년에 프랑스 과학협회는 성경을 반박하는 51가지 "과학적 사실들"을 출판했다. 그러나 그 51가지 "사실들"이라는 것은 오늘날 현대 과학자들에게는 대부분 받아들여지지 않는다. 성경은 없는 이야기를 (비과학적인) 전하지 않을뿐더러, 최근에 와서야 비로소 밝혀진 과학적인 정보들을 정확히 기록하고 있기에 우리는 이렇게 결론을 내릴 수 있다. 성경의 저자는 모든 것을 아시는 창조주 하나님이시다! 이에 따라 우리는 성경의 진리를 온전히 믿고 확신할 수 있으며 우리 사람의 모든 영역에서 하나님의 말씀을 신뢰할 수 있다(딤후 3:16-17).

물의 순환은 1674년도에 과학적으로 증명이 됐다. 그전에는 사람들이 물이 어떻게 순환되는지 몰랐다. 그런데 성경은 하나님의 말씀이기 때문에 몇 천 년 전에 기록된 글들이 물의 순환에 대해서 기록되어 있다(욥 36:26-31). 이 말씀들을 읽고 정말로 살아계신 하나님께로 나아오는 여러분이 되기를 우리 주 예수님의 이름으로 축원한다.

성경에 기록된 과학적인 사실들

성경 기록의 주된 목적은 과학지식을 전해 주기 위한 것이 아니지만 성경이 사실 그대로의 기록이라면, 그래서 신뢰를 받을 수 있으려면 과학적으로도 오류가 있어서는 안 된다. 만약 성경에 오류들이 존재한다면 그것은 분명히 오류이며 성경의 다른 부분들도 그대로 믿을 수 없게 된다.

성경에는 과학적인 사실들에 대한 내용이 많이 기록되어 있으며, 오랜 시간이 지난 뒤에야 인류의 과학에 의해 사실로 밝혀진 내용들이다(히 11:3). 우리가 보는 모든 것은 양자, 중성자, 전자로 구성되어 있다. 그러므로 보이는 것은 보이지 않는 것으로 돼 있다고 성경은 말한 것이다. 여러 면에서 성경은 과학보다 앞서 있다. 그러나 성경은 과학 교과서가 아니다. 성경의 목적은 천국을 분석하는 것이 아니라, 천국에 가는 방법과 하나님을 아는 방법을 알려 주는 것이다. 성경은 역사적 사실이며 진리의 말씀이다.

성경은 지금까지 많은 세월 동안 많은 사람을 변화시켜 왔으며 인생의 참 의미를 깨닫게 해 준 존귀한 책이다. 그런 귀한 책임에도 불구하고 오랜 세월 많은 사람에게 성경의 사실 여부, 정통성에 대해 숱한 공격을 받아왔던 것도 사실이다. 수많은 권력자와 사람이 이 성경을 저지하고 없애려고까지 하였으나 여전히 건재하고 있다(하나님은 살아계시기 때문이다).

창조주 외에는 모르는 사실

"그래도 지구는 돈다." 이것은 과학적인 이야기이다.

그런데 이 과학적인 내용과 성경이 관련이 있다는 것이다. 성경에 보면 분명히 땅은 공간에 떠 있다고 되어 있다. 욥기는 앞에서 살펴본 대로 약 3800년 전에 기록된 책이다. 그런데 현대과학이 아직 발달하기도 전에 이 욥기에서 "땅이 공간에 떠 있다."는 이야기를 한 것이다.

실로 놀랍지 않은가?

현대과학의 우주 생성이론 중 빅뱅설은 태초에 우주 대 폭발에 의해서 별들이 거의 동일한 밀도로 흩어졌다고 하는데, 수천 년 전 기록된 성경은 우주의 북편 하늘에 텅빈 공간이 있다고 말씀하신 것이다.

천체 망원경으로 보면 북편 하늘에 별도 거의 없고, 빛이 10억 년 동안 달리는 거리(10억 광년)의 텅 빈 공간이다. 지구가 공중에 떠 있다는 사실은 17세기에 뉴턴이 만유인력의 법칙을 발견함으로써 증명되었는데 성경에는 벌써 지구가 공간에 달려있음을 알린 것이다.

"그는 북편 하늘을 허공에 펴시며", '그는 북편 하늘을 허공에 폈다'라는 말을 했다. 이것은 무슨 말일까? 이것에 관해 자료를 한 번 살펴보도록 하자. 이것은 미국 최고의 권위를 가진 《뉴욕타임즈》일간지 1981년 10월 2일 자에 난 기사이다. "우주공간에 현대과학으로는 해석이 안 되는 '빈 공간'이 있음이 확인되었는데, 이는 우주의 1퍼센트에 해당하는 거대한 공간이다. 이 공간은 북두칠성과 목동자리 뒤, 지구에서 약 4억 광년 되는 거리에 있으며 지름이 무려 3억 광년에 이르는 거대한 것으로 알려 졌다."

불가사의한 우주공간 발견에 참여했던 미국 국립 키트픽 천문대의 폴 세크터 박사는 "우주에 이러한 빈 공간이 있다는 사실은 현재로서는 이해하기 어려운 문제다. 우주 생성 이론이 근본적으로 흔들릴지도 모르겠다."라고 말했다.

이 관측에는 키트픽 천문대를 비롯, 마운트 홉킨스 천문대 캘리포니아주의 팰러마 천문대 등이 참가했는데 3개 천문대에서의 관측 결과가 모두 동일한 것으로 나타났다. '북두칠성 뒤에 지름이 3억 광년이나 되고 별도 없이 텅 빈 상태' 그것이 북극 상공이다. 북극 상공에 가면 별이 보이지 않는다는 것이다. 별이 없다는 뜻이다. 빛이 1년간 가는 거리가 1광년인데 3억 광년이라면 천문학적인 숫자가 아닌가!

3억 광년, 빛이 3억 광년 갈 동안만큼의 공간에 별이 없다는 것이다. 미국 천문대에서 관측해서 이것이 밝혀졌다. 그런데 이 성경에는 수천 년 전에 벌써 지구가 허공에 떠 있고 심지어 태양이 공전하는 사실, 만유인력의 법칙까지 기록되어 있는 것이다. 어디 이뿐이랴! 바다의 수로, 바다의 샘, 물의 순환, 번개가 하는 일, 지구의 구조, 지구의 도량과 준승(태양과 지구와의 거리)등등 이 모든 것은 성경이 종교가 아니고 사실인 것을 알리는 내용이다. 이 사실은 창조주 외에는 아무도 알 수 없는 초특급 비밀이다. 성경이 수천 년 전에 말해 놓은 것을 겨우 지금에 와서 과학자들이 관측해서 발표한다. 성경이란 사람들이 생각하는 대로 자기의 기억 선상에 떠오르는 이야기를 아무렇게나 써놓은 책이 아니다. 멋대로 추측하고, 멋대로 믿어버리고, 멋대로 선동질하는 못된 버릇은 하나님 앞에서 가능한 한 빨리 고쳐나가야 신상에 이롭다(계 3:2-3).

평평한 판이라니요? 지구가 둥글며 허공에 떠 있다는 기록들

성경에 나타난 둥근 지구

성경에는 지구를 둥근 모양(구)으로 묘사하고 있다. 지구가 둥글다는 사실이 증명된 것은 16세기 때 마젤란이 배로 세계 일주를 함으로써인데 2,600년 전에 기록된 이사야서 성경에는 지구가 둥글다고 말씀하셨다.

따라서 책 중의 책인 성경은 자연과학의 현대적 관점을 보여준다. 성경의 저자들은 당시의 우주학을 사용하지 않았다. 오히려 반대로 자유주의적인 신학자들이 고대 동양의 사상들을 성경 본문의 해석에 이용했다. 예를 들어 그들은 지구를 흐르는 물로 둘러싸여 있는 판이라고 주장했다. 수천 년의 역사를 지닌 성경의 증언들이 얼마나 현실에 충실한지 알기 위해서는 몇몇 성경 구절만으로도 충분하다.

'그는 북편 하늘을 허공에 펴시며 땅을 공간에 다시며' 그렇다. 말씀 그대로 지구는 태초의 바다에 떠 있지도 않으며 고대의 신비주의자들의 가르침대로 단단한 기초 위에 놓여있지도 않다. 지구는 지구를 둘러싸고 있는 높은 공간에 자유롭게 떠 있는 것이다.

지구는 하나의 거대한 구(공)이다. 성경은 지구의 형태에 관해서도 여러 번 언급하고 있다. 그 한 예는 이사야 40:22이다. '그는 땅 위(땅의 구 위) 궁창에 앉으시나니' 히브리어로 'chug'는 '원' 혹은 '구'라는 의미이다. 2600년 전에 벌서 지구가 둥글다는 것을 기록해 놓았는데 그것을 가지고 서로 볶고 지지고 싸우는 인생들 … 성경의 기원은 초자연적이다. 만일 개미들이 우주에 인공위성을 쏘아 올리는 인간에 대해 연구하고자 할 때 언젠간 지레 제풀에 꺾여 포기하고 말 것이다. 이쪽에서 정보를 제공해 주지 않는 이상 말이다. 그래서 하나님은 '성경'이라는 정보를 우리에게 아김없이 제공해 주셨다.

> 선생들이여 내가 어떻게 하여야 구원을 받으리이까 하거늘 이르되 주 예수를 믿으라 그리하면 너와 네 집이 구원을 받으리라 하고 _ 행 16:30-31.

구원을 받는 조건= 믿음! 즉, '믿음'이 구원의 열쇠라는 것! 이 사실은 소위 많은 사람에게 그리 유쾌하게 들리지 않을 수도 있다. 그러나 24시 매분 매초 늘 정직하고 항시 정의롭게만 살아갈 수 없는 우리에게 전혀 나쁜 소식이 아닐 것이다. 성경 자체가 천지 만물을 창조하신 분의 "메시지"라는 것을 증명해 준다면, 그의 형상대로 창조된 우리 인간으로서는 성경을 탐구하는 것은 타당하다. 결국에는 멈추지 않는 시간이 우리 각 사람을 죽음으로 이끌어줄 것이되, 만에 하나 지옥(심판)에 떨어질 위험에 대한 성경 약속의 진리일 가망성이 0.0000001퍼센트라도 있다면 우리는 성경을 보아야 할 것이다. 모든 가능성에 대해 전부 문을 열어놓아야 한다는 말이다.

보이지 않는 하나님을 어떻게 만나는가?

그래서 예수님이 오셨다. 보이지 않는 하나님의 형상이 육을 입고 이 땅 가운데 친히 강림하셨다(골 1:15-17).

예수 그리스도! 그는 과연 부활했는가?

로마의 위대한 병력에도 불구 끝내 예수의 시체는 발견되지 않았다. 예수 십자가 부활 사건은 인간의 죄에 대해서는 심판이 있고, 육체는 부활하여 반드시 영생 & 심판에 이르게 됨을 확증하는 (사후세계에 대해) 사건으로, 하나님 말씀의 증거로 제출된 가장 중요한 단서가 된다(요 2:19, 22).

사탄은 이 사실을 비밀에 부치기 위해 믿는 자들마저 포섭해 부활의 놀라운 영광을 가리게 했고, 그 중요성을 교묘히 비켜나가도록 매우 민첩하게 행동을 해왔는데 결과로 목사들은 강단에서 부활절에나 선포되는 행사용 메시지로 전락시켜 버렸다. 하지만 하나님께서는 예수 그리스도의 부활, 그 증거를 당신의 말씀 그대로 오랜 역사 속에서 고스란히 보존해 오고 계신다.

만일 하나님이 정말 살아계셔서 성경의 기록대로 예수의 '십자가 죽음'과 '부활'이 사실임이 확인되면 '천국과 지옥'은 자동으로 입증됨과 동시,

세상의 모든 무신론, 이단 사이비, 각종 종교인은 즉시 비상사태로 돌입해야 한다. 영적이든 육적이든 그것이 다 하나로 연결된 것이니만큼 생명과 관계된 긴급정보를 공유하지 않는 죄, 이 죄 또한 마지막 심판 날에 반드시 하나님으로부터 심문받게 된다. 하나님 말씀의 위엄은, 사후에 심판대 앞에서 모든 한 사람 한 사람이 각각 이 세상 살아가는 동안 행동해 온 모든 '선'과 '악'에 대해 그들이 행한 그대로의 '상'과 '벌'을 고스란히 받게 되는 사실의 긴박함을 선포하고 계신다.

> 진실로 진실로 너희에게 이르노니 죽은 자들이 하나님의 아들의 음성을 들 때가 오나니 곧 이때라 듣는 자는 살아나리라 아버지께서 자기 속에 생명이 있음같이 아들에게도 생명을 주어 그 속에 있게 하셨고 또 인자됨으로 말미암아 심판하는 권한을 주셨느니라 이를 놀랍게 여기지 말라 무덤 속에 있는 자가 다 그의 음성을 들 때가 오나니 선한 일을 행한 자는 생명의 부활로 악한 일을 행한 자는 심판의 부활로 나오리라 _요 5:25-29.

"이 책(성경)이 그대를 죄로부터 멀어지게 하는지, 아니면 죄가 이 책(성경)으로부터 그대를 멀어지게 하든지" - 무디

이 책은 물고기가 물을 떠나 고통하는 것처럼, 지난 6천 년 역사 속에 하나님을 떠나 처절한 고통 가운데 몸부림쳐온 인류에게, 유일하신 하나님의 말씀(성경)을 통해 정말 성경이 하나님의 말씀인가? 하나님의 형상으로 창조된 인간이 어떻게 하나님으로부터 분리됐는가? 왜 모든 인간은 죄인인가? 예수 그리스도의 피가 어떻게 나(인간)의 죄를 대속할 수 있는가? 지옥 심판은 정말 존재하는가 등등 … 인류가 그동안 궁금해 온 모든 대 주제에 관해 (하나님의 형상으로서 마땅히 알아야 할) 하나도 빠짐없이 답변하며 계속해서 '시리즈'로 출간되어 명쾌하게 풀어나갈 것이다.

필자는 지난 28년 동안 인류가 파고드는 철학, 과학, 창조과학, 역사과학, 역학, 물리학, 문학, 인문학, 종교학, 심리학, 고고학, 물리학 등 무슨

무슨 학이란 학을 통해 하나님 말씀(성경)의 상관성과 그 관계를 깊이 연구 분석해 왔다. 결과 하나님 말씀의 오류가 그 속에서 단 0.00000001퍼센트도 없다는 것을 확증하게 되었고, 또한 인생들이 향하는 모든 학문은 전부 하나님을 만나기 위한 하늘의 고속도로를 뚫는 하나의 몸부림에 지나지 않았다는 사실을 확인하게 되었다.

사람들이 정말 모르는 사실이 하나 있다. 성경이 100퍼센트 검증된 책이라는 것!

망쳐야 할 도시를 생각합니다
피켓을 든 종말론자는 멍든 무릎을 가졌습니다
그리하여 형혹을 예감합니다
횡단보도가 마르지 않았는데도요 페인트에서 떨기나무가 자랍니다
가시는 불감증을 앓습니다
점자블록은 어째서 사라진 걸까요
닿는 곳은 불시착입니다. 어디로 가야 하죠
종말은 시시때때 부식되고요 거리가 우리를 고장냈을까요
예언서는 찢기로 해요

무법한 계절이 쏟아집니다 망가진 첫눈을 목련으로 읽습니다
감히 봄이 왔을까요
예의 없는 당신이므로 멀뚱히 서 있을 밖에요
무릎을 만집니다
멍은 내가 가질 수 있는 가장 자유로운 색일 거예요
병을 앓는 거리는 우리를 어디로 데려갈까요
또 어떤 방주를 띄우게 할까요

음란한 당신을 내어오세요 나쁜 짓을 해요 키스해요

지리멸렬한 도시를 망쳐요 도망쳐요

고해소에서 몸을 섞습니다
낯설고 폭발적인 방식으로 순결하고 곤란한 성전으로
제단에 엎드린 무릎을 멍은 함구합니다
병든 도시가 벗겨질 때 눈먼 당신을 어떻게 해석해야 합니까
성서를 넘기면 구원받지 못한 사랑은 폭력이 됩니다
가난은 앞날을 예견하지 못한 점자블록이 됩니다

나의 소돔
너의 고모라
파멸 자가 되어요 수몰된 나라가 떠오르면 떨기나무에
각각의 예언을 새깁니다
달궈진 페인트는 망치지 못한 계시와 참회하지
않은 목련으로 칠해집니다
징검징검 블록을 밟으며 계절에서 멀어질 때
우리 멸망을 깨고 소금기둥을 세우러 가요

이 시는 '소돔과 고모라'라는 시로 2020년 여름에 등재하고 그해 여름 작고한 어느 소녀의 시다. 작가의 이름은 밝히지 않으며 나에게는 딸 같은 아이이므로 소녀라고 표현한다.

이 시를 받은 즉시 충격을 받았다. 오랜만에 시를 대하며 소스라쳤다. 마치 20대 초중반 내가 쓴 글을 보는 듯함에 그러했다.

절망! 절망!! 절망!!! 그리고 끝내 분노 … 출구가 어디인지 몰라 무작정 글을 토해내던 그 시절 … 글이라고 할 것도 없이 무조건 잡아당겨 패대기치던 마구잡이 외침! 닥치는 대로 끌어다 아픔을 호소할 수밖에 없던 내 파리한 영혼 … 두 살 터울 동생이 내 글을 보면 죽음 그 자체를 보

첫 번째 이야기 | EXIT(비상구)

는 것 같아 너무 싫다고 했다.

　오! 어떻게 이렇게 파괴적인 글을 …
　오! 어떻게 이렇게 쓰린 글을 …
　자신을, 세상을, 하나하나 난도질해 나가듯 서러움과 혼란의 결정판이다. 이 글은 2020년 여름 기재하고 그해 여름 떠나갔다고 한다. 스물일곱 그 꽃다운 나이에 작고했다는 얘기다.
　나는 이 아이가 하나님을 아는 아이인지 아닌지는 확실히 모른다. 하지만 아이가 쓴 다작들을 볼 때 모를 확률이 높다고 판단한다. 안다 해도 정확히는 몰랐을 듯싶다. 그분이 사랑 그 자체라는 사실 …
　이 글에는 영혼이 해부되는 듯한 필살이 있다. 이 세상 모든 이의 수고로움이 이 시 하나에 그득그득 부어져 있다. 외로움은 차라리 사치 … 문둥병자 같은 이 세상 ….
　여러 개 핵폭탄을 맞은 듯 죽음 직전의 지구의 모습과 전쟁으로 폐허가 된 도시, 그리고 패잔병의 쓰라림이 연상되고, 노파의 갈 곳 없는 걸음걸이가 연상된다. 저주받은 세상! 성폭력 속에서 일그러진 더 이상 살아갈 가치를 잃은 소녀의 아직 쏟아내지 못한 그렁그렁한 피비린내 나는 액체가 연상된다.
　처절함이 있고 … 번개 같은 탄식 … 복받치는 노여움이 있고 … 포기할 수밖에 없는 말기 암 환자의 절망이 짙게 드리워 있다.
　아아~ 27살 그 나이에 뭔 그리 많은 한이 있다고 … .
　그러나 나이가 문제가 아님을 나는 알지 … 나는 알지 …
　역겨움! 고뇌! 대상 없는 원망! 분노가 있고 저지할 수 없는 내면의 폭발이 있다. 꿈틀대는 종이비행기 같은 높은 파도만 있다. 끝없이 한번 날아오르고자 하는 …
　두려움, 야속함, 절망, 강박 그리고 간절함이 있다. 진정한 해방을 원하는 것이다. 삶을 향한 참다운 애정도 숨겨져 있다.

그렇겠지 당연히 … 사람이라면 당연히 …
그리고 긴박함. 살고 싶다는 절박함 … 살려 달다는 애절함!
아~ 희망이라고는 단 한 줌의 빛도 스며들지 않는 노래 … 시 …
내 너를 일찍이 알았더라면 … 알았더라면 …
출구를 몰랐구나! 예수님이 우리 생명의 출구인 것을 …
빛으로 나아갈 수 있는 유일의 비상구, 예수 그리스도인 것을 … .

헨리 뉴웬의 '죽음, 가장 큰 선물'에 나오는 이야기다. 어머니 자궁 안에서 자라는 이란성 쌍둥이가 이런 얘기를 속삭였다. 여동생이 오빠에게 말했다.
"난 말이지, 태어난 후에도 삶이 있다고 믿어!"
"아니, 여기가 전부라니까. 우리를 먹여 주고 살려주는 탯줄만 잘 붙들고 있으면 딴 일을 할 필요가 없다고!"
"그래도 이 캄캄한 곳보다 더 좋은 곳이 있을 거야. 마음껏 움직일 수 있고 환한 빛이 비치는 그런 곳 말이야. 그리고 난 엄마도 있다고 생각해."
"무슨 소리야? 난 엄마를 한 번도 본 적이 없어. 딴생각 말고 여기에 만족하라고?"
"아니야. 분명 여기보다 아름다운 곳! 엄마 얼굴을 볼 수 있는 곳이 있을 거야."
천국과 지옥(상과 벌)은 엄연히 존재한다. 그리고 천국에 가면 예수님은 물론이거니와 하나님도 직접 우리 눈으로 볼 수 있다. 볼 수 있다 뿐인가! 그분이 직접 우리의 아버지가 되셔서 우리의 눈물까지 직접 닦아주신다(계 21:1-8). 그러나 천국 백성이 되려면 예수께서 나를 위해 죽으시고 다시 사신 그 사실과 그분을 구세주(주인)로 믿고 영접해야 한다. 새가 알에서 나오려고 싸운다. 알은 곧 세계이다. 태어나려고 하는 자는 하나의 세계를 파괴해야만 한다. 그래야 새는 푸르른 창공을 향해 날 수 있다.

땅은 성경의 사건을 사실적으로 증거한다

하나님의 말씀인 성경은 온 인류의 지표요 길인 기록의 글이다. 그러나 이 책은 많은 종교 중의 기독교의 경전으로 전락한 이 시대의 잘못된 사고를 과학의 사실성을 들어 찾아 증거 해 보고자 한다. 성경은 하나님의 말씀이며 영적 사실을 기록하고 있다. 성경의 첫 권인 창세기는 인간의 기원과 민족의 기원 등 모든 기원과 시초를 기록하고 있다.

인간에게 죄를 심어 그것으로 영원한 파멸(지옥)로 몰아가고 있는 악령의 정체 …
인간 영혼과 세상 배후에 숨어 이 땅을 지옥의 불바다로 만드는 광분의 존재, 그 끔찍한 실체에 관해 …
120일 만에 전 인류를 삼켜버린 노아 대홍수 사건-
롯과 롯의 두 딸만 간신히 구원받고 멸망해 버린 소돔과 고모라 성의 참상-
믿기 어려운 태양과 달을 멈추게 한 여호수아의 전무후무한 기도-
4-16미터에 이르는 무시무시한 거인족의 실존-
인간과 공룡이 함께 살았던 증거-
46억 살이 아닌 6,000살밖에 안 된 매우 젊은 지구-
그럼에도 이토록 골골하고 있는 이유-
성경이 진짜 하늘로부터 내려진 유일무이한 책(메시지)인가 하는 점-
지구가 간직한 수많은 고고학적 증거들-
지구가 고스란히 품고 있는 성경에 기록된 숱한 이야기(기적)의 실제성-
우주 만물이 100퍼센트 창조라는 사실- 그 증거-
진화론의 허구와 그 배후에 역사하는 힘에 관해-
종교보다 더 무서운 이단, 진짜 이단은 무엇인지-
성경은 어떻게 해석하고 풀어야 하는지-

예언된 말씀들이 하나하나 성취되어 가는 과정-
그동안 인류가 궁금해 온 모든 미스터리-
그 진상에 대한 모든 물음을 하나하나(시리즈로) 답변해 나갈 것이다.

👍 추천 영상/철학박사 이종태 교수/지금부터 기독교를 합리적으로 설명해 보겠습니다.

👍 추천 영상/황명환 목사/여자의 후손으로 오신 예수님/왜 예수 그리스도여야만 하는가?

기독교와 다른 종교의 근본적인 차이점

성경은 종교와 하나님의 가르침이 근본적으로 반대라는 것을 뜻한다.
세상 사람들은 신을 섬기거나 종교 생활을 할 때 인간이 공을 쌓고 정성을 들이면 잘 받아주리라고 생각한다. 그러나 하나님을 섬기는 것은 전혀 다르다. 인간이 정성 들인 것이나 땀을 흘린 것 공들인 것은 하나님께서 받지 않으신다.
인간은 이미 변절한 상태로 태어나 죽는 순간까지 죄를 짓고 살아가는 존재이며, 그 죄인이 하나님께 드릴 수 있는 것은 아무것도 없기에 오직 흠 없고 정결한 어린양으로만 하나님을 충족시켜 드릴 수 있다. 세상 사람들이 하나님(창조주)에 대해 모르는 것이 이런 부분이다.

성경 비밀 해제- 그 암호는?

성경의 비밀은 오직 '예수 그리스도' 그 이름으로 풀 수 있다.
앞으로 본서 "하나님으로부터 걸려 온 전화"를 통해 하나님께서는 당신의 자녀들에게 알려 주고 싶은 세상에서 가장 신비롭고 아름다운 이야기들을 하나씩, 하나씩 들려주실 것이다.

자기 존재, 그 정체성을 발견해 나가는 것만큼이나 신비하고 놀라운 일은 없다.

우리의 인생이 한 번 살다가 버려지는 일회용 같은 삶이 아니라, 하나님(신)과 같은 거룩한(영원한) 존재로 지음받았다는 사실이다(요 10:34-35). 그것은 정말 너무나 신나고 설레는 탐험 중 대탐험(모험)이 될 것이다.

사랑하는 여러분! 우리를 창조하신 하나님은 우리가 생각하는 것만큼 우리와 멀리 계시지 않을뿐더러 인간의 고통을 그 누구보다 아파하시고 그 고통에서 헤어 나오기를 간절히 바라시는 분이다. 그분은 우리를 사랑하셔서 우리에게 당신과 같은 모양(형상)으로 창조하시고 신의 거룩한 장소로 우리를 부르고 계신다. 세상 종교는 나의 열심과 노력으로 득도해 극락에 이른다고 가르치지만 죄인 된 우리는 작심삼일이라고, 언제 옛 모습(본모습)이 튀어나와 악함을 드러낼지 모르는 존재들이다.

그것을 아시는 성자 하나님(예수 그리스도)께서 우리가 행해야 할 그 모든 선을 십자가에 대신 바쳐짐으로써, (제물로) 우리의 지옥 심판을 면해 가게 하셨고, 그로 말미암아 그 사실을 믿는 자는 하늘 자녀, 하늘 상속자로서 영생의 축복까지 얻게 되는 놀라운 축복을 "십자가 죽음"과 "부활"로 완성하신 것이다.

> 하나님께서는 여러분의 조상들이 하늘나라로 들어가려고 대대로 물려받은 전통에 매여 헛되이 애쓰던 그 길에서 여러분을 구원해 주셨습니다 그러나 그것은 여러분이 다 잘 아는 대로 금이나 은같은 썩어질 것으로 값을 치르고 얻어진 것이 아니라 한 점의 죄도 흠도 없으신 하나님의 어린 양이신 그리스도의 고귀한 피로써 얻은 것입니다 그리스도를 죽은 자 가운데서 다시 살리고 영광을 주신 하나님을 믿고 의지하십시오 이제 여러분의 믿음과 희망은 하나님께만 있습니다 _벧전 1:18-21.

'하나님으로부터 걸려 온 전화'를 쓰게 된 경위

하나님으로부터 콜링이 있었다. 하나님의 부르심이었다. 한마디로 이 책은 하나님의 주도하에, 그 주권(데스티니-하나님의 계획) 아래서 글이 쓰여졌다. 세상을 살리기 위해 … 오직 생명 살리는 것이 목적이 되어 … 28년 전 여름, 처음 하나님으로부터 부름이 있었을 때 갈 바를 알지 못하고 나아온 아브라함처럼 나는 우왕좌왕했다. 무조건 명령을 따라 순응했을 뿐 … 그 길이 이토록 길어질 줄은 전혀 예상하지 못했다. 아브라함이 75세에 부름 받아 언약을 받았을 때 (구속자로 오실 계보의 혈통을 이을 아들을 주시겠다는 약속) 그 나이 일흔다섯이었다. 하지만 그가 응답받기까지는 무려 25년이란 세월이 흘러서였다.

"성경은 영원한 영적 진리를 보관하고 있는 유일한 보고이다."

-드와이트 아이젠하워

인생의 이정표

이와 관련해 이 책은 하나님의 육성을 더빙(통역) 작업했다고 보면 된다. 이 책은 당신의 자녀(연인)들에게 하나님께서 들려주시는 절절한 사랑의 편지이다.

인간의 언어와 정서에 맞춰 수준에 맞춰~ (시대에 맞춰 이해하기 쉽게)
형식과 원칙을 벗어나 자유롭게~ 복음을 이해하는 게 더 중요하기에~
진리를 아는 게 훨씬 더 중요하기에~

이 책은 그렇게 해서 탄생했다. 사랑을 고백하는 연애편지를 과학 논문처럼 읽는 사람은 없을 것이다. 성경은 원래 각 장의 구분 없이 편지같이 쭉 써 내려갔으나 후세에 읽기 좋게 구분해 놓았다. 이 책도 그렇게 한장 한장 주님의 러브레터로 읽어 내려가면 좋을 것이다.

이 저서에 관한 궁금 사항과 설명은, 마지막 이야기 '책을 펴내면서'에서 만나 볼 수 있다. 첨부된 성경말씀은 현재 가장 많이 읽히고 있는 '개역개정'과 '메시지성경,' 그리고 '새번역성경', '쉬운성경'이 사용되었으며, 간혹 번역상 부족하다고 느껴진 대목에서는 더 가까운 번역본으로 보완되었음을 알린다. 성경이 어떤 출판사에서 출간되었는가는 중요하다. 그것이 선하신 하나님의 말씀(정경, 진리)과 얼마나 부합하는가, 얼마나 그 뜻(복음)이 잘 증거되고 전달되고 있는가와 매우 밀접한 관계에 놓여 있기 때문이다.

"하루 종일 네 마음에 들리는 다양한 목소리를 구별하기 바란다.
그리고 그 목소리가 성경말씀과 일치하지 않으면 내가 한 말이 아니라고 확신해도 좋다." **-하나님**

구원은 예수 그리스도로부터 온다. 이것보다 더 중요한 사실은 없다. 이 사실을 구약(예수님 오시기 전)이 예언했다. 예언된 그 말씀이 예수님이 오심으로 성취됐다(신약). 이것보다 더 중요한 사실은 없다. 이 줄기, 이 단면도를 가지고 성경을 보면 문제될 게 없다. 그래도 하나님 말씀인데 제대로 읽어야지 하는 사람은 원어(원문) 성경에 가장 가깝게 번역된 성경(직역성경)을 읽으면 된다.

번역 과정에서 한 나라의 특성에 맞게, 시대의 흐름에 맞게, 각자 그들 언어로 소화하기 쉽게, 이해하기 쉽도록 번역했으므로 성경을 이해하고 꿰뚫는데 있어서는 문제되지 않는다. 중요한 것은 이것이다. 하나님은 살아계시며 성경을 통해 구원자 '예수 그리스도'를 예언(구약)했다는 것이며, 그 말씀이 예수님이 육신을 입고 오심으로써 성취(신약)되었다는 사실이다.

구원은 오직 예수 그리스도께 있다. 예수 그리스도는 하나님이시다. 성삼위 하나님! 성부 성자 성령 삼위일체 하나님! 이것이 크게 이단의 판별

법에 대한 기준이다. 예수 그리스도 이름 외에 다른 이름이 들어가고 그 이름으로 구원받는다고 하면 이단(사이비)이다. 명백한 이단이다(행 4:12).

우리를 창조하시고 구원을 계획하신 성부 하나님! 우리를 죄에서, 영원한 사망의 늪에서 구원해 주시기 위해 이 땅에 아들의 몸을 입고 오셔서 십자가에서 피 흘려 죽으시고 부활하신 성자 하나님(예수 그리스도)!

부활하사 승천하사 이제 성령으로 믿는 자들과 함께하시며 태초로부터 전해온 성부 하나님의 사랑과 그 말씀을 깨닫게 역사하심으로, 세상 가운데 그리스도께서 예수께서 인생 모든 문제를 해결하신 만왕의 왕이라는 사실을 깨우쳐 믿게 하시는 보혜사 성령님!

하나님은 한 분이시지만 하시는 일을 각각 다르게 역사하고 계시는 놀라우신 주님! 이 사실을 아는 자에게 어떻게 이단이 침투되어 사탄의 노리개감이 될 수 있겠는가!

이 세상에 누가 하나님이 되고, 누가 구원자가 되어 인생들에게 구원과 심판을 주시는 분으로 군림할 수 있겠는가!

> 우리 하나님의 은혜를 도리어 방탕한 것으로 바꾸고 홀로 하나이신 주재 곧 우리 주 예수 그리스도를 부인하는 자니라 _유 1:4.

글을 읽는 도중 추천하고 있는 필독 도서와 영상들이 가끔 소개된다. 필자는 되도록 이 책을 끝까지 완독한 후에 반드시 다시 한번 읽기를 권하며 (이해되었을 때), 그때 멈춰서서 추천하는 영상과 도서를 모두 경청하기를 바란다. 그것은 심폐소생술과도 같다. 일단 이 책은 구원자를 만날 수 있도록 거기에 초점이 맞춰진 글이므로 먼저 구원 얻는 일이 무엇보다 시급하다. 수렁에 빠졌다면 다른 짓 할 여유가 없다. 촌각을 다투어야 한다.

> A: 종교 있어요?
> B: 어 … 있다고 볼 수 있죠. 예수님 팬이에요. 밥은 절밥이 맛있더라고요.
> A: 건강식이죠! 채식 위주니까.
> B: 전 교회는 안 다녀요. 직거래하고 있어요. 예수님과 다이렉트로! 아니, 교회가 중간 마진을 너무 남기는 것 같아서요. 그쵸?
> A: 하하하! 형제님 재밌으시다. 어때요, 여기서 일하는 건 재미있으세요?
> B: 수녀님은 수녀를 재미있어서 하세요? 재밌는 일이 아니잖아요. 피차 …
>
> – 드라마 <마인> 中

네가 만일 네 입으로 예수를 주로 시인하며 또 하나님께서 그를 죽은 자 가운데서 살리신 것을 네 마음에 믿으면 구원을 받으리라 사람이 마음으로 믿어 의에 이르고 입으로 시인하여 구원에 이르느니라 _롬 10:9-10.

이 말씀을 다시 현대어 성경으로 읽어보면(현대성경: 현세대에 맞게 새롭게 편찬된 모든 성경), "여러분이 만일 여러분의 입으로 예수님은 주님이시다라고 고백하고 또 마음으로 하나님께서 그리스도를 죽은 자들 가운데서 다시 살리신 것을 믿으면 여러분은 구원을 얻을 것입니다."
내가 하나님 떠난 죄인이고, 이 문제를 해결하시기 위해 예수님이 나 대신 죽어주신 사실을 믿는 즉시 죄 용서받게 되고 하나님의 자녀로 거듭나 영원한 축복을 누리게 된다는 것, 이것이 성경 전체의 메시지다.

어둠 속에서 누군가를 찾으려면 두 가지 방법이 있다. 찾는 그 사람한테 불빛을 비춰서 찾는 방법과 나한테 불빛을 비춰서 날 찾아오게 하는 방법. 이 책은 그 두 가지를 다 병행해 하나님 앞에 나아오게 할 것이다. 그러나 물(하나님) 앞으로 말을 끌어올 수는 있어도 억지로 물을 마시게 할 수는 없다. 억지로 천국으로 끌고 갈 수는 없다는 말이다. 물을 마시는 일은 말의 몫이다.

이 책은 '죄를 지어서 죄인인가?'와 '죄인이기 때문에 죄를 짓는가?'에 대해 서술한다. 얼핏 보기에 뭐가 다르지, 할 수도 있지만 그렇지 않다. 처녀는 아기를 낳지 못한다. 남자의 씨(정자)가 들어감으로써 난자와 결합해 생명은 잉태된다. 마찬가지로 죄는 죄의 씨앗이 인간 속으로 침투함으로 잉태되고 밖으로 나온다. 그 씨앗은 모두 마귀가 집어넣은 것이다. 죄인의 눈으로는 그 눈이 가려져 광명의 하나님을 볼 수 없다. 누군가 중재자 역할을 함으로써 장막을 걷어내 영안이 열리도록 해야 한다.

"Sola Scriptura, Sola Fide, Sola Gratia."
"오직 성경으로! 오직 믿음으로! 오직 은혜로!"
-마틴 루터

사람을 가르치는 것은 전통도, 교단도, 교리도, 목사도 아니다. 모든 것은 성경에 종속되며 성경에 의해 지배된다. '오직 성경으로'는 하나님의 말씀인 성경의 탁월한 지위를 인정한다. 성경은 모든 신자의 최종적이고 궁극적인 권위이다. 하나님께서는 모든 세대에 길을 찾는 모든 인생에게 내 발의 등이요 내 길의 빛을 주셨다. 특별히 말세에 고통하는 이를 때에 어두운데 비추는 그 등불을 주셨으니 그것이 바로 모든 사람에게 공개된 성경이다(시 119:104-105).

사랑하는 나의 형제, 자매들이여! 그리고 아들과 딸들이여!
눈으로 보는 세상이 전부는 아니라네 …
우주에 비밀이 가득하듯 우리가 사는 이 세상에도 비밀이 가득하지 …
그대들 덕분에 하늘과 땅, 거기에 속한 많은 비밀을
오랜 시간에 걸쳐 풀 수 있었다네 … (그대들을 가슴 깊이 품었기에 …)
시간이 흐른 뒤 그날에 …
그대들이 모두 어떻게 될지는 알 수 없지만 …

첫 번째 이야기 | EXIT(비상구)

그대가 죽음 저편 너머에 있는 또 다른 세계를 발견하고
의심 많은 도마처럼 그리스도를 알아보고는 끝내 예수님을 나의 주,
나의 하나님이라 고백할 수 있는 축복받은 이들이기를 바라네.
진심으로 …

부활이요 생명이신 예수님! 그것은 마지막 때, 혹은 우리가 죽어서나
가능한 이야기가 아니야.
예수님은 "지금, 이 순간 나는 부활이요 생명이다."라고 말씀하시지.
말씀이 선포되고 있는 지금, 이 순간이야.
그리고 예수님이 그리스도이심을 믿는 지금, 이 순간 주님은 말씀하시지.
"넌 내 아들을 십자가에 내어줄 만큼 소중한 존재란다.
언젠가 이 그림을 너한테 줄게. 그때 꼭 마지막은 네가 완성해.
이건 우리가 함께 그린 처음이자 마지막 그림일 거야.
나머지 한쪽 날개는 네가 그려야 해. 기억해!
네 영혼에 자유를 줄 수 있는 건 오직 너 자신뿐이란 걸 … "

이 책이 그대를 인생의 골든타임으로 데려다줄 것이다.
이 책을 통해 그동안 그대가 궁금해 왔던 모든 의문의 질문들을 속 시원히 해결 받게 될 것이며, 그로 인해 그대의 불행도 영원히 끝나게 되는 변환점이 될 것이며, 이 말은 행복은 따놓은 당상이라는 것이며, 한마디로 그대의 인생!!
이제 "불행 끝 행복 시작"의 종이 울려 퍼지는 터닝포인트의 시작점을 뜨겁게 맞게 될 것임을 우리 주 예수 그리스도의 이름으로 약속한다. 구원으로 가는 열차(예수 그리스도), 속히 그분 안으로 들어오기를 바란다.

> 예수께서 이르시되 나는 부활이요 생명이니 나를 믿는 자는 죽어도 살겠고 무릇 살아서 나를 믿는 자는 영원히 죽지 아니하리니 이것을 네가 믿느냐
> _요 11:25-26.

성경은 하나님의 사운드!!
우리 모두에게 주신 사랑의 노래~ 사랑의 편지~~
인류를 향한 그분의 사랑의 속삭임이 온 세상에 산을 넘고 바다를 건너 모든 열방과 민족을 향해 뜨겁게 뜨겁게 메아리쳐 울려 퍼지게 되기를 기도한다.
이 책은 앞으로 시리즈로 출간될 것이다. 먼저 1부에 들어갈 내용을 선별(편집)하느라 엄청 고생을 했고 정말 많은 애를 먹었다(전할 이야기는 많고, 지면은 한정돼 있고 …).

이 책은 한 개인(필자)의 뜻과 바람에서 출발하지 않았다. 하나님의 은밀하고 긴박한 명령 가운데 거의 순교와 맞먹는 어려움 속에서 27년째 치열하게 집필되고 있다(순교: 그만큼 포기하고 싶고 도망치고 싶은 순간이 많았음을 의미한다). 믿고 나서 3년 후 한 번 책을 펴낸 적이 있지만 신앙적으로나 여러 부분 미흡하다고 느껴져 폐기해 버렸다.
2년 후 다시 동네 인쇄소에서 200부 전도 책자를 만들어 복음을 전했고, 복사기를 구입해 집에서 책자를 만들어 많은 이에게 보급했으며, 이메일을 사용해 복음을 전달하며 함께 진단해 갔다(함께 해 주신 모든 분께 감사를 드린다).
책을 읽다 보면 어떤 부분에 있어 분명 궁금증이 폭발하는 분들이 있을 것이다. 책 제목에서부터 많은 이야기 … 그런 분들은 뒤로가기를 눌러 맨 나중 글을 먼저 읽게 되기를 추천해 드린다. 사실 그것은 '프롤로그'가 '에필로그'가 되어버린 격이다. 거기엔 다 그만한 사정이 있기에 …

첫 번째 이야기 | EXIT(비상구)

본서에 첨부된 모든 이야기(내용)는 복음의 주인이신 하나님의 절대 주권 속에서, 즉 그분의 천명하심 하에 엄격히 심사되고 조명됨으로써 기록된 것임을 다시 한번 선포하고 출발한다! 이 책에 관한 모든 설명은 '책을 펴내면서' 편에서 자세히 증거되고 있으니 필히 상고해 오해(착질) 없기를 바란다.

지난 28년간 이 책이 쓰여지게 되기까지의 배경과 목적은 세계 복음화를 위한 하나님의 지상명령 가운데 '천명'天命을 받들어 기록돼 온 것임을 거듭 전하며, 이 책을 지금껏 세계 복음화의 영적 전쟁에 참여해 주신 이 땅의 모든 그리스도인과 하나님을 떠나 오랜 시간 고통 가운데 머물러 있던 잃어버린 그분의 모든 어린양에게 바친다.

하나님으로부터 걸려 온 전화

두 번째 이야기

성경은 만물의 기원과 죄의 기원을 알려 준다

OX 문제

* 하나님은 잔인한 분이시다?

그러나 그 잔인이 우리 인간의 잔인과는 전혀 다르다는데 '주목'해야 한다. 인간은 오로지 자신들의 탐욕과 이익쟁취를 위해 서로를 희생시키지만, 하나님의 희생 그 이면에는 하나님의 숨은 눈물(속사정)이 있다.

* 이 세상의 모든 고통은 하나님이 주시는 것이다?

이 세상 모든 고통은 인간의 선택(원죄)에서부터 시작되었으며, 하나님은 그의 피조물들의 고통과 죄악을 잠시 침묵 속에서 일관하실 뿐이며, 그것을 통해 하나님 나라의 주목적인 '영혼 구원'을 실현해 나가신다.

> 이것이 우리 구주 하나님 앞에 선하고 받으실 만한 것이니 하나님은 모든 사람이 구원을 받으며 진리를 아는 데 이르기를 원하시느니라 _ 딤전 2:3-4.

갑자기 중병이 찾아오지 않는다

병이 오기 전 우리 몸에는 크고 작은 전조증상이 있다. 몸에서 신호를 보내는 것이다. 바른 식생활로 빨리 인생을 바꿔가라고. 영적인 문제도 이와 같다. 세상에 인간의 힘과 능으로 해결할 수 없는 문제가 있다는 걸 인식할 때 지체 말고 원인을 찾아 하나님께로 나아오라고.

> 여호와의 손이 짧아 구원하지 못하심도 아니요 귀가 둔하여 듣지 못하심도 아니라 오직 너희 죄악이 너희와 너희 하나님 사이를 갈라 놓았고 너희 죄가 그의 얼굴을 가리어서 너희에게서 듣지 않으시게 함이니라 _사 59:1-2.

모든 사람이 있다면 정말 있다면 꼭 가고 싶은 천국! 이 천국은 '가기 쉽게 갈 수' 있는 곳은 아니다. 그렇다고 인간의 생각처럼 '아무나 갈 수 없다.'고 믿는 그런 곳도 아니다. 우리 각자는 썩어질 육체를 먹이고 즐겁게 하는 시간을 멈추고, 두 눈을 꼭 감고 양심(영혼)이 들려주는 소리를 들어야 한다.

나는 지음 받은 몸임을 인정하고 주인께 돌아가야 한다. 그래서 사람이 죽으면 '돌아가셨다.'라는 말을 쓰는 것이다. 돌아가긴 가는데 잘못 돌아가면 안 된다. 주인이 계신 곳으로 돌아가도록 해줘야 하는데 그것이 생애에 있어 가장 자신에게 잘하는 일로서 스스로 영원히 감사하게 되리라!

암과 구원의 상관관계

암은 인류의 영원한 불치병이다. 이 문제를 거론하기에 앞서 암은 저 주인가, 축복인가 했을 때 암은 축복이다. 이 무슨 해괴한 발언인가 싶겠으나, 이 암은 많은 사람으로 하여금 하나님 나라로 나아오게 하는 원동력이자 일등 공신이다. 절체절명의 위기 가운데 인간이 취할 수 있는 유일한 한 가지 모션은 '히든카드'를 집어 드는 일이다.

신! 두 손 두 발 다 들고 "나 죽었소!" 하며 신께 나아올 수 있는 시점은, 물이 발끝에서부터 잠기기 시작해 마침내 목까지 차오르는 상황에 이르러서이다. 그러기 전까지 인간은 절대 백기를 들고 하나님 앞에 투항하지 않는다. 인간의 특성은 그렇다. 강하지 않으나 강한 척 속고 있다. 피조물 주제에 감히 조물주가 되려 하던 아담(선조)의 속성 그대로!

그러니까 고통을 거두시지 않는 이유에 대해 하나님께 그렇게 단체로 항거할 필요는 없다. 잘못된 길로 치닫는 자식은 두들겨 패서라도 바른 길로 인도해야 함이 마땅한 부모의 도리라고 확실히 믿는 제정신 가진 자라면 _ 히 12:8-11.

암 걸릴 확률

우리나라 국민의 현재 사망원인 1위는 '암'이다. 평균수명까지 생존할 경우 암에 걸릴 확률은 36.4퍼센트에 달한다. 이에 '혹시 내가 암은 아닐까' 걱정하는 사람도 쉽게 볼 수 있다.

남자- 위암-폐암-대장암-전립선암-간암 순으로 많이 발생한다.

여자- 유방암-갑상샘암-대장암-위암-폐암 순이다. 유방암은 2019년 11년 만에 갑상샘을 제치고 여성 암 1위가 되었다. 국내 암 유병자가 174만 명에 달해 29명 중 1명은 암을 앓거나 앓았던 것으로 나타났다. 암 유병자는 암 치료를 받는 한자와 암 환자 후 생존한 사람을 모두 포함한 수치다. 65세 이상에서는 9명당 1명이 암 유병자이다. 단, 암 유병자의 절반 이상은 진단 후 5년 넘게 사는 것으로 확인됐다. 암 진단 후 5년을 초과해 생존한 인원이 암 유병자의 절반을 넘긴 건 이번이 처음이라고 한다.

한국 여성 암 1위 '유방암'

젊은 유방암 환자 수가 늘고 있다. 여성 암 중 발생 빈도 1위를 차지하는 유방암. 전 세계 여성 암의 25.2퍼센트를 차지하고 있다. 최근에는 비만과 식습관의 서구화, 모유 수유의 감소로 인해 우리나라에서도 발병률이 상당히 높아졌다. 중앙암등록본부의 자료에 따르면 2000년 6,237명으로 집계된 유방암 환자는 매년 증가해, 2013년 이후부턴 한 해 발생하는 환자가 20,000명을 넘어섰고, 2015년에는 22,550명의 새로운 유방암 환자가 발생했다.

15년 사이 약 3.6배가 늘어난 수치다. 국내 유방암 발생은 서구와 비교해 보았을 때 독특한 특징이 있다. 서구에서는 연령이 높아질수록 유방암 발병률이 증가해 60~70대에서 가장 많이 발생하는 반면에, 우리나라는 50대 이하 여성에게서 발병률이 높다.

특히, 20~30대 여성의 유방암 발병률은 서구에 비해 무려 3배 이상 높고, 그 증가 속도 역시 매우 빠른 편이다. 한국 여성의 평균수명이 83세라고 했을 때 25명 중 한 명꼴로 유방암이 발생할 수 있으며, 현재 20대 여성은 13명 중 한 명이 '유방암 환자'가 될 수 있다는 통계도 있을 정도다.

둘 중 하나를 선택하라면?
1. 로또   2. 건강

"고통이 당신을 붙잡고 있는 게 아니라 당신이 고통을 붙잡고 있네~"

세계보건기구에서 정한 1급 발암물질 술과 담배

모든 암은 발암물질에 의해 발생한다. 사망원인 제1위는 어느 나라든 다 질병이다. 어떤 나라도 재난이나 사고 또는 자살이 1순위 사망원인은 아니기 때문이다. 흡연과 알코올이 체내에 들어가 직접적으로 유발하는 암의 종류는 너무 많다. 그런데도 술이나 담배는 마약 못지않게 중독성이 강해서 쉽게 끊지를 못한다. 그런데 이런 사람들에게도 한 방에 끊을 수 있는 특효약이 있다. 무엇일까?

눈치챘을 것이다. 암이다. 바로 이 암이라는 무시무시한 파괴자가 내 몸을 점령했다는 걸 안 순간부터, 그때부터 거의 웬만한 사람들의 금연과 금주 문제는 자동으로 해결된다. 그렇다면 금연과 금주를 하기 위해 암에 걸려야 하는 것일까? 아니다. 그래서는 안 된다. 상식이 통하고 기본을 아는 사람은 벌써 미리미리 삶을 위해 투자한다.

'돌다리도 두들겨보고 건너라.'는 선진들의 충고가 있다.

'집게는 구운 게라도 떼고 먹어라.'는 말도 있다.

"별짓 다 해도 걸릴 사람은 걸리고 안 걸릴 사람은 안 걸리더라~"

"우리 동네 할아버지 술 담배 다 자시고도 98세까지 건강히 살다 가셨거든~" 이런 논리를 펼치지 않는다는 것이다. 이것은 로또복권 당첨을 희망하는 심리(원리)와 같다.

1등 당첨자가 매주, 혹은 매달 쏟아져 나오지만 그렇다고 그 행운아(천운)가 나인 것은 아니다. 로또에 맞을 확률은 815만분의 1이고, 평생 암에 걸릴 확률은? 자그마치 36.4퍼센트이다.

그런데 여기서 술 담배 하는 사람, 두 가지 다 같이 하는 사람, 거기다가 맵고 짜고, 기름진 음식, 흰 밀가루, 설탕, 인스턴트, 가공식품(방부제) 달고 사는 사람들의 차이는 또 또 또 확연히 달라진다는 것! 이런 요소들은 암뿐만 아니라 모든 질병의 원인이 되며 심각한 정신질환까지 불러온다. 인간관계, 대기환경, 식습관, 흡연, 알코올 … 우리는 여기에서 얼마만큼 자유 한가?

　우리는 암과 에이즈, 전염병(바이러스)과 같은 무서운 질병이 있기에 청결한 삶을 살아가야 하고, 아직 경험하지 않은 미지의 세계(죽음)가 기다리고 있기에 겸허하게 된다.

👍 추천 영상/암은 선물! 죽음은 소망!/천정은 자매/예수 부활! 내 부활!

　암이 선물이고 죽음이 소망이라고? 참 미친 소리처럼 들릴 것이다. 그런데 들어보라! 암이 왜 축복인지를. 어느 날 갑자기 이 땅에서 소리 없이 사라지는 사람들. 아무런 예고 없이 느닷없이 들이닥치는 죽음은 아무도 알 자가 없다. 미래를 알아맞힌다는 그 많은 예언가나 그 어떤 용한 점쟁이조차도 자신의 죽는 날을 모른다.
　죽는 날을 안다면 다른 방식으로 살아갈까?
　좀 더 사랑하며 살아갈까?
　인간의 어리석음은 영화 <좋은놈, 나쁜놈, 이상한놈>에서 박창이(이병헌)가 말한 그대로 마치 자신은 영원히 죽지 않을 것처럼 그렇게 살아간다는 것이다.
　자, 그렇다면 답이 나왔다. 암이 왜 축복인가?
　곧바로 죽지 않고 죽음을 준비할 수 있는 시간이 주어졌기에 그렇다. 남은 시간 동안 자기 삶을 정리하게 되는 것이다. 대부분 많은 사람이 절체절명의 위기 가운데 하나님을 찾게 된다. 잘나갈 때는 천국과 지옥 따위 전혀 개의치 않고 살다가 막상 죽음에 직면하게 되면 그때서야 다른 세계를 생각하게 되고 다른 세계를 들여다보게 된다.
　살아 있는 동안 자기 죄 문제를 해결 받고 영생을 얻는다면 이보다 더 큰 축복이 있겠는가?

내일 일을 너희가 알지 못하는도다 너희 생명이 무엇이냐 너희는 잠깐 보이다가 없어지는 안개니라 _약 4:14.

과연 내세는 확실히 있는 것일까?

곤충의 일생은 그 질문에 대해 어떤 힌트를 줄 수 있을지 모른다.

곤충에게는 전생, 금생, 내생에 있어 확실히 영생하고 있다. 매미의 전생은 굼벵이며 굼벵이의 내생은 매미다. 굼벵이의 지하 생활은 고난과 암흑이며 그 기간이 가장 길다. 그런 생활을 하던 굼벵이가 어느 순간 허물을 벗고 매미가 되어서 하늘을 날며 노래한다. 해학 같은 이야기지만 매미는 임금이 살던 경복궁이나 창덕궁 같은 고궁 숲은 물론이고, 호화 별장을 가진 사람들의 정원에도 마음대로 들락거린다. 확실히 매미의 세상은 굼벵이에게는 분명한 내생이며 그것을 영생으로밖에 볼 수 없다.

굼벵이의 비참한 땅속 생활에 비해 매미의 공중 생활은 하나의 큰 기적이며 명랑하고 즐거운 복락 생활이다. 분명 하늘을 마음대로 날며 짙은 녹음 속에서 생활한다는 것은 굼벵이에게는 낙원이며 천국이 아닐 수 없다. 인간의 전생을 모태에서의 280일이라고 한다면 금생은 현세를 사는 우리의 일생이다. 내생은 금생에서의 모든 고통을 벗어난 영생이 아닐 수 없다. 그러므로 굼벵이가 매미가 되어 내세로 가듯이 우리의 육체가 없어진 다음에 내세로 가는 것은 너무나도 당연한 귀결이다.

왜냐면 굼벵이도 죽은 다음에 다시 태어나는데, 영혼이 있는 인간이 다시 날 수 없다는 것은 동물과 하등 다를 바 없는 무가치한 인생임을 스스로 인정하는 길밖에 되지 않기 때문이다.

도대체 탄생도 하는데 재생은 왜 못한단 말인가!

예수를 안 믿어서 지옥에 간다고?

사람들이 모르는 것이 지옥에 가는 이유를 예수를 안 믿었기 때문이라고 생각한다. 그런데 정확히 말해 죄 문제가 해결 안 됐기에 그 문제 해결하기 위해 지옥에 가는 것이다.

정의롭고 공정한 재판관은 원하면서 공의로우신 하나님은 왜 원망하는가? 그대가 받을 죄에 대한 심판을 그분이 대신 받으시고 그 증거로 부활로 확증시켜 주시고, 지금 이 순간까지도 죄용서 받으라 뜨겁게 손 내밀고 계시는데!

볼지어다 내가 문밖에 서서 두드리노니 누구든지 내 음성을 듣고 문을 열면 내가 그에게로 들어가 그와 더불어 먹고 그는 나와 더불어 먹으리라 _계 3:20.

만병의 근원 면역력 저하

체온이 1도만 떨어져도 당장에 암이 공격하기 쉬운 몸이 되고 죽음 또한 우리 주변에 늘 잠복해 있다. 여차하는 순간에 치고 들어온다. 몸의 체온을 떨어뜨리는 주범은 뭐니 뭐니 해도 술, 담배(영양결핍, 산소부족)라는 사실에 이견이 없어야 한다.

몸이 차가워지면 암세포가 번식하기 쉽고 병에 걸리기 쉬워지는데 면역력과 기초대사량이 떨어져 소화, 혈액순환, 효소활성 기능도 함께 문제가 온다. 대부분의 정상인도 몸속에 대상포진 바이러스를 가지고 있다가 면역력 저하 현상이 나타나면 대상포진 바이러스가 활성화되고 이로 인해 다양한 질환이 나타나게 된다.

체온이 1도 낮아지면 병에 맞서기 위한 면역력이 30퍼센트나 떨어지는 것이다. 이렇게 저온 상태가 지속되었을 때 인체에 종양, 고혈압. 뇌졸중, 고지혈증, 당뇨 등의 생활습관병을 비롯해 갑상샘기능저하, 불임, 류머티즘성 관절염, 알레르기, 우울증, 자율신경실조증 등 각종 질환이 발생하게 된다.

동양의학에서 냉증을 만병의 근원으로 보는 이유도 여기 있다. 한국 사회의 난제는 도그마에 빠지도록 세뇌한 자들과 세뇌된 대중의 낮은 인식 수준이다. 그것도 모르고 곧 죽어도 겨울에 아이스 아메리카를 고집하는 세대! 얼죽아!

"아, 나는 괜찮아~ 암 같은 것은 스트레스 못 푸는 사람들이나 걸리지, 나는 까딱없다고!!" 이런 책임지지 못할 말, 결코 장담할 수 없는 승부수에 인생을 걸 것인가?

그 많은 환자 가운데 자신이 암에 걸려 죽을 거로 예측했던 사람은 아마도 없을 거라는 것. 이것이 또 한 치 앞을 내다볼 수 없는 인간 한계의 맹점이라는 것.

영적인 문제도 마찬가지다. 사람들은 너무 오랫동안 요행과 타성에 젖어 산다.

"지옥 가봤어? 가봤냐구?? 안 가봤으면 말을 하지 말든가!!"

확률은 반반? 어찌 보면 승률 50퍼센트로서 매우 높은 수치로 착각될지 모르나, 예상을 완전 뒤엎을 경우를 예산, 이는 패율 100퍼센트에 해당하는 '도박'에 전 영혼을 올인하고 있다. 암이야 체력이 받쳐주고 운도 따라줘 어찌어찌해서 피해 가기도 하련만, 이 문제는 한 번 빠지면 영원히 헤어 나올 수 없는 블랙홀이니 승률 제로에 해당하는 게임에서 속히 돌아서야 한다.

👍 추천 영상/이지은 집사/말기 암 환자들의 죽음을 보며 겪은 충격적인 사실

<설계자와 사물과의 관계>

어떤 사람이 사막에서 오랜 시간 동안 걷다가 집 한 채를 발견한다. 그 집안에는 딱 좋은 온도로 돼 있고 맛있는 음식과 물 그리고 동물들도 있었다.

자, 그대가 이런 집을 사막에서 찾았다면 이 집이 자연에서 그냥 저절로 생겨났다고 할 것인가?

아닐 것이다. 당연히 '사막에서 지나갈 사람들을 위해 누군가가 설계해 지은 집이다'라고 생각할 것이다. 자, 그럼, 같은 원리로 이 우주에서 집 한 채를 발견한다. 이 집안에는 딱 좋은 온도로 돼 있고 맛있는 음식과 물 그리고 동물들도 있다. 이 자연에서는 개집 한 채도 그냥 생겨나는 법이 없다. 그런데 왜 지구라는 이 집은 지은 분이 없다고 생각하는가? 이 세상 모든 것은 그냥 존재할 수 없다. 반드시 누군가 설계를 하고 시공을 하고 수고를 해서 만들어낸 것들이다. 나, 그대 그리고 이 모든 천지 만물 뒤에는 그것을 지은 하나님이란 창조자가 존재하고 있다.

> 집을 지은 사람이 집보다 더 존귀한 것과 같이 예수는 모세보다 더 큰 영광을 누리기에 합당한 분이시다 어떠한 집이든지 어떤 사람이 짓는다 그러나 모든 것을 지으신 분은 하나님이시다 _히 3:3-4.

인간은 과연 어디서 왔는가?

많은 사람이 하나님이 있을 것 같기도 하고 없을 것 같기도 하니까 그 존재 확률을 반반으로 보아 50퍼센트쯤으로 생각한다. 동전처럼 앞면 뒷면이 분명히 존재하고 있기에 공중에 던져서 특정한 면이 나올 가능성은 분명 50퍼센트다. 그렇다면 하나님의 존재 가능성도 이와 같을까?

있을 수도 있고 없을 수도 있고? 50대 50? 이 말은 엄격히 말해서 틀린 답이다.

"하나님은 없어. 있으면 말고."라는 식의 사고는 굉장히 큰 위험부담을 안고 시작하는 것이다. 왜냐? 있으면 있고 없으면 없으니까 그 확률은 100퍼센트 아니면 0퍼센트라고 해야 정확하다. 하나가 옳으면 나머지 하나는 자동으로 틀리기 때문에!

하나님이 존재하는지 여부는 인간 기원을 밝히는 문제이다

"과연 내가 어떻게 이 땅에 이 모습으로 살게 되었을까?"라는 질문에 관한 해답이다. 생물학 교과서에 수록된 단편적 지식으로 머물 일이 단연코 아니다. 그렇다고 과학자, 신학자, 철학자에게만 해당되는 연구과제도 아니다. 전문가의 연구를 분석하고 채택하는 한이 있더라도 인간이라면 스스로 확고히 정리된 견해는 갖고 있어야 한다. 누가 뭐래도 둘 중 하나는 절대로 옳기 때문이다. 또 창조가 옳으면 하나님은 절대적으로 있고, 진화가 옳으면 하나님은 절대적으로 없다.

간혹 인간이 이 땅에 있게 된 연유를 창조와 진화 말고 외계인의 후손이라고 주장하는 자도 있다. 그러나 이 외계인 도래설은 공상가나 영화 제작자가 아니라면 의미를 둘 필요가 전혀 없다. 외계인이 왔던 곳으로 되돌아가면 여전히 창조 아니면 진화 외의 가능성은 절대 없기 때문이다.

진화란, 그 원인과 목적까지는 도무지 알 수는 없지만 물질이 태초부터 선재해 있었으며, 계속해서 오직 그 물질끼리 어떤 방식이 되었든 활동하거나 운행되고 있다는 뜻이다. 다른 말로 하나님은 아예 없고 인간은 흙(먼지)에서 출발해 흙으로 되돌아갈 뿐이다. 인생에서 절대적으로 확실한 의미를 둘 수 있는 사실은 물질에서 출발해 물질로 마친다는 것 외에는 아무것도 없다는 것이다.

반면에 하나님이 있다면 그분은 창조주일 수밖에 없다. 혹시라도 창조에는 전혀 관계하지 않은 절대적 존재가 있고 단지 인간 사후의 '구원'과 '심판'만 관장한다고는 말할 수 없다. 인간을 창조해야만 인간에 대한 소유권, 통솔권, 심판권을 주장할 수 있다. 다른 말로 이 경우의 인생에서 가장 확실한 의미는 하나님이 만드시고 그분에 의해 살아가고 그분에 의해 죽게 된다.

다시 말하지만 하나님, 창조, 절대자, 인간은 하나님의 피조물이 이쪽에서 절대적 등호等號 부호(=)로 항상 같이 있다면 물질의 선재, 진화, 무신론, 인간은 물질의 파생물도 다른 한쪽에서 그러하다. 결국 하나님 존재 가능성이 그러했듯이 창조론과 진화론 어느 쪽이든 옳을 확률 또한 100퍼센트 아니면 0퍼센트다. 간혹 하나님을 믿는다면서도 나는 그분의 피조물이 아니라거나, 그분의 통치를 온전히 받고 있지 않다면 100퍼센트 절대적으로 틀렸다. 마찬가지로 진화가 옳다고 믿으면서도 하나님은 있을 것 같은데, 있더라도 그분의 통치는 받기 싫다는 생각도 100퍼센트 절대적으로 틀렸다. 성경은 오로지 우리에게 성경의 물음에 대해 O냐 X냐를 가지고 우리를 인정하기 때문이다.

비유컨대 이것은 자식이 부모를 제대로 인정하느냐 하지 않느냐와 같다. 보육원에서 자란 아이는 당연히 친부모를 찾고 싶어 한다. 아무리 자기를 버린 무책임한 부모이기에 미워하며 찾을 생각이 없다고 말해도 속으로는 그리워하고, 최소한 누구인지 한번 만나고는 싶어 한다. 만날 수 있는 가능성이 아무리 낮아도 그렇다.

인간 기원에 전혀 관심이 없이 그냥 열심히 살다 죽으면 그만이라는 것은 고아로서 만족하며 친부모가 누구일지 아무 관심 없이 평생을 그냥 고아로서 살다 죽겠다는 것과 다를 바 없다. 끝까지 진화와 창조 어느 쪽이 옳든 자기와 무관한 문제라고 우기면 어쩔 수는 없다. 그러나 이는 고아로 사는 것과 같이 간단한 사안이 아니다. 하나님이 계신다면 그분의 심판과 구원도 절대적 100퍼센트 확률로 있기 때문이다.

고아로서 평생을 마치지 말고 친부모를 찾아서, (진화를 확고하게 붙드는 것도 친부모 '원숭이'를 찾는 일임) 정말 그 부모와 함께 서로 존경 사랑 화목해 인간답게 살아야 하지 않을까?

우리는 자신이 어떻게 이 땅에 오게 되었는지를 확실히 규명한 바탕 위에 인생의 모든 여정을 쌓아가야만 하는 존재이다. 진화가 옳다면 적자생존방식으로 살아남은 우리는, 역시 그에 따른 방식(약육강식)으로 살아가는 게 맞다. 그래서 강국이 약소국을 침범하고 강자가 약자를 짓밟는 것이 이상하지 않다. 강육약식은 대를 위해 소가 희생되어야 하는 원칙이다. 인간의 권리 따위 전혀 중요한 게 아니다. 오로지 적자생존일 뿐 …

이와 관련해 모든 인간은 창조와 진화에 대한 자기 입장에 따라 모든 사고와 행동이 필연적으로 결정되기 마련임을 알아야 하며, 창조 & 진화 사이에서 중간은 없고 창조와 진화는 그 사람의 영원을 결정짓는 중요한 요소가 되며, 일단 창조를 알아가므로 구원(천국)에 이를 확률은 가까워진다. 반면 끝까지 진화를 고집할 경우, 스스로 우연에 의한 생명체로 치부한 결과에 대한 책임은 하나님께 없으며 본인 자신에게 있음을 잘 기억해 두어야 한다.

세 번째 이야기

출생의 비밀

봄바람이 부는 소리는? "휘익"
새순이 돋아나는 소리는? "파릇파릇"
새싹이 돋아나는 소리는? "쑥쑥"

이 세상에 무엇이 생겨난다는 것은 참으로 신비스러운 일이다.
굳은 땅을 뚫고 새싹이 돋아나는 것, 마른 나뭇가지에서 속잎이 피어나는 것, 밤하늘에 별이 돋아나는 것, 어머니 품속에 잠이든 갓난아기의 숨소리 등이 저토록 아름답고 우리의 가슴에 한없는 기쁨을 불러일으키는 것은, 이 세상에 없던 것이 '새로 생겨남'으로써 주는 놀라움 때문일 것이다.
우리가 주변을 조금만 유심히 살펴보면 무엇이든 한결같이 이름이 있다는 것을 알 수 있다. 그리고 그것을 만든 사람이 있다는 것도 말이다. 우리 주위에서 흔히 볼 수 있는 개, 고양이, 수박, 장미와 같은 동물과 식물도 모두 이름이 있다. 그런데, 그것에게는 텔레비전이나 시계, 자동차, 인형과는 다른 점이 있다. 바로 그 속에 살아 숨 쉬는 생명체가 존재한다는 사실이다.

'사각사각 맛있는 사과도, 강아지의 초롱초롱한 맑은 눈망울도, 장미의 달콤한 향기도 …' 모두가 살아있으므로 내뿜어지는 아름다움이다. 캄캄하고 이름 없는 세계로부터 광명의 세계로 한 이름을 얻어 나타남은 눈물겹도록 감동적인 사건이 아닐 수 없다. 이러한 창조의 신비는 항상 우리를 감격게 하는 것이다.

자연을 들여다보면 봄을 맞아 아름답게 피는 꽃의 향연을 통해서도 느끼는 바지만, 한순간도 쉬지 않고 끊임없이 변화하고 있어 그 변화의 과정과 물결이 얼마나 신비스러운지, 봄이 되면 어떤 계절보다 더욱 절감할 수 있다.

따스한 봄볕이 핑크빛 물감으로 번져가던 어느 날, 나는 일부러 시간을 내어 몇 시간가량을 서울 도심 한복판을 거닐어 보았다. 훈훈하게 불어오는 미풍 사이로 파란 하늘이 살짝 들여다보였다. 수많은 사람의 틈바구니에서 나는 마치 호기심 어린 탐정이 되어, 새까만 선글라스를 끼고 그들의 동태 하나하나를 살폈다. 온갖 종류의 사람 … 그런데 이상스러울 만치 그들의 표정은 하나 같이 어둡고, 활기라고는 찾아볼 수가 없었다. 누구 하나 들떠서 개울가 바람 끝에 실려 온 봄의 속삭임에 관해 이야기하지 않았다.

아기 피부 같은 야들한 연초록 잎사귀를 매만져보는 이도 없었고, 농익은 꽃향기에 취해 잠시 두 눈을 지그시 감아보는 이도 없었다. 그저 나 혼자만이 영혼 깊숙이 봄의 향연을 만끽했다. 별 닮은 노란 개나리 꽃잎 하나를 따서 바람결에 흩날려 보았으며, 연녹빛 잎새들에 다정스레 입맞춤해 주었을 뿐이다.

어느덧 초침은 나른한 오후를 지나 황혼 속을 향해 나아가고 있었다. 어깨가 축 늘어진 채 무거운 가방 하나를 손에 쥔 중년의 남자, 힘겹게 몸을 끌고 가는 할머니, 수심 가득 찬 할아버지, 여느 패션모델 못지않은 세련된 아가씨들과 풋풋함이 절로 묻어나는 청년들마저 여전히 무표정한 모습은, 인생의 고단함을 있는 그대로 표현해 주는 듯했다. 웃음기라고는 전혀 찾아볼 수 없었던 강남의 어느 봄 거리 …

어느새 빼곡한 간판 사이로 칙칙한 어둠이 조용히 새어 들어왔다. 각기 여러 가지 문제와 마음의 상심으로 그득한 그들의 마음 위로 서서히 형형색색의 네온사인이 하나둘 켜져 가기 시작한다.

회환의 다리가 길어지고 애상만 깊어지는 시간 … 어딘가로 뿔뿔이 흩어지는 사람 … 삼삼오오 짝을 지어 식당을 찾아 … 술집을 찾아 … 행복을 찾아 사라지는 사람들 … 그들의 마음엔 무엇이 아로새겨져 있을까 …

꿈도 희망도 야심도 있었을 것이고, 일찍이 모든 것 다 포기한 사람도 있을 것이고, 도전 의식을 가지고 다시 한번 두 주먹 불끈 쥐고 일어선 사람도 있을 것이며, 혼기 놓친 자식 문제로, 연인 문제로, 건강 문제로, 직장이나 사업 문제로, 이런저런 문제와 고민을 가지고 또 그렇게 잠들어가는 서울의 밤 …

외롭습니다. 인간은 왜 외로움이라는 거추장스러운 감정을 덕지덕지 치감고 살아가야 하는 건지 … 정녕 알 수가 없는 일입니다. 동물은 정신병에 걸리는 법이 없다는데, 그러면 동물은 외로움이라는 이 피눈물 나는 감정과 대립하지 않는다는 얘기겠죠. 더더욱 비라도 처연히 내리는 날에는 마치 잠복해 있던 외로움이 비늘처럼 후드득 떨어져 내리는데, 인간은 누구나 채울 수 없는 허공 하나를 품고 사는 존재인가 합니다.

외로움을 떨쳐내기 위해 우리가 행하는 행위들에는 무엇이 있을까요? 10대에는 비교적 외로움이란 게 무엇인지 모르고 살아왔던 것 같고요. 20대에는 팔팔한 영혼에 무언가, 특별한 의미를 부여하고자 일부러라도 피곤한 인생(고독)을 연출했던 것 같고요. 30대에는 결혼하고 아이 낳고, 양육하며 실상 정신이 없었습니다. 그러나 40대에 들어서면서 … 인생에 심도 있는 질문들을 하게 되었지요.

세계관이라든지 인생관, 종교관 … 쉽게 말해 사생관(우주관)이라 볼 수 있는 정립된 그것들이 그 속에서 하나의 가치관으로 자리 잡고 형성되더란 말이지요 …

사랑이란 존재하지 않는다고 말하면서 사랑을 찾아 헤매는 사람들 …
행복이란 없다고 느끼면서 행복을 꿈꾸는 사람들 …
영생이란 얼토당토않다고 여기면서 영생을 갈망하는 사람들 …
인간이란 존재가 생각하고 착안해 내는 것들이, 상상 저 밑바닥에 가라앉은 하나의 돌멩이보다 가치 없다고 여길지라도, 실물 없는 모습은 거울에 비치지 않으며, 본체 없는 그림자는 발생하지 않는 법. 우리가 찾아 헤매는 행복, 사랑, 꿈, 영생, 이런 것이 결국 죽음으로써 쓸쓸히 막이 내려져야 한다면 그것은 가혹한 형벌이며 누군가의 장난이리라!
조각가의 손에서 예술품이 빚어질 때, 그 작품의 가치가 자자손손 만 대에까지 이르러 발휘되기를 소망하듯, 신의 손길은 인간을 자기 형상대로 귀히 빚으사 영생을 부어주셨다. 영원한 생명을 우리에게 선사해 주신 것이다.

인정머리 없고 독살 맞은 세상이 나를 쳐서 꼬꾸라뜨리고 또다시 일어서려 할 순간에 또 한 번 강타를 날려 꼬꾸라뜨리려 할 때, 이것을 저지할 수 있는 기력이 손끝에서 터럭만치도 느껴지지 않을 때 … 하나님의 심장은 희망으로 불타오르고 그 두 눈가에 이슬이 맺혀지리라!
이글거리는 분노, 아물지 않는 상처, 끝이 없는 미움, 저주 … 이 모든 것이 정말 한순간 봄눈처럼 녹아져 내릴 영원한 보상이 주어지는 축복!
스스로 사멸할 수 없는 존재가치와 모든 행복이 다 내게로 안기어 올 수 있다는 바람, 그 바람을 강하게 인식할 때 존재는 정착된다.
영원히 소멸해질 이슬방울과 같은 운명이 다시 한번 수증기로서 힘차게 끌어올려 질 초현실과도 같은 세계!

사랑을 꿈꾸는 자에게 사랑은 안기고, 행복을 꿈꾸는 자에게 행복은 스며들고 죽음을 기피하는 자에게 죽음은 죽음으로서 끝나지 않으며, 영원히 솟아나는 생수의 무한한 행복을 맛보게 된다.

그것은 아직 우리가 이 땅에서 이 세상에서 한 번도 경험해 보지 못한 정점! 카타르시스! 뜨거운 환희를 어느 누가 거부하며 식지 않는 송축을 어이 저버릴 수 있으리 … !

빛나는 축제를, 광명한 노래를 쓰러지는 고목에도 희망은 움트고, 말라 비틀어버린 뼈다귀 위에도 새살은 돋아나며, 신음하는 꽃잎 위에도 나비가 날아들 수 있는 눈부신 생명력! 오늘 우리 그것을 소유해 보자.

> 하나님께서 나를 잡아채셨다 하나님의 영이 나를 위로 들어 올리시더니 뼈들이 널브러져 있는 넓은 벌판 한가운데에 내려놓으셨다 그분이 나를 데리고 그 뼈들 사이를 두루다니셨다 뼈가 얼마나 많던지 벌판 전역이 뼈로 뒤덮여 있었다 햇볕에 바싹 말라 휘어진 뼈들이었다 그분이 내게 말씀하셨다 사람의 아들아 이 뼈들이 살 수 있겠느냐 내가 대답했다 주 하나님 오직 주만이 아십니다 그분이 내게 말씀하셨다 저 뼈들을 향해 예언을 선포하여라 마른 뼈들아 하나님의 메시지를 들어라 주 하나님께서 그 마른 뼈들에게 이르셨다 자 보아라 내가 너희에게 생명의 숨을 불어넣겠고 너희가 살아날 것이다 내가 너희에게 힘줄을 붙이고 너희 뼈에 살을 입히고 너희를 살갖으로 덮고 너희 안에 생명을 불어넣겠다 그러면 너희가 살아나서 내가 하나님인 줄 알게 될 것이다
> _겔 37:1-6.

어제는 햇살이 참 좋았습니다.
미학이 있는 하늘의 동네는 그랬습니다.
매년 봄이면 늘 그렇듯이
봄 햇살은 언제나 감동입니다.

담벼락이라도 있으면 그 진가는 더 발휘되고
감동은 더욱 커지지요. 어느 조폭도 그랬습니다.
봄 햇살을 참 좋아했습니다.
그 조폭은 낫 놓고 기역 자는 간신히 아는,
그야말로 이 시대에 보기 드문 무식한 이였습니다.
요즘엔 깡패도 모두가 지식인인 시대인데
그 조폭은 무식해도 너무 무식했습니다.

하지만 비록 무식하긴 했어도
마음에 한 줌의 순수함은 남아 있어서
그 조폭은 산책하기를 참 좋아했습니다.
그날도 그랬습니다.
햇살이 너무 좋아 조폭은 산책을 나섰습니다.
바람도 좋은 봄날 조폭은 한가로이 걸었습니다.
그러다 버스 정류장에 이르렀는데
버스 정류장 부스 안의 의자에 비추는 햇살이
너무 따스해 보였습니다.
조폭은 길을 멈추고 의자에 가 앉아서 눈을 감았습니다.
자신이 유일하게 순진하고 순수했던 시절
어린 시절이 떠올랐습니다.

조폭의 얼굴엔 자신도 모르게 미소가 흘렀습니다.
그런데 그때 마침,
그 앞을 지나던 외국인이 조폭에게 다가와 길을 물었습니다.
"Where is the post office?" (우체국이 어디죠?)
조폭은 깜짝 놀라기도 했고
자신의 기분 좋은 상상이 깨지자 순간, 확 짜증이 났습니다.

그래서 한 마디 툭 뱉고는 자리에서 일어났습니다.
그런데 참 이상했습니다.

어찌 된 일인지 외국인이 조폭을 졸졸 따라오는 것이었습니다.
그러자 순진하고 무식한 조폭은 당황하고 놀라기도 하여 달렸습니다.
그러자 외국인도 조폭과 똑같이 달렸습니다.
조폭은 이제 겁이 났습니다.
그래서 버스가 오자 무조건 잡아타고는
자리에 앉아서 숨을 몰아쉬고 있는데 …
외국인도 어느새 버스를 탔는지
조폭 앞에 서서 씨익 웃고 있었습니다.

그러자 조폭은 식은땀이 나면서 너무나 겁이 나
바지에 오줌을 지리더니 기절하고 말았습니다.
조폭은 왜 겁은 먹은 것일까요?
그것은 자기가 한 짓이 있었기 때문입니다.

처음에 외국인이 다가와 영어로 길을 물었을 때
무식한 조폭은 짜증이 나서 습관적으로
"아 이 씨팔 노미"라고 욕을 했는데,
조폭은 자기가 욕한 것 때문에 외국인이 화가 나서
쫓아온 것으로 알고 겁을 집어먹어 기절했고,
외국인은 자신이 "Where is the post office?"
(우체국이 어디죠) 라고 했고,
조폭이 "I see follow me" (아이씨 팔로우 미)
(네 알아요 날 따라와요) 라고 듣고 따라온 것뿐이었습니다.

하나님으로부터 걸려 온 전화

"돈이 없어 서럽고, 머리가 나빠 서럽고, 가방끈조차 짧아 서럽고, 몸까지 쳐 아파 서럽고, 변변한 능력조차 없어 서럽고, 더구나 부모 복 없는 인간 배우자 복도 자식 복도 없을 거라 했는데 그것마저 영락없이 맞아떨어져 서럽고 서럽고 또 서럽다.

거기다 진짜 진짜 더 서러운 것은 지금 나의 비주얼 또한 현재 스코어 아주 에러라는 것이다. 시대, 나라, 부모, 다 잘못 만나고 잘못 태어났단 말이다. 다 때려 엎고 다 둘러엎고 개판 5분 전인 이 세상을 천재지변 내지는 전염병이나 핵폭발 같은 걸로 아주 깨끗이 끝나 버렸으면 좋을 것 같다.

아무리 기다려도 내겐 그 어떤 기회조차 주어지지 않을 거란 생각에 그저 이 세상을 단 한 큐에 날려버렸으면 하는 것이다. 내가 세상에 긍정적인 영향을 끼칠 확률도 없고 그렇다고 세상이 내게 무언가 해줄 확률도 애당초 없다. 그래서 이 둘은 모두 사라져 버리는 게 옳다고 생각한 것이다."
 -어느 비관론자의 소망 中

당신을 있는 그대로 사랑할 수 있는 분이 아직 세상에 있다는 걸 알고 살아가요. 그럼, 지금보다는 따뜻한 눈빛을 가질 수 있을 거예요. 진정한 자존감은 나와 남의 평가가 아닌 나를 보시는 하나님의 시각입니다.

믿기 힘든 일이지 기이한 일이지
신이 인간이 되어 이 땅에 왔다는
거짓말 같은 이상한 이야기

믿기 힘든 일이지 기이한 일이지
신이 내 죄 때문에 십자가에 달린
거짓말 같은 이상한 이야기
하지만 언제부턴가 그게 믿어지다니
이상한 일이지 신기한 일이지

거짓말 같은 나의 이야기지

주님과 함께하는 나의 이야기
거짓말 같은 나의 이야기
주의 십자가가 내 가슴에 들어온
거짓말 같은 이상한 이야기

주님과 함께하는 행복한 이야기
주님과 함께하는 감사한 하루하루
거짓말 같은 나의 이야기
참이어서 너무 좋은 행복한 이야기
참 이상해서 믿기지 않는 일이지만
그분은 신의 아들은
2023년 전 사람의 모습으로 이 땅에 오셨습니다

죄 많은 사람들을 사랑해서 오셨대요
그분의 피 값이 아니면 자신이 창조한 사람들이
다 영원한 멸망의 길로 가게 되니까
친히 십자가에 달리기 위해 오셨대요

성령으로 잉태되었다는 동정녀 사건도 이상하고
신이 인간이 되어왔다는 사실도 이상하고
내가 봐도 사랑하기 힘든 나와 다른 이들 대신
신의 아들이 죽으러 왔다는 사실도 이상하고
죽었다가 사흘 만에 다시 살아났다는 것도 이상하고
그분의 이야기는 온통 이상한 점투성이예요

하지만 참 이상하죠
이야기가 믿어지니 말이에요
그분을 생각하면 그분의 이름을 조용히 불러보면
가슴 한구석이 뻐끈해져 와요
눈가에 조금씩 눈물이 맺혀요

그리고 그 말도 안 되는 이상한 얘기들이 믿어져요
그 엄청난 사랑이 믿겨져요

저 높고 높은 곳에 계신 하나님이
나를 위해 이곳에 오셨구나
연약한 몸으로 말구유에 놓이셨구나
나 대신 십자가에 달려 돌아가셨구나

그래서 난 평생 그의 것이로구나
내가 그의 것이라서 난 참 행복하구나
그 이상한 이야기가 믿어져서
참 행복한 사람입니다

잠깐 정신을 잃었던 것일까?
 순간 정신을 차려보니 내 몸은 말로만 듣던 '순간 이동'임을 분명히 느낄 수 있도록 순식간에 다른 세계로 이동하고 있었다. 눈 앞에 펼쳐진 세상은 지금껏 내가 보고 알고 느끼던 세상의 모든 상식과 통념을 일제히 깨부숴버렸다. 그것은 내가 어릴 적부터 보아왔던 그 어떤 애니메이션, SF영화의 그 모든 장르를 뛰어넘는 새로운 시스템을 구축한 세계였다. 눈으로 보고도 믿기지 않는다는 말이 이때다 싶도록 도저히 있을 수 없는 불가능한 세계가 드러났다.

1996년 2월. 내 나이 28살, 나는 태어나 처음으로 비만이라는 공포에 휩싸여 생을 포기하고 싶을 만큼의 스트레스로 중압감을 받고 있었다. 평소보다 10킬로그램 정도 더 늘어난 체중은 아무리 용을 쓰고 기를 써봐도 연신 도루묵 현상만이 계속될 뿐 그 어떤 결단과 행동들도 모두 무색해져 버렸다. 비만이라는 병은 사실 킬로수가 늘어감에 따라 점차 마음의 병으로 전이된다는 것이 더 큰 문제이다. 더욱이 별다른 이유 없이 진행된 이 병은 결혼을 앞둔 예비 신부에게는 마치 암 같은 사형선고를 받은 것처럼 치명타로 인생을 휘청이게 했다.

"노래를 불러 주세요 … 노래를 … 내 생애 마지막 노래를 …."

그렇게 한 달이 가고, 두 달이 가고 … 한참 장마가 기승을 부리던 7월의 어느 날, 나는 갈급한 마음에 교회 식구들과 함께 수련회에 다녀오기로 했다.

가정 문제로 고심하던 집사님, 그리고 한참 은혜받고 사명을 깨달아가는 신출내기 여대생과 교회 담임목사님, 이렇게 우리 네 사람은 교회 합승차에 몸을 싣고 각기 자신의 목적과 응답을 기대하며 1박 2일 미지의 길을 떠났다.

'기도하면 성령의 역사로 기적과 치유의 은사를 힘입게 될지도 모른다는 부푼 희망과 꿈을 안고서 ….'

얼마를 갔을까?

한참 운전에만 몰두하시던 목사님께서 갑자기 뒤를 돌아보며 하는 말, "자매님들, 자매님들은 복음 전파에 얼마나 관심이 있나요? 전도가 생애 전부라고 할 만큼 그 중요성을 알고 있나요?" 그때, 기껏해야 5개월 남짓 교회에서 말씀 듣고 드린 것이 전부인 나는, 혹 누가 먼저 말할세라 급하게 응수했다.

"그럼요 목사님, 그것 말고 또 인생에 무슨 목적이 있나요. 오직 전도만이 전부라고 생각합니다."

참으로 어처구니없는 대답이 아닐 수가 없었다.

바로 전까지만 해도 육신의 문제로 온통 머릿속이 새까맣게 죽어가고 있던 내가 아니던가!

그런데 무슨 사람이 이렇게 속 다르고 겉 다르단 말인가!

그 시점에 하나님께서는 내게 어떤 큰 사명과 복음 성취를 이루시기에 앞서, 마음 중심 깊은 곳을 꿰뚫어 보시며 입술의 말과 책임의 도(언약)를 확고히 세워주시고자 뜻하신 지상 최대의 이면계약이 서원되고 체결되는 순간으로 몰아가신 것이었다 (물론 당시는 꿈에도 그 사실을 모른 채).

1박 2일 수련회를 마치고 집에 돌아온 나는 그곳에서 무슨 말씀을 들었는지 도무지 아무 생각도 나지 않았다. 그런데 이상하게도 그곳의 신문에 게재된 칼럼 내용 중 한 대목이 잊혀지지 않고 계속해서 머리를 맴돌았다.

"레위 가족 중 한 사람이 가서 레위 여자에게 장가들어 그 여자가 임신해 아들을 낳으니 그가 잘생긴 것을 보고 석 달 동안 그를 숨겼으나 …

이 주인공이 누구입니까?

오늘 본문의 그 사람이 바로 모세입니다.

모세 하면 이스라엘 역사상 가장 위대한 인물이 아닙니까?

하나님으로부터 가장 크게 쓰임 받아진 이가 모세입니다.

'레위 가족 중 레위 여자에게 장가들어 그 여자가 임신해 아들을 낳으니'(출 2:1-2). 아들(모세)을 낳으니 … 오늘 이 말씀을 절대 잊지 마시기 바랍니다."

'레위 가족 중 한 사람이 가서 레위 여자에게 장가들었더니 …'

며칠이 지나도 이 말씀은 도통 지워질 줄을 몰랐다. 밥을 먹을 때도 일을 할 때도 어디서 무엇을 할지라도 도무지 이 말씀이 머릿속을 떠나지 않았다.

'레위 가족! 레위 가족! 레위 가족이 도대체 어떻다는 건가 …?'

며칠 후 가족 모두가 잠시 장맛비가 주춤한 틈을 타 시원한 저녁 바람을 쐬기 위해 공원에 나갔지만, 나는 마음이 뒤숭숭한 탓에 혼자 집에 머물기로 했다. 그때도 역시 머릿속에서는 연신 '레위 가족'이란 명사만이 어지럽게 머릿속을 휘젓고 있었다.

시간이 얼마나 흘렀을까 … ?

나는, 나도 모르게 기도 속으로 들어가고 있었다.

"하나님, 저희가 비록 부족하고 연약하지만 저의 부군이 될 분도 지금껏 세계 복음화를 위해 기도해 오고 있었고, 저 역시 복음 증거를 소원하고 있으니 저희 두 사람에게 모세와 같은 아들을 주시면 안 되겠습니까?"

그때였다. 섬광처럼 뇌리에 스치는 성경구절이 있었다. '너희 믿음대로 되리라'(마 9:29)는 말씀이었다.

"믿음대로 되리라??? …"

모든 것이 정지되었다. 쌔근대던 숨소리, 쿵쾅거리던 심장 소리, 째깍이던 초침 소리마저 모든 게 일시에 정지된 채, 세상 모든 것이 멈춰진 그 침묵의 공간 속에서 나는 세상 앞에 펼쳐진 역사의 대 파노라마를 보았다. 성경말씀과 오버랩되어 나타난 이 세상 현실은 참으로 놀랍게 그 말씀이 흐르는 역사 속에서 일점일획도 없어지지 아니하고 모두 성취되고 있음이 보였다. 과연 하나님의 말씀이었다.

눈이 부시게 푸르른 어느 여름 오후, 보랏빛 머플러를 흩날리며 궁남지 연꽃 축제 속으로 나도 그렇게 물결치듯 흘러 들어갔습니다. 한들거리는 바람 따라 나부끼는 수많은 연꽃의 자태가 그날따라 유난히 가슴에 와닿았던 순간이었습니다. 평화! 그것은 평화이었겠죠. 그러나 그것은 평화만은 아니었습니다. 무슨 이유로 자연은 저토록 아름다움을 발산하고 있는지,

저 많은 사람 가운데 그 까닭을 아는 사람이 과연 얼마나 될지를 생각하니 가슴이 미어지는 듯 휘청거렸습니다. 그 뿌연 베일의 장막이 걷힌 지 어언 28년의 세월이 흐른 지금 이 순간까지 참 많이도 흘린 눈물이었지만, 그날도 나의 가슴에선 여지없이 뜨거운 눈물이 골을 타고 흘러내렸습니다.

......

나의 발걸음을 멈추게 하는 화폭과도 같은 한 풍경이 있었습니다. 새끼 오리와 병아리, 이런 앙증맞은 것이 올망졸망 모여서 어미와 더불어 모이를 쪼아대며 서로 부대끼는 모습이 너무도 정겹고 다사로와 그만 목이 콱 메어왔습니다. 왜 그 화평스런 풍경 속에서 목이 메어왔냐고요. 있지요. 이유가 있지요.

어느 날 난 인간의 이기가, 인간의 사욕이 극치에 다다라 하늘의 저주를 불러오고 있는 한 광경을 목격했기 때문이랍니다. 연분홍빛 고기 살을 쳐 드시기 위해 인간들은 태어난 지 하루도 채 안 된 송아지를 어미 소와 격리시켜, 그 애절한 울음소리를 뒤로한 채 끌어다 폭 60센티미터도 안 되는 틀 속에 가둬놓고(앉지도 못한 채) 온갖 약물을 투여하며, 몇 주간 고통을 준 뒤 결국은 인간님들의 고귀한 미각을 만족시켜드리기 위해 처참히 사라져간 송아지들의 슬픈 눈망울이 자꾸만 생각났기 때문이랍니다.

그런데 내 눈앞에 보여지는 저 사랑스런 것들은 참 주인을 잘도 만나 마냥 행복해하고 있으나, 반면 그 여린 송아지들은 지지리도 주인을 잘못 만나 지금도 도축장의 어딘가에서 비운의 죽음을 맞이하고 있을 모습들이 너무 대조 있게 교차 되면서, 진정 인간의 참 주인이신 하나님을 모르는 인생들 또한 저 악독한 소 주인과 같이 자신들의 운명을 사로잡고 있는 흉악한 마귀에게 붙들려 이 땅에서도 처참히 고통받다 결국엔 마귀 따라 지옥에 가 심판받게 될 것을 생각하니 어찌 같은 인간으로서 가슴이 메이지 않을 수가 있었겠습니까!

그날 난 어느 슬픈 여인의 울음 진 고백을 들었습니다. 결혼 후 이유 없이 반복되는 남편의 모진 구타를 견디다 못해 끝내 돌이 갓 지난 아들 아이를 떼어놓고 나온 세월을 회상하며, 비록 죄인이지만 언젠가는 그 아들을 멀리서나마 볼 수 있게 되기를 바란다며 흐느끼는 한 여인의 한 서린 눈동자를 보았습니다.

아직도 그때의 후유증으로 몸이 많이 불편하다고 했습니다. 막걸리 한 잔씩을 나눠 마시며 나의 가슴에도 한가득 눈물이 고여 들었습니다. 그 아이가 벌써 스무 살이 넘었을 거라며 앞으로 자신에게 돈이 생긴다면 그 아이에게 모두 주고 싶노라며, 혹 자기가 일찍 죽게 된다면 그 일을 내가 대신해 줄 수 없겠냐며 내 손을 꼬옥 잡았습니다.

자식 잃은 어미와 어미 잃은 자식이 그렇게 오랜 세월을 떨어져 살던 그 한이 고스란히 술잔에 떨어져 내리자 여인은 떨리는 손으로 술잔을 비웠습니다. 그래서 나는 말했습니다. 기다리라고! 기다리다 보면 언젠간 반드시 그때가 오지 않겠냐고! 모자가 상봉하는 그날을 하나님이 반드시 준비하셨을 거라고 …

'존재의 이유'란 노래가 한없이 듣고 싶던 비 개인 날의 오후였습니다. 하나님께서 하나님 떠난 인생을 각자 그토록 만나시기를 학수고대하고 계심을 알고 있었기에 … 그날 난 집에 돌아와 '존재의 이유'를 틀어놓고 한참을 울었습니다. 그 아이는, 이미 장성해버린 그 아이는 그동안 자기를 떠나버린 엄마를 얼마나 오랜 시간 그리며 또 원망을 하면서 살았을까를 생각하니 가슴의 먹구름이 걷히질 않았습니다.

어머니의 슬픈 사연 다 모르고 얼마나 많은 시간 긴 고독과 외로움에 떨어야 했을까요?

……

모르시지요? 당신이 바로 그 아이인 것을. 모르시지요? 당신이 바로 그 비운의 아이인 것을!

무슨 말이냐고요? 네, 그러시겠죠. 그러실 수밖에요. 네, 당신은 정녕 꿈에도 몰랐을 겁니다. 당신의 영적 부모가 악한 자 마귀이며, 당신을 지금껏 귀신처럼 감쪽같이 속여왔다는 사실을. 네 그렇습니다. 그는 정말 귀신같이가 아니라 진짜 귀신이었던 것입니다. 마치 자기 존재는 절대 존재하지 않는 양 인간을 두 눈 다 멀쩡히 뜨게 한 채 속여온 것이지요. 웬 자다가 봉창 두드리는 소리냐고요?

글쎄요. 자다가 봉창 두드리는 소리인지 아닌지는 더 두고 보면 알게 될 것입니다. 그래서 당신은 지금껏 너무도 많이 아프고 너무도 인생이 그토록 큰 고통과 좌절 속에 허덕여 왔던 것입니다. 둘 사이에 모자를 갈라놓았던 악한 자, 그 악한 자가 분명히 있었듯이, 하나님과 당신 사이에도 한 명의 포악 자가 둘의 관계를 생이별시켜 놓았습니다.

그래서 당신은 지금껏 그토록 원망만 하고 살았습니다.

하나님이 당신을 버리신 줄로만 알고. 그런데 돌아왔어요. 그분이!

어머니가, 아들 스스로 자신을 찾아올 수 없다는 것을 알고, 그 아들을 도저히 잊을 수가 없어서 그 여인처럼 하염없는 눈물을 흘리다, 끝내 자신의 아기를 찾으러 친히 이 땅에 오신 거예요. 돌아온 그분을 만나세요. 그분이 예수 그리스도랍니다.

알았어요, 나는. 우리를 찾으러 그 먼 하늘나라에서 오신 어머니가 바로 예수님이시란 걸! 그런데 포악 자는 그만 둘의 '해후'를 훼방하기 위해 지금껏 너무도 많은 종교와 우상, 각종 이단과 사이비 재단을 만들어서 사람들의 몸과 마음을 거짓 것에 완전 미혹 당하도록 현혹시켰어요.

양의 탈을 쓰고서 마치 자신이 엄마인 양 그들에게 찾아와 처음엔 온갖 것 다 주고 비유를 맞추며 나중엔 살이 좀 오르자 다 잡아먹어 버렸어요. 속지 마세요. 탈을 벗겨보세요. 그 속이 얼마나 끔찍하고 흉물스러운 것들로 가득 차 있는지, 그 진실을 알게 되면 정말 당신은 놀라 기절을 하고 말 거예요!

놀라운 일이에요. 예, 이 일은 정말 놀라운 일이랍니다. 속지 마세요. 잃어버린 당신의 영혼을 찾으러 온 분은 한 분밖에 없어요. 친엄마는 이 세상에 하나뿐인 거잖아요. 당신을 사랑하셔서 당신을 만드시고 당신을 위해 십자가에서 피 흘려 죽으신 분은 오직 하나님 그분 한 분뿐이세요. 속지 마세요. 제발!

도둑이 오는 것은 도둑질하고 죽이고 멸망시키려는 것뿐이요 내가 온 것은 양으로 생명을 얻게 하고 더 풍성히 얻게 하려는 것이라 나는 선한 목자라 선한 목자는 양들을 위하여 목숨을 버리거니와 삯꾼은 목자가 아니요 양도 제 양이 아니라 이리가 오는 것을 보면 양을 버리고 달아나나니 이리가 양을 물어가고 또 헤치느니라 _요 10:10-12.

내 마음에 남아 있는 약속 하나 그 말, 그 다짐!

주는 그리스도시요 살아 계신 하나님의 아들이시니이다 _마 16:16.

언젠가는 세상 위에 희망이 되어 스며들 것입니다.
가장 깊은 곳에 깃든 슬픔, 그것은 오직 복음으로만 치유될 수 있어요.

어느 날 왜 사람들이 원치 않는 불행에 계속 빠지게 되는지 알게 되었습니다. 왜 성공자들이 허무 가운데 어둠 속을 방황하는지도 알았습니다. 아무에게도 말할 수 없고 말해도 이해해 줄 수 없는 문제가 어떤 것인지 알았습니다. 환경, 조건, 수준, 지식과 관계없이 행복할 수 있는 길이 있다는 사실을 알았습니다. 그리고 나 한 사람 때문에 가정과 이웃과 후대와 전 세계를 살릴 수 있다는 사실을 알았습니다. 그 해답을 발견했기에 그것을 전하려 펜을 들었습니다.

한국 드라마를 보다 보면 '출생의 비밀'에 대해 쓰인 드라마를 심심치 않게 볼 수 있다. 한 가난한 집에 입양된 아들이 알고 보니 재벌가의 아들이었던가, 간호사의 실수로 재벌가 아들이 가난한 집의 아들과 서로 바꾸어 버린다든가 하는 이런 류의 이야기를 TV로 종종 볼 수 있는데~ 나도 어릴 적 출생의 비밀에 관한 드라마를 볼 때면 '나도 출생의 비밀이 있는 게 아닌가?' '나의 친부모가 혹시 재벌이 아닐까?' 하는 말도 안 되는 상상을 해본 기억이 있다.

그런데 맙소사!!! 하나님의 말씀으로 쓰인 "성경"을 통해 나 자신이 아니, 우리 모든 인간이 하나님의 아들과 딸, 즉 하나님이 가진 모든 것을 상속받는 프린스요, 프린세스라는 사실을 알게 된 것이다(이런 꿈같은 일이 … 이게 실제 상황이라면 얼마나 놀라운 일인가).

드라마를 보면 자신의 진짜 부모가 재벌임을 알게 되더라도 상속권의 권리를 찾기 위해 재벌가의 자식들과 피 튀기는 경쟁을 통해 극적으로 상속권을 얻게 되는데 … 이와 마찬가지로 하나님의 자녀인 우리도 상속권을 얻기 위해서는 예수님을 믿음과 동시에 하나님의 자녀 된 상속권을 얻을 수 있는 것이다. 놀랍지 않은가? (태어나 보니 누구의 아들이었다. 딸이었다. 이것보다 몇만 배 몇억 배 더 놀라운 이야기)

하지만 사탄은 하나님의 반대자 사탄은 유흥, 게임, TV, 영화, 종교, 우상 등 세상에 수많은 즐길 것으로 사람들을 하나님께로 나아가지 못하게 막고 있다.

오늘도 사탄은 어떻게 하면 좁은 길을 가지 못하게 할까?
어떻게 하면 사람들을 타락시킬까?
어떻게 하면 하나님을 원망하게 할까?
어떻게 하면 성경을 믿지 못하게 만들어버릴까?

수많은 전략을 짜며 인생이 하나님께 나아가지 못하도록 도처에 수많은 덫을 설치해 놓고 있다. 하지만 하루살이의 삶이 제아무리 화려해 보이고 행복해 보일지언정 그래봐야 하루살이의 삶이다. 영원의 관점에서 볼 때 이 땅에서의 삶은 찰나에 불과하다. 1분 1초보다 못한 시간이다. 그럼에도 이 찰나의 순간에 모든 걸 걸고 있는 우리네 비통한 인생들이여 ….

이 세상에 단 한 번 왔다가는 당신을 사랑합니다.

어쩌면 사랑하는 모든 이가 떠나고 이 세상에 홀로 남겨질 당신을 사랑합니다.
외로움에 지쳐 눈물짓는 당신을 사랑합니다.
천년에 한 번 우는 새가 눈물로 호수를 채울 때까지 당신을 사랑합니다.
날마다 술잔을 움켜잡고 고독한 노래를 불러야 하는 당신을 사랑합니다.
진실을 나눌 한 사람, 평생 잃어버린 한 사람을 찾아 헤매이는 당신을 사랑합니다.
배신과 분노와 절망을 끌어안고 몸부림치는 당신을 사랑합니다.
생의 의미를 모른 채 기나긴 여정에 홀로 헤매이는 당신을 사랑합니다.
왜 세상에 태어나 왜 사는지 어디로 가는지 알지 못하고 목적 없이 떠도는 당신의 슬픈 여로를 사랑합니다.
전쟁터 같은 이 세상에 홀로 피 흘려 쓰러진 당신을 사랑합니다.
영원으로부터의 죄짐과 풀리지 않는 운명의 굴레에 갇혀 바둥거리는 당신의 가혹한 숙명 앞에 한 움큼 눈물을 쏟아냅니다.
사랑의 아픔으로 눈물의 시를 쓰고 이별의 장소에서 긴긴 한숨으로 그림을 그리고 있는 당신의 영혼에 한 떨기 꽃으로 다가섭니다.
하나의 사랑과 또 하나의 사랑과 또 다른 많은 사랑과 그들의 모든 이별에 또 다른 만남의 시작을 새롭게 꽃 피우려 합니다.
비 내리는 오후 홀로 강가를 서성이는 그대의 한 서린 눈동자를 사랑합니다.
그대 육신의 고통과 영혼의 고통 중에 머무는 무자비한 현실을 저주하며 사랑합니다.
온갖 모멸과 수치와 냉대로 정체성 잃은 난파선 같은 그대의 영혼을 사랑합니다.
그대여 절절한 절규로도 이해받지 못하는 이 세상에 마구 욕설을 퍼부으며 사랑합니다.

약자이며 힘이 없는 당신과 또는 강자이기에 더욱 외면당하는 당신을 쓸쓸히 사랑합니다.

가난하며 보잘것없는 당신과 또는 부유하고 세상에 둘도 없을 멋쟁이라도 까닭 모를 공허와 외로움에 쓰러져야 하는 당신을 그윽한 어머니의 눈길로 사랑합니다.

공포와 질병과 악몽에 자주 시달리는 당신의 한없는 나약함을 사랑합니다. 얼어붙은 마음과 마음 사이로 따스한 바람이 불어올 때 차마 숨어서 홀로 흐느끼고 마는 당신을 진실로 진실로 사랑합니다.

봄, 여름, 가을, 겨울 사계절이 아름답게 순환되지만, 그 속에서 대자연의 숭고한 비밀을 발견하지 못한 채 쓸쓸한 석양으로 저물어 가는 당신의 미련함을 나무라며 사랑합니다.

한 송이 꽃을 마주 대할 때 어여쁜 미소로 화답하지 못하고 짜증과 우울로 대신하는 그 아픔을 호되게 미워하며 사랑합니다.

우리가 모두 그런 사람이기에 그러합니다. 내가 그렇고 당신이 그렇고 세상의 모든 이가 그러합니다.

울지 마세요. 슬퍼 마세요. 바람이 불어요. 희망의 바람이, 진실의 바람이, 영원의 바람이. 진리를 미워하는 당신의 깊은 상처를 사랑합니다. 이 말에 의심을 사며 돌을 던지는 당신의 어쩔 수 없는 그 어둠까지도 사랑합니다.

무수한 만남 속에 상처받고 쓰러지며 고통에 겨워하는 한 마리 슬픈 사슴 같은 그대의 고뇌 어린 낯빛을 애절히 사랑합니다.

인생의 비극이 어디서 시작됐으며 그 해결책이 무엇인지 모르는 당신의 가녀린 영혼을 두 손 맞잡고서 사랑합니다.

참 길 참 곳 참믿음의 대상인 절대자를 아득한 곳에서 바라보며 그분을 만날 수 있는 길에 대해 무지함을, 일찍 전해 주지 않음을 가슴 쥐어뜯고 회개하며 사랑합니다.

생의 근본 목적인 영원을 향해 나아가는 그대의 발걸음이 기진합니다.

그 발걸음에 바퀴를 달아 힘껏 한 번 밀어 드립니다.

그대여 매서운 칼바람에 눈시울을 적시우던 무수한 지난날들이 허공 중에 흩어집니다. 어둠 속에서도 찬란한 생명의 꽃을 피우기 위해 애증의 강물에 쉼없이 돌을 던지며, 오늘도 내일도 영원까지도 나는 당신의 발걸음을 기다립니다. 창조주에게로 향하는 그 발걸음을.

"여러분, 제가 천사처럼 보이십니까?

저는 그냥 한국의 중년 남성에 불과한데, 예수 그리스도의 이름으로 한 아이의 손을 잡았더니 저는 천사가 되었습니다. 모태신앙으로 태어나서 평생 예수 그리스도 이름으로 기도하고 성경을 읽어왔지만, 단 한 번도 예수 그리스도의 음성을 직접 들은 적이 없었습니다. 그러니까 참 답답하더라고요. 예수님 음성을 듣고 싶어서 별짓을 다 했어요. 심지어는 '예수 지져스, 지져스'라는 뮤지컬의 4년 동안 예수 역할로 출연도 했습니다. 그렇게 하다 보면 혹시 예수님의 음성을 들려줄까 해서 무료로 출연했어요. 무료로! 돈 한 푼도 안 받고. 그런데 안 들려주시더라고요. 그러던 2006년 어느 날 '마음이 가난한 자는 복이 있나니 그가 천국을 볼 것임이요 …' 저는 그날 예수님의 음성을 들었습니다. 그리고 저의 인생이 달라졌습니다." - 차인표

긍휼히 여기는 자는 복이 있나니 그들이 긍휼히 여김을 받을 것임이요 마음이 청결한 자는 복이 있나니 그들이 하나님을 볼 것임이요 화평하게 하는 자는 복이 있나니 그들이 하나님의 아들이라 일컬음을 받을 것임이요 의를 위하여 박해를 받은 자는 복이 있나니 천국이 그들의 것임이라 _마 5:7-10.

👍 추천 영상/유기성 목사/하나님의 음성을 듣는 방법 시리즈 5편
👍 추천 도서/두 명의 경청자 저/주님의 음성

사랑과 진실

앙상한 뼈를 드러낸 채 숨을 헐떡이며 배고픔을 견디고 있는 아이를 보고 있으면 저절로 눈물이 난다.

왜, 나와는 아무런 상관도 없고 단 한 번 만나거나 말을 건넨 적도 없는 데 왜 마음이 아파지는 걸까?

공자는 그 마음을 '측은지심'이라고 하고 철학자들은 '휴머니즘'이라고도 한다. 불교에서는 이승에서 한 번의 옷깃을 스치려면 전생에서 천 번의 인연이 있어야 한다고 한다. 배고파 쓰러져 고통을 받는 사람들을 보고 불쌍하다는 생각이 드는 건 전생에서 내가 그들에게 도움을 받는 인연이었기 때문이라는 것이다.

길을 가다 구걸을 하는 사람을 만나면 자꾸만 마음이 쓰인다. 그러다 그냥 지나치기라도 하면 왠지 미안하고 죄스러운 마음이 들기도 한다. 우리 마음속에는 혼자서는 넘을 수 없는 언덕이 있다. 그 언덕은 혼자 하는 외로움에서 함께하는 즐거움으로 가는 길밖에 없기 때문이다. 그 언덕의 이름은 '인간성'이다. 가난과 배고픔으로 아파하는 아이들을 보다가 가슴이 찡했던 기억이 있다면 당신은 그때 인간성이라는 언덕을 넘은 것이다. 사람 모두가 그 언덕을 잊지 않았으면 좋겠다.

> 가난한 자를 불쌍히 여기는 것은 여호와께 꾸어드리는 것이니 그의 선행을 그에게 갚아 주시리라 _잠 19:17.

👍 추천 영상/거진성결교회/복음의 능력으로 암도 가난도 정복되는/김미진 간사/왕의재정부흥회 1~6강

👍 추천 영상/온세대교회/2023년 여름특별세미나/김미진 간사/왕의재정부흥회 넷째날

우리가 힘겨운 생의 여정을 살아가는 동안 가장 아쉽고 고통스럽지만 애틋하고 아름답게 기억되는 감정은 한때 깊은 정을 나누었으나, 오랫동안 잊혀진 사람을 길 위에서 해후하거나 재회하는 순간에 얻을 수 있다. 곰곰이 생각해 보면 우리는 모두 자기 앞의 생을 살아가면서 그 누구를 만나 무덤까지 함께 가거나, 아니면 깊은 정을 나누었지만 헤어져야만 하는 비극적인 슬픔으로 괴로워해야 하는 운명에 놓여있다.

해후는 서로 만나 깊은 정을 나누었으나 피할 수 없는 운명 때문에 이별을 한 뒤 만남은 이별을 낳고 이별은 새로운 만남을 기약하듯, 오랜 시간이 지난 후 숱한 기다림 속에서 낯설지만 친숙한 얼굴을 다시 만나는 것을 의미한다. 서로가 그리워하면서도 부딪히는 삶의 파도에 떠밀려 배반 아닌 배반으로 헤어져, 수많은 세월 동안 가슴에 묻고 있던 사람을 거리에서나 혹은 유리 벽 찻집에서 만나게 되면 그 고마움이야 무엇으로 다 표현할 수 있으랴!

우리 인생 들녘에 그렇게 파리하게 다가서는 한 그림자가 있다. 그분은 언제나 우리 곁을 자주 스쳐 가지만, 그의 존재는 늘 우리의 눈으로 볼 수 없는 존재인지라 삶 가운데 쉽사리 만나기란 그다지 쉽지 않다. 그러나 물고기가 항시 물속에서 살아가며 우리 또한 공기 속에서 살아가듯, 그분 또한 영으로써 그렇게 우리의 모든 삶 속에 함께 공존해 계신다. 그분은 우주 만물에 속한 것, 즉 보이지 않는 세계와 보이는 세계의 모든 사물의 원인이 되시며, 이 세상의 모든 것보다 먼저 계신 유일신 여호와 참 생명의 하나님이시다.

인생을 생각할 때 한 번쯤 들어보게 되는 노래 가운데 36년 전에 최성수가 부른 '해후'라는 가요가 있다. 감미로운 멜로디에 감수성 짙은 그의 목소리가 애틋하게 어우러져 한국인의 메마른 정서를 촉촉이 적셔주었던 아름다운 노래다. 그런데 노랫말 중 유독 나의 마음에 걸리는 한 부분이 있었다. '사랑해 그 순간만은 진실이었어 …'라는 대목이다.

나는 이 말에서 인간의 짙은 이기를 느껴 적잖은 충격을 받았다. 안 그래도 가뜩이나 이별을 회상하며 슬픔에 잠겨 있는 사람을 향해 "그 순간만은 진실이었어"라고 하는 말이, 왠지 모를 책임회피와 변명 따위를 급하게 늘어놓는 것 같은 느낌이 들었기 때문이다.

그러나 이제 와 이 노래를 곰곰이 되짚어 볼 때 이 말은 그런 식의 무마가 아니었다. 어쩔 수 없는 사연으로 인해 두 사람이 헤어질 수밖에 없었던 서글픈 숙명 앞에, 옛 연인을 향해 과거 자신의 사랑이 정말로 진실이었음을 너무도 가슴 아프게 한처럼 내뱉고 있던 말이다. 그러나 당시엔 내가 너무 어리고 너무도 철이 없어 그 노래의 진실을 그 정도로밖에 느낄 수 없었던 것이다.

> 태초에 말씀이 계시니라 이 말씀이 하나님과 함께 계셨으니 이 말씀은 곧 하나님이시니라 그가 태초에 하나님과 함께 계셨고 만물이 그로 말미암아 지은 바 되었으니 지은 것이 하나도 그가 없이는 된 것이 없느니라 그 안에 생명이 있었으니 이 생명은 사람들의 빛이라 빛이 어두움에 비취되 어두움이 깨닫지 못하더라 _요 1:1-5.

운명의 주관자

우리말의 아름다움을 알았다고 평가해 준 드라마 <가문의 영광>.

15년 전, 41.3퍼센트의 환상의 시청률로 종영한 2008년 <조강지처 클럽>의 빈자리를 <가문의 영광>이 무난히 이어받아 말 그대로 이름을 빛냈다. '가문의 영광'은 박시후, 윤정희 주연의 가문과 조상을 중요하게 여기는 종갓집 사람들과 돈이면 모든 것이 해결된다고 믿는 졸부 집과의 얽히는 과정을 담는다.

오래전 신혼 여행길에서 사고를 당해 남편을 잃은 한 여인이, 자신의 목숨을 살리고 적막한 길을 떠난 남편을 못내 그리워하며 평생을 혼자 살아갈 것을 스스로 결의한다. 그렇게 살아오기를 십여 년, 그러던 어느 날 이 비련의 주인공에게 다가온 한 사내가 있었으니 그 사내가 바로 자수성가한 갑부집 아들 이강석이었다. 스스로 자신을 냉혹한 전갈에 비유하며 천성이 야박한 장사치라고 할 만큼 모든 일에 빈틈이 없는 치밀한 자였다.

그런데 어느 순간부터 단아라는 여인이 강석의 마음을 흔들기 시작했다. 대학교수로 역임해 있던 이 여인은 좀처럼 요즘 여자들에게서는 찾아보기 힘든 그 무언가가 강석의 마음을 조용히 강타하고 있었다. 그런데 비극인즉슨, 혹여 남이 알세라 은근히 가슴 졸이며 애태워왔던 이 여인이, 그들이 큰 먹잇감으로 점찍어 놓았던 하만기 회장의 손녀딸이었던 것이다.

마음을 가다듬은 강석은 여지없이 천성이 야박한 장사치로서의 본능을 무섭게 드러내지만, 끝내 자기 마음을 송두리째 앗아간 극적인 사랑 앞에 모든 것은 힘없이 무너지고 만다. 필사의 노력 끝에 끝내 단아의 마음을 사로잡는 데 성공한 강석. 드디어 양 가족 간의 엄청난 반대마저 물리치고 둘만의 아름다운 결실을 맺기에 이른다.

결혼식을 며칠 앞둔 어느 날, 이날도 강석은 부푼 사랑의 설렘으로 단아를 만나러 가는데 … 아, 이날 이 두 사람의 운명을 단시간에 뒤바꾸는 무서운 물결이 흘러들어온다. 아버지 이천갑 회장과 강석으로 인해 파산했던 한 사람이 가정의 몰락과 아버지에 대한 죽음으로 원한에 사로잡혀 살아가던 중, 강석에게 수십억 원의 돈을 요구하고, 뜻이 관철되지 않자 시퍼런 복수의 칼날을 강석에게 스스럼없이 들이대고야 만 것이다. 교통사고로 장 파열이 된 강석은 오랜 시간에 걸쳐 수술했으나 몇 날 며칠이 지나도록 혼수상태는 계속된다. 팔자라는 깊고 어두운 늪을 건너가야만 하는 단아 …

시모로부터 "남편 잡아먹는 년의 팔자"라는 저주까지 들어야 했던 그녀는 끝내 깨어나지 않는 강석을 바라보며 하염없는 눈물을 흘린다. 그리고 언젠가 강석에게 무심코 던졌던 "당신 목숨 내게 어디 한번 걸어볼래요?"라고 했던 말을 되내며 자신을 한탄한다.

"만약 인간의 운명을 주관하시는 신이 계신다면 기도합니다!

내 욕심 때문에 저 사람이 아프고, 내 잘못된 운명 때문에 지금 저 사람이 벌을 받는 것이라면 멈출게요. 더이상 욕심부리지 않겠습니다.

저 사람을 살려만 주세요! 살려만 주시면 이제 더이상은 저 사람 곁에 머무르지 않겠습니다. 부탁입니다. 저 사람을 살려주세요. 제발 …!"

그런데 이게 웬일인가! 기도가 끝나는 동시 정말 거짓말처럼 환자의 움직임은 시작되고 강석이 단아를 바라본다. 단아는 가만히 자기 입술 위에 손끝을 가져다 댄다. 마치 꿈처럼 … 무엇엔가 홀린 사람처럼 … 어릴 때부터 몸종으로 일해 온 삼월 할머니를 향해 단아는 이렇게 중얼거린다. "처음으로 우리 운명을 주관하는 누군가가 있다고 느껴졌어요. 무섭고 떨렸어요. 나 어떻게 하죠, 할머니! 내 맹세 때문에 저 사람이 살아난 것이라면 …!

세 번째 이야기 | 출생의 비밀

성경이 지구상에 존재하는 가장 중요한 책인 다섯 가지 이유

Dan Buttafuoco는 뉴욕시의 변호사로서, Historical Bible Society의 회장이다. 그가 왜 우리가 매일 성경을 읽어야 하는지에 대한 이 강력한 설명을 기술했다.

성경은 현존하는 하나의 가장 중요한 책이다. 이것은 우리가 살고 있는 세상을 실질적으로 형태를 갖추게 만든 거대한 역사적 사건을 재조명하는 목격자 역할을 한다. 이 책이 없었다면 서양과 동양의 면모가 이 책의 사건들이 일어나지 않았다고 했을 때 오늘날 완전히 달라졌을 것이다.

세계의 역사에서 가장 중요한 사건으로 기록되도록 이 지구상에 사는 높은 비율의 사람에 의해 전해져, 이 책에 기록된 사건은 특별하다고 말할 것이 아니다. 이 책은 인류가 알 수 있고 성취할 수 있는 모든 것의 기초가 된다. 이것은 방대한 좋은 의지와 자선의 실천을 끌어냈다. 이 책으로 인해, 큰 프로젝트들이 착수되고, 병원들이 지어졌으며, 군중이 먹여지고 입히게 되며 고아들을 찾게 되었다.

여기에 여러분이 성경을 읽어야 하는 5가지 핵심 이유가 있다. 이 글은 Historical Bible Society의 회장 Dan Buttafuoco에 의해 저술되었다.

1. 성경이 세계를 변화시켰다

성경의 중요성

이 책에 포함된 사건들에 대해 최소한의 친근감이 없이는 오늘날 세계에서 교육받은 사람이라고 말하는 것이 불가능할 것이다. 실제로, 이 책에 포함된 모든 사건은 모든 사람에 의해 알려져야 한다.

- 전 세계 수많은 사람이 매일 이 책의 일부분을 읽는다. 이것이 세계의 역사 속에서 가장 많이 발간되고 인쇄된 책이다. 이것은 매해 알려진 모든 언어(점자 포함)로 인쇄되며, 처음 쓰인 이후로 해가 거듭될수록 세계의 가장 위대한 베스트셀러가 되었다. 시간이 지날수록 더 많은 언어로 인쇄가 계속되고 있다. 희귀 서적 수집상들은 이것의 모든 형태를 보물로 여긴다.

- 성경이 인쇄기에 의해 발간된 최초의 서적이다. 이것을 최초로 인쇄한 Johannes Gutenberg는 과거 천 년 동안 살았던 가장 중요한 사람으로 최근에 뽑혔다.

- 이 책과 이 책에 포함된 사건들에 헌정하는 많은 숫자의 박물관이 오늘날 존재한다.

- 성경은 전 세계 어느 곳에서도 찾아볼 수 있으며 심지어는 이를 소지하거나 읽는 것이 불법으로 간주 되는 곳에서도 찾아볼 수 있다. 이것은 전자적 형태와 CD로도 볼 수 있다. 인터넷상(유튜브)에서 무료로 찾아볼 수 있다. 유명한 배우들과 인물들은 정기적으로 이를 인용한다. William Shakespeare도 그의 작품 속에 여러 번 이를 인용했다.

- 이 책과 이의 메시지들로 인해 국제기구와 협회들이 형성되었으며, 수 세기를 거쳐 존재하고 있다. 그들은 모두 함께 수억 명의 회원을 대표한다.

2. 사람들은 이 책을 위해 죽을 각오가 되어 있다.

성경의 중요성

사람들은 고문에 의한 죽임을 당하였고, 이는 단지 이 책에 대해 접근을 하고 싶었기 때문이다. 심지어는 지금도 여러분 중 일부는 이 책이 금기되는 국가에서 살고 있을 수도 있다. 많은 국가에서 이 책의 분배나 심지어는 소유가 범죄가 되기도 한다.

- 이 책은 찬양되기도 하고, 욕을 듣기도 하고, 제한되기도 하고, 금기되기도 하고, 모욕되기도 하고, 태워지기도 했으며, 책을 지키기 위한 투쟁이 이루어지기도 했다. 사람들은 성경 상에 그리고 성경에 대해 맹세를 한다.

- 일부 사람은 이를 제거하기 위한 시도도 했다. 시도를 했던 모든 이가 실패했다. 사람들은 이것의 인쇄 때문에 심한 고문에 시달리기도 하고 자유와 심지어는 생명을 잃기도 했다. 이러한 일은 최근 그리고

수 세기를 걸쳐 발생했다. 실제로 이것은 이 세상에서 정규적으로 일어난다.

- 이 책은 동시에 미움을 받기도 하고 사랑을 받기도 한다. 한 번 읽게 되면 이것에 대한 다른 주장을 하는 것이 불가능하며, 이것은 이것이 기념비적이며 과장된 것 그 이상이기 때문이다. 이것은 아주 긍정적이거나 아주 비관적인 방향의 강한 반응을 유발하며, 당신은 그것을 아주 좋아하게 되거나 그렇지 않으면 아주 싫어하게 될 것이다. 이것은 그런 운명이 되도록 디자인되었다. 이것은 아주 큰 논쟁 여부를 가져와 이 해석에 대한 전쟁이 일어나기도 했다. 정부들은 이의 축출을 하려 하고 왕들은 이에 의해 면직되었다. 가장 중요하게는 이 책으로 인해 많은 삶이 평생토록 드라마처럼 변화했다.

3. 이것이 고대에 대한 가장 정확한 서적이다

성경의 중요성

성경이 고대에 대해 가장 많이 복사된 서적이다. 1600년 이상의 기간을 통해 쓰였으며, 대략 2000년 후에 완료되었다. 세기가 지났음에도 불구하고, 이의 내용 중 부정확한 부분이 한 곳도 없다. (자의로 편집한 것 제외)

- 이것은 고대 석판으로부터 원래 언어를 직접 현재의 형태로 번역하였으며, 현대와 많은 이전 세대에서 최고의 마음을 가진 가장 경쟁력 있는 학자들에 의해 걸러졌다. 이것은 기존에 알려진 모든 언어로 번역되었다.

- 이것은 놀랍게도 세밀한 사항까지 정확하다. 번역된 이들 내용은, 인간이 표현할 수 있는 최근접의 표현으로 저자의 원래 단어들과 가깝다. 책의 오직 몇 단어만이 (작고, 사소한 비율) 원래 단어와 함께 의문을 가지게 하며, 분쟁 거리가 되었던 모든 단어는 책이 전하는 메시지에 영향을 끼치지 않는다. 또한, 이전에 알려지지 않았던 고대 석판의 새로운 발견들은 이 책의 내용에 대한 더 높은 정확도 제공을 계속하도록 한다.

- 이것은 역사에서 어느 다른 책보다 많이 걸러지고 연구되었으며 추천되고 해부되다. 책의 볼륨은 이에 대해 쓰였으며 그들이 하나하나 쌓여갔다면 그들이 하늘에 닿았을 것이다.

- 이 책은 고고학, 지리학, 전통, 정치, 문화, 잘 알려진 역사와 같은 외부 이벤트와 모든 면에서 정확한 것으로 검증된 다른 고대 문헌으로 검증되었다. 새로운 발견들은 항시 이를 뒷받침하며 반대의 경우는 절대 없었다. 이것은 많은 사람이 결함을 찾고자 했으나 실패한 것과 같이 단 하나의 세부 사항 또는 사실에 있어 결함이 입증된 적이 없다.

4. 이 책은 자유에 대한 삶을 변화시키는 메시지를 포함한다.

성경의 중요성

이의 명확한 가르침에 의해 성경은 억압으로부터 많이 해방되었다. 이것은 태어난 모든 인류의 존엄성과 권리를 제기한다. 이것은 진실로 놀랍고 주목할 만한 집필본이다. 이것은 모든 개인의 가치와 소중함에 대한 명확한 가르침을 포함하고 있다. 이것은 여러분을 감탄시키고 놀라게 하며 눈물이 흐르도록 감동하게 할 것이다.

- 이것은 역사를 통해 정신과 마음에 자유를 가져왔다. 이 책에 기록된 사건들은 전 세계 역사에서 중요하게 여겨지는 다른 작품들보다 더 훌륭한 예술 작품들이 창조되도록 했다. 세계의 모든 박물관을 다 합친다 하더라도 이 책의 사건에 영감을 얻은 작품을 모두 포함할 수 없을 것이다.

- 이 책 자체가 진정한 자유를 나타낸다. 이것은 다른 중요한 서적들과는 달리 권리 논쟁이 없으며 사람들의 그룹에 의해 통제되지 않는다. 이것은 모든 사람에게 종속되며, 모든 사람, 모든 문화, 모든 지파와 인종에 의해 소유된다. 이것을 읽는 것은 귀하의 마음에 직접적인 영향을 끼치게 될 것이다. 이것은 평등을 사랑하는 모든 이에게 있어 "진실의 원 (참됨)"을 가지고 있다.

- 이 책은 핵심 메시지를 포함하고 있다. 이것은 모든 지역, 모든 시간대의 사람에 대한 그들의 일상과 관련한 메시지이다. 이것은 확실한 하나님의 말씀으로 여겨지며 … 확실히 대담한 주장이다. 이 책의 메시지를 믿고 이를 본인의 삶에 적용하는 것에 대한 여부는 여러분이 결정할 사항이다.

- 여러분께서 하나님에 대해 아무것도 아는 것이 없다면, 이 책을 읽은 후에 하나님에 대한 아주 많은 것을 알게 된다. 여러분께서 하나님에 대해 많이 알고 있다고 생각하신다면, 이 책을 읽은 후에 하나님에 대한 더 많은 것을 알게 될 수 있다. 여러분께서는 하나님에 대한 지식을 재평가하는 결정을 할 수도 있다.

5. 이것은 여러분을 역사의 가장 중요한 인물과 연결해 준다.

성경의 중요성

여러분은 "반신반인 (신인)," 나사렛 예수에 대해 들어봤을 수도 있고, 또한 "그리스도" (i.e. "기름 부음 받은 자")라고 불리기도 한다. 여러분께서는 여러분이 그분을 안다고 생각할 수도 있다. 그러나 여러분이 이 책의 전체를 통해 주어지는 내용을 읽지 않는다면 실제로 여러분이 그분에 대해 확실히 알 수 있는 것은 없다. 전체 구약성경은 그분의 오심을 알리며 전체 신약 성경은 그분의 가르침과 행동을 간증한다.

- 그분의 이름은 사람들을 축복하는 데 사용되기도 하고, 그를 멸시하는 사람들에 의해 욕으로 사용되기도 했다. 사람들은 그의 이름 안에서 병을 치유 받고 자유가 되었다. 한 가지 점이 확실하다. 이 책의 페이지에서 여러분이 예수님을 만나고 그분을 이해하게 될 때 그분에 대한 다른 주장을 하는 것이 불가능하게 된다.

- 이 이야기는 인류에게 있어 가장 큰 사기이거나 아니면 예수님을 다음과 같이 정확히 묘사하는 것이다. 인류 최고의 주님이시자 지배자이시며 우주의 창조자이신 하나님. 논리적으로 말하자면, 이것은 여러분을 속이려는 의도로 만들어진 시적 이야기일 수도 있고, 그렇지 않다면 이것은 우리의 심판자 (저와 여러분의) 이신 하나님에 대한 선명하고 정확한 그림일 수도 있다.

여러분께서 하나님을 이미 알고 있다고 생각한다면, 그 지식에 대한 근원을 생각해 보고, 이것이 여러분 그리고 알려진 것과 알려지지 않은 이 우주의 모든 것을 창조하신 진정한 조물주 하나님에 대한 더 좋은 리소스가 될 것인지를 알아보도록 하라.

- 사람들은 이 책과 이것이 말하는 것을 거부할 자유가 있다. 하나님께서는 우리를 우리가 원하는 바를 선택할 수 있는 "자유 의지체"로 창조하셨다. 그럼에도 이 책의 가르침과 지혜를 위반하는 것은 본인 자신의 책임이다.

- 이 책의 핵심 인물, 나사렛 예수 때문에 시간이 두 개의 큰 시대로 나뉘게 된다(B.C. "그리스도 이전" and A.D. "우리 주님의 해"를 의미하는 "anno Domini").

- 매년 수억 명 이상의 사람이 그의 출생, 죽음 그리고 죽음으로부터의 육체적 부활을 기념한다.

- 예수님이 죽음으로부터 부활하신 오직 한 분의 종교 지도자이다. 다른 모든 이는 죽어서 매장되었다. 아브라함(Abraham)은 죽었다. 모세(Moes)도 죽었다. 무하마드(Mohammed)도 죽었으며, 죽은 채로 남겨져 있고, 붓다(Buddha)도 죽었으며, 간디(Gandhi)도 죽었다. 오직 예수님만이 살아계신다. 심지어는 이슬람교도들도 예수님을 신령한 사람이자 위대한 선지자로 생각한다. 이를 들은 모든, 오늘날 전 세계의 절반의 인구가 예수님이 위대하며 놀라운 인물이었다는 것을 인정하고 있다.

결론

이 놀라운 책의 페이지들을 계속 들춰보도록 하라. 열린 정신과 마음으로 읽도록 하라. 이것은 하나님과 삶, 인류의 본질과 인간으로서의 우리 마음에 대한 순수한 진실을 포함하고 있다. 요한복음은 시작하기에 아주 훌륭한 부분이긴 하지만, 구약과 신약성경 전부를 읽도록 하라. 하나님과 여러분 자신에 대해 발견하는 것이 여러분을 놀라게 할 것이다.

이 하나님께서 실제로 여러분이 언젠가 여러분의 삶을 바쳐야 할 여러분의 심판자라면, 그분이 누구이신지에 대한 인지와 그분이 우리에게 바라시는 간단한 일들에 대한 앎이 실제로 필요하다. 본질적으로 이 책은 여러분의 운명인 그 이벤트에 대응하는 데 도움이 될 것이다.

※ 경고: 이 책을 읽은 후에는 여러분이 예전과 같지 않을 것이다.

네 번째 이야기

진짜 도둑 1

> 혹시 여기 농약 파나요?
> 안 파는데요.
> 농약도 약인데 왜 안 파나요?
> 여기 혹시 번개탄 파나요?
> 없는데요.
> 하, 진짜 곤란하게 하시네.
> ……
> OECD 자살률 1위 국가에 제가 힘을 보태겠습니다.
> 아~씨 캐무서워! 씨 … 아아아~~
> 지금이야 지구, 멸망해라~!!
>
> —드라마 <검색어를 입력하세요 WWW> 中

"사라야?"
"네, 어머니!"
"넌 꿈이 뭐니?"

"사라지는 거요."
"ㅋㅋ 사라지면 다 해결되니?"
"해결을 안 해도 되죠~"
"좋은 꿈이다."

　세상은 사람이 하루도 맨정신으로 살아가기 어려운 구조 속에 살아가게 하는지 모른다. 그랬다. 정말이지 그랬다. 난 정말이지 세상에 태어나지 않은 이를 젤로 부러워했다. 그때 왜 나는 일등으로 들어왔을까 … !
달리기는 뒤에서 거의 일등만 도맡아온 주제에 …
　뭣한다고 어머니 뱃속에서는 그리 빨리 달려가지고 …
　너무나 후회스럽다~ 그때 누군가 내게 태클을 걸어왔더라면 … . ㅜ.ㅜ
　되는 일은 없고, 진짜 더는 살고 싶은 마음이 손톱만큼도 없어 차를 몰고 무작정 길을 나선다. 반쯤 정신줄 놓은 상태로 되는 대로 어디론가 흘러가다 보니 금세 시야는 어둡고 … 비까지 추적추적 내린다. 흐릿한 불빛 사이로 비치는 이정표는 지금 내가 어디에 와있는지조차 모르게 불안을 증폭시킨다. '에이, 죽자고 한 사람이 뭔 상관이람~'

　시야는 점점 확보되지 않은 상태,,
　신경질적으로 계속 와이퍼만 휘두르며 나아간다.
　바로 그때, 무언가 획익~ 차창 밖으로 지나가는 듯한 느낌을 받는다.
어둠 속에서 볼 수 있는 물체보다 훨씬 더 밝은 빛을 띤 채로!
　'뭐 뭐 뭐지~? 혹 잘못 본 걸까 … ?!!'
　애써 잘못 본 것이려니 고개를 내저음과 동시 이번에도 똑같은 물체가 획 하고 지나간다. 아까보다 더욱 선명히!! (쿠~궁! 심장 내려앉는 소리)

　그때서야 머리가 아득해지는가 싶게 그대로 쓰러져 버릴 것 같은 순간, 이제는 무얼 생각할 여지도 없이 "우웅~ 우우웅~~"
　잽싸게 액셀러레이터를 밟으며 죽어라 내달리기 시작한다.

더 이상 그 무엇도, 그 어떤 것도, 내 앞에 나타나지 않을 거란 확신이 들 때까지 그렇게 자동차 바퀴는 빛보다 더 빠른 속도로 도로를 탈주해 나간다.
왜일까? 속도계는 이미 100킬로미터를 넘어섰고,
이 속도면 천하 없는 칼 루이스도,
칼 루이스 할아버지도, 아니 그보다 더 빠른 인간 치타 우사인 볼트도 절대 날 따라잡지 못하거늘 나는 왜 계속해서 달아나고 있을까~~
도대체 왜? 왜? 왜? 참으로 요상한 일이다 ….

어떤 사람이 한밤중에 공동묘지를 지나고 있을 때의 일이다.
이 사람은 평소 강심장이란 별명이 붙을 만큼 매우 대담한 이였다.
웬만한 일에는 거의 미동도 하지 않을 만큼의 담력가였다.
이날도 그는 평소처럼 일을 마치고 집을 향해 가고 있는데,
이날은 이상하게 주변의 공기가 쏴~한 게
여느 때와는 조금 다르다는 느낌이 들었다.
자꾸만 등골이 오싹,, 모골이 송연해지는 게 아닌가 …!
'어헛 참, 나도 이제 나이를 먹는가 보다 …'
일부러 헛기침까지 해가며 앞으로 성큼 성큼 나아가는데,
이상한 것이 앞으로 한 발짝 한 발짝 내딛을 때마다
자꾸만 옆에서 누군가 같이 걸어오고 있다는 느낌을 받는다.
"으으 …" 그렇다고 어떤 형체가 보인다거나 소리가 나는 것도 아닌데 … "으윽 …" (식은땀 …)
순간 뒷덜미에서 무언가 그의 머리채를 확 낚아채려고 하는 게 아닌가!
제아무리 간 큰 강심장의 사나이라도 그 상황에서는 절대 뒤도 못 돌아보고 그대로 걸음아 날 살려라 달아날 수밖에 없다.
그렇다. 그때부터는 담력이고 뭐고가 없다.
손에 든 보따리 다 내던지고 무조건 내빼는 게 상책이다.

왜? 인생 최강자를 만났기 때문이다. 자기 힘으로 통제 안 되는 어떤 존재가 본능적으로 감지됐다는 말이다. 담력 새기로 소문난 한 사내가 힘 한 번 지대로 못 써보고 자존심 따위 다 내팽개치고 내달렸다는 건, 분명 인간 아닌 다른 차원, 다른 세계를 본 것이다.

무의식의 발로

왜 이런 현상이 나타나는 것일까?
평소에 귀신이라든가 악령, 뭐 이따위 것 안중에도 없던 이들이 …
왜, 유독 어둡고 음산한 곳이라든가 묘지 같은 곳을 지날 때 평소와는 다른 공포를 경험한단 말인가?
단체로 시체들이 부활이라도 한다는 것인가???

> A: 하~ 밤에 오면 좀 으스스 하겠다 …
> B: 낮에도 뭐 그렇게 기분이 좋지는 않지, 공동묘지는 …
> C: 아, 그날요. 기억납니다! 한 새벽 두 시 반쯤 순찰을 돌았죠.
> A: 그런 늦은 시간에도 순찰을 도세요?
> C: 아뇨, 그날은 누가 유리창에 돌을 던지는 바람에 … "쨍그랑~"
> B: 그 새벽에 누가 돌을 던집니까?
> C: 산소 왔다가 누가 또 술 한 잔 먹나 싶었죠. 가끔 그런 일이 있거든요 … 혹시나 해서 경찰에 전화를 하고 주변을 둘러봤죠. 저쪽으로 뛰어 가더라고요.
> B: 혹시 얼굴 같은 건 보셨어요?
> C: 얼핏 보긴 했는데 워낙 어두워서 …
>
> ―드라마 <바람피면 죽는다> 中

지금은 아무도 살지 않는 나의 옛 고향~ 마음이 울적할 때 … 돌아가신 부모님이 그리울 때 … 나는 가끔 이곳을 찾아 옛 회상에 잠기다 돌아오곤 한다. 그날도 나는 카페를 갈까 하고 나섰지만 집하고 그리 멀지 않은 터라 핸들을 그쪽 방향으로 돌렸다. 언덕을 지나 두어 채 폐허를 지날 때쯤 어디선가 웅성거리는 소리가 들려왔다. 시골 아저씨 두세 명이 농사일에 관해 이야기하는 듯한 … 난 처음엔 이곳에 누가 있는가 하여 주위를 둘러봤다. 하지만 사람의 흔적은 그 어디에도 없었다. '내가 잘못 들은 건가 … ?'

조금 무서운 생각이 들긴 했으나 '내가 하나님 자녀인데 무슨 상관이람,, 귀신아, 썩 물러가라!' 마음속으로 외치며 무심이 지나쳐갔다. 차를 주차하고 늘 하던 대로 옛길을 따라 걸으며 추억에 젖어 든다. 그런데 자꾸 이상한 느낌이 들었다.

잠시 후, 아까 지나쳐왔던 폐허 쪽에서 또다시 사람 소리가 들려왔다. '혹 … 이장이 예전에 마을 방송할 때 나던 그 기계음 소린가?' 하고 얼핏 생각도 스쳤으나, 그 일이 있은 지가 벌써 수십 년 … 나는 본능적으로 차 쪽으로 발길을 옮겼다. 폐허를 지날 때 창문을 열어 다시 확인해볼까 했으나 차마 용기가 나질 않아 부리나케 그곳을 벗어났다. 그 후로 며칠간 영 마음이 석연치 않았고 … 글을 쓰는 이 시간에도 기분은 썩 좋지 않다.

귀신을 봤다거나 온갖 희한한 일을 겪었다는 황당무계한 이야기들 … 환상일까? 착각일까? 사기일까? 환상도 착각도 사기도 아니다. 그렇게 해서 얻을 게 없다. 득될 게 없다는 말이다. 인간은 뚜렷한 목적과 동기 없이 자신을 함부로 매각시키지 않는다. 사람이 시신을 앞에 두고 0.000001초도 이르기 전, 이성이 마비될 정도의 공포에 휩싸인다는 건 분명 다른 세계와 마주친 것이다.

사실과 허구 사이의 차이가 무엇인지에 대한 질문을 받을 때, 작가가 지어낸 이야기가 아니냐는 의문을 제기할 수 있는 사건들이 있다. 결론부터 말하자면 이런 부류의 이야기는 우리 인생에서 가장 비현실적이고 기괴한 사건이다.

    정리해 보자. 죽은 시체! 마네킹과 같은 조건인가? 같은 조건이다. 시신은 부패하여 사라져 버릴 무엇이다? 쓰레기다. 그런데 뭘 그렇게 놀라나 이 사람아~

    전혀 힘을 쓸 수 없는 무생물체! 그런데도 정신이 초토화된다는 것 …

    이것은 절대 가볍게 넘어갈 사안이 아니다. 즉각 0순위에 올라와야 한다

    이 이야기들은 망상 속에서 지어낸 이야기가 아니다.

    실제로 많은 이가 겪어왔고, 또 겪어야 할 일부분과 이야기의 한 내용일 뿐이다. 지금 우리는 그 어느 때보다 빠르고 조속한 진단을 요하고 있다.

    현실 세계가 아닌 다른 세계의 공포를 느끼는 것, 그것은 인간이라면 누구나 경험한다. "사후세계는 없다."에 제아무리 태산 같은 믿음의 소유자일지언정 이것은 학습을 통하지 않고 직행한 '원초적 본능(원초아)'임을 결론한다. '원초아'란 제압하려야 제압할 수 없는 양심과도 같은 연장선상에 놓여 있다. 인간은 인간 안에 자신도 모르는 무형의 '칩(신적 존재에 대한 감지 능력)'이 장착돼 있다. 그것은 영구히 삭제될 수 없는 프로모터이다.

최초의 지옥 경험

    어렸을 적 나는 심각한 지옥을 경험한 적이 있다. 논 한복판에 농수로 쓰기 위해 시멘트 방죽을 만들어 놓았는데, 학교를 파한 후 이상하게 나는 혼자서 꽤 먼 그곳까지 가게 되었다.

    철장으로 둘러싸여 있는 늪을 보는 순간 몸이 굳어졌다. 어둡고 음산하며 더러운 악취가 풍기는 듯했고, 생명 없는 물이 마치 나를 끌어당기기라도 할 듯 매우 심상찮은 기운이 전달되었다. 단지 그러한 느낌 정도

가 아니라 그것은 이제껏 한 어린아이가 전혀 예감할 수 없었던 말 그대로 가공할 만한 공포였다. 침울한 물길은 당장이라도 나를 끝도 없는 나락 속으로 잡아 이끌 것만 같았고, 마치 그곳에 빠지면 두 번 다시는 헤어 나오지 못할 영원한 암흑 속에 갇혀버릴 것 같았다. 두려움에 온몸을 떨었고 걸음아 날 살려라, 황급히 그곳을 빠져나왔다. 당시의 느낌이 잘 재현되지는 않지만 난 아직도 그 유쾌하지 못한 기억이 똑똑히 저장되어 있다. 지금도 그때의 일을 떠올려 보면 화들짝 소름이 돋는다.

원초적 본능- 양심을 울리는 소리

뇌졸중을 비롯한 마비증세가 현대인의 심각한 질환으로 떠오르고 있다. 심지어 어린이 중풍까지 늘어나는 추세이다. 그러나 더 심각한 것은 양심의 마비증세이다.

프랑스의 철학자 루소는 다음과 같이 말했다.

"양심! 신성한 본능이여, 하늘의 소리요, 지성과 자유의 안내자, 선악에 대한 심판자, 인간 본능의 우수성과 도덕성의 근본, 그대가 존재하지 않으면 단지 규율 없는 모성과 원리 없는 이성의 도움을 빌려서 잘못만을 저지르는 특권을 느낄 뿐이며 그때는 누구나 짐승일 따름이다."

기독교 저자이자 설교자인 알란 레드패스는 한때 공인 회계사였다. 영국의 4대 종합화학회사중의 하나인 ICI에서 6년 동안 일했으며, 노덤벌랜드주의 럭비 선수로도 활약했다. 그 당시 알란은 교회에 다녔지만, 그의 기독교 신앙은 인생에서 단지 한 부분에 지나지 않았다. 그는 자신이 하나님의 자녀가 되었다고 고백했지만, 다른 신(마음의 우상)들도 여전히 마음에 품고 있었다.

어느 날, 친구가 찾아와 알란에게 이렇게 말했다.

"구원받은 영혼이 인생을 낭비하고 있군."

알란은 그 친구의 말을 머릿속에서 떨쳐 버리려고 했다. 하지만 알란이 어디를 가든 무슨 일을 하든 그 친구의 말은 알란을 따라다니며 그의 양심을 괴롭혔다. 토요일에 그가 럭비를 하고 있을 때에도 그 말은 녹음기처럼 여전히 그의 귀에 쟁쟁거렸다.

경기가 끝난 후 악단은 단 한 가지 곡, '구원받은 영혼, 인생을 낭비하다.' 만을 연주하고 있는 것 같았다. 기차를 타고 집에 돌아가는 중에도 기차 바퀴가 덜커덩거리며 "구원받은 영혼, 인생을 낭비하다!"를 외쳐대는 듯했다. 마침내 알란은 하나님께 항복하고 말았다.

"주님께서 내 삶의 일부가 아니라 전부를 다 가지십시오!"

양심은 한 번도 쉬지 않고 하나님이 계시다고 말해 주지만 스스로 큰 소리로 잊어버리려고 하는 처사야말로 가장 어리석은 행동이다.

> 이것을 인하여 나도 하나님과 사람을 대하여 항상 양심에 거리낌이 없기를 힘쓰노라 _행 24:16.

> 깨끗한 양심에 믿음의 비밀을 가진 자라야 할지니 이에 이 사람들을 먼저 시험하여 보고 그 후에 책망할 것이 없으면 집사의 직분을 하게 할 것이요 _딤전 3:9-10.

양심 없는 집사와 권사, 장로 그리고 목사가 넘쳐나는 이 세상 … 이런 사람들이 현재 기독교를 무참히 밟아 놓았다. 나도 그 가운데 하나이다. 하나님과 세상 앞에 이들 모두를 대표해 심히 무거운 마음으로 용서를 구한다.

양심은 일천 명의 증인이다.

* 양심은 인간 속에 있는 신의 출현이다. -에마누엘 스베던보리
* 양심의 운명은 운명의 소리이다. -쉴러
* 양심이 깨끗한 자는 쉽게 만족을 얻고 평안할 수 있을 것이다. -토마스아 켐퍼스
* 죽어갈 때의 양심은 일생의 거짓을 드러낸다. -보브나르그
* 인간의 양심은 하나님의 스피커이다. -죠지 고든 바이런
* 양심은 정의의 원천이다. -오리겐
* 모든 것에 비양심적인 사람은 아무것도 신뢰하지 말라. -로렌스 스턴

양심은 어떠한 과학의 힘보다도 강하며 현명하다.
양심은 모든 사람에게 주어진 하나님의 목소리다.
깨끗한 양심은 어떤 문제든 감당할 수 있다.

원초아(id), 자아(ego), 초자아(superego)

오스트리아의 생리학자이자 정신병리학자이며 정신분석의 창시자인 '지그문트 프로이트'(1856-1939)가 발견한 무의식 세계가 사람을 놀라게 한다. 히스테리 환자를 치료하면서 그는 우리가 그동안 무관심하게 대했던 꿈이나 착각, 그리고 본의 아닌 말실수 등이 사실은 우리가 몰랐던 무의식의 세계에서 온다는 것을 밝혀내고 이것이 오늘날 정신분석학과 심리학의 기원이 된다.

프로이트에 따르면 우리가 생각하고 의식하는 세계는 망망대해와도 같은 무의식의 세계 위에 떠 있는 아주 작은 섬에 불과하다고 한다. 말하자면, 우리 인간은 스스로 생각하고 결정하며 우리 스스로를 우리가 다스리는 것처럼 보이지만, 사실은 우리의 주인은 우리가 아니라 무의식이

라는 것이다.

'내가 나의 주인이 아니다.' 섬뜩한 말이다. 나는 내가 나의 주인이 아니다 라고 느끼거나 경험해본 적이 있는가? 누군가 실제로 나의 삶을 컨트롤 하고 있다면 … ?

프로이트 주장에 따르면 우리 인간의 정신은 세 영역으로 구성되어 있다. 원초아(id), 자아(ego), 초자아(superego).

* 원초아(id): 난 지금 바로 이걸 하고 싶어! 섹스. 음식. 쾌락.
* 자아(ego): 좋은 타협점이 없을까?
* 초자아(superego): 도덕적으로 옳지 않아.

- 원초아는 인간의 어떤 특징을 갖고 있는가? → 본능. 욕망. 욕구.
- 자아는 어떤 특징을 갖고 있는가? → 의지. 이성. 사고.
- 초자아는 어떤 특징을 갖고 있는가? → 양심. 도덕. 가치관.

그렇다면 나는 원초아, 자아, 초자아 중 어떤 영역의 특징을 더 많이 가지고 있다고 생각하는가?

자아와 초자아가 결여된 인간일수록 동물에 근접한다고 보면 된다. 동물도 위협을 느끼면 뛴다. 그리고 적을 더 빨리 분별해낸다. 이 대목에서 프로이트의 말실수로 번역되는 '프로이디언 슬립'(Freudian Slip)이라는 용어가 떠오른다.

'프로이디언 슬립'의 사전적 의미는 '은연중에 속마음을 들켜버리는 실언을 하는 것을 가리키는 용어'라고 설명하고 있다. 혀가 미끄러져 자기 의도와는 상관없이 부지불식간에 속마음을 들켜버리는 것을 말한다.

프로이트는 무심결에 입 밖으로 나왔지만, 단순한 실수가 아닌 억압되어 있던 무의식의 발로로 '진심'이라는 것이다. 우리의 마음 깊숙한 곳에 숨어있는 무의식이 행동과 정서를 규정한다고 프로이트는 단언했다. 무의식이란 "의식에 영향을 미치기는 하나, 꿈이나 정신분석의 방법을 통하지 않고 의식화하지 않는 의식"을 말한다.

20세기의 사상가로 프로이트만큼 큰 영향을 끼친 인물은 없다고 평가되며, 심리학, 정신의학에서뿐만 아니라 사회학, 사회심리학 문화인류학, 교육학, 범죄학, 문예비평에도 큰 영향을 끼쳤다. 인간이 성장하는 동안 어떤 발달 단계를 원만하게 거치지 못했을 때 여러 가지 형태의 불안이 생긴다. 그리고 자아가 불안하면 억압, 투사, 전이, 합리화, 퇴행과 같은 방어기제를 사용한다.

따라서 그는 인간의 행동이 스스로는 알지 못하지만, 인간의 모든 행동 심지어는 실수나 망각마저도 우연이 아니고 항상 원인과 의미가 있는 것으로 봤다. 꿈이란 그 사람 소망의 실현이며, 무의식의 대용물이라는 것이다. 심적 작용을 물리적 여러 조건으로부터 분리해, 의식의 심층에 있는 특수한 부 가지의 영구적인 심적인 힘이 심적 과정을 지배하고 있다고 보고 이로부터 정신분석이라는 이론을 만들어냈다.

프로이트의 이론은 현대 심리학이 발달하며 비판을 받기도 하고 오류와 결함이 드러나고 있지만, 무의식의 영역만큼은 여전히 독보적으로 평가받고 있다. 프로이트는 무의식과 관련 "우리 삶에 우연은 없으며 근거도 없이 갑자기 뭐가 떠오르는 일은 없다."고 했다.

부르짖는 외침

큰 고난이나 심적 고통을 받아서 신념을 잃게 될 때 신을 찾지 않을 만큼 신앙심이 없는 사람이 어디에 있을까?
그들의 정상적인 경험과 식견으로 해결되지 않는 위험, 죽음, 신비 등에 봉착하게 될 때 비명을 내지르지 않을 사람이 어디에 있더란 말인가?

위험한 순간에 모든 인간의 입으로부터 나오게 되는 이러한 본능은 도대체 어디서부터 나온 것일까?

다른 사람의 눈앞에 누군가 손을 급히 들이대면 그는 분명 눈을 깜빡일 것이다. 또 무릎을 '탁' 치게 되면 다리가 위로 퉁겨진다. 어두컴컴한 무서운 곳에서는 자신도 모르게 "오 하나님!"하고 소리를 지르게 된다. 이 땅에 살고 있는 모든 인간은 구원을 바라는 본능을 가지고 있다.

왜 이러한 본능, 천성을 가지게 되었을까?

이들의 외침은 기도와 다르지 않다.

우리들의 부르짖음을 듣고 대답해 줄 수 있는 능력을 갖춘 어떤 초인적인 힘이 존재하지 않는다면 모든 사람에게 주어진 구원의 외침을, 부르짖는 본능을, 자연의 법칙에 의해 지배되고 있는 이 세상에서 어떻게 이해될 수 있을까?

꼭 하나님, 그 이름이 아니어도 무관하다. 인간은 하눌님, 하느님, 상제, 천지신명 등 다양하게 자신들이 알고 있는 신의 이름을 부른다. 나라마다 국가마다 하다못해 작은 부족 집단에서도 그들은 무언가를 열심히 신앙하고 있다. 단지 유일신 하나님을 하나님으로 모르고 있을 뿐 …

> 이는 하나님을 알만한 것이 그들 속에 보임이라 하나님께서 이를 그들에게 보이셨느니라 창세로부터 보이지 아니하는 것들 곧 그의 영원하신 능력과 신성이 그가 만드신 만물에 분명히 보여 알려졌나니 그러므로 그들이 핑계하지 못할지니라 _롬 1:19-20.

'그가 만드신 만물에 분명히 보여 알려졌나니 그러므로 그들이 핑계하지 못할지니라.' 하나님이 없다고 하는 말은 거짓말이란 것이다. 정말 없다고 느껴져서 그렇게 말하는 것이 아니라 하나님이 없기를 바라는 마음에서 그렇게 나오는 항변일 뿐이라는 것이다. 파스칼은 인간은 본디 '영생을 갈망하는 존재'라고 했다.

그렇다. 인간은 본래 영생하는 존재로 창조되었다. 그러나 인간이 범죄함으로 영생을 잃어버렸다. 영국의 유명한 역사학자 토인비는 인류의 모든 문명을 두루 관찰한 후에 종교 없는 문명은 하나도 없다는 결론을 내렸다. 모든 인류가 자기 나름대로의 종교의식을 가지고 영생을 갈망했다는 사실을 말해 준다.

이처럼 모든 인류가 의식적이든 무의식적이든 간에 영생을 얻기를 갈망하였고 갈망하고 있다. 그런데 하나님께서는 영생을 얻는 길을 성경에 계시해 놓으셨다. 그래서 창세기부터 계시록까지 줄기차게 흐르는 주제가 바로 인간이 무엇을 해야 영생을 얻을 수 있는가 하는 것이다.

> 너희가 성경에서 영생을 얻는 줄 생각하고 성경을 연구하거니와 이 성경이 곧 내게(예수님) 대하여 증언하는 것이니라 _요 5:39.

영생을 얻는 문제, 그러나 정작 이 문제에 대해 관심을 두고 살아가는 사람은 많지 않다. 수많은 사람이 걱정하는 것은 영생의 문제가 아니다.

무엇을 먹을까?
무엇을 마실까?
무엇을 입을까?
어떻게 돈을 벌까?
어떻게 인생을 즐기며 살까?
어떻게 하면 이 세상에서 출세할 수 있을까?

영혼의 구원 문제에 관심이 없이 살아간다. 참으로 "멸망으로 인도하는 문은 크고 그 길이 넓어 그리로 들어가는 자가 많다."고 하신 주님의 말씀이 옳고 진실하다고 말하지 않을 수 없다.

<탁상공론>

　미국의 니킬슨 선장이 히로인이란 배를 타고 바바도스 동쪽을 항해하고 있을 때였다. 그가 조지라는 선원에게 전도하자 조지는 하나님은 없다고 하며 도무지 받아들이지 않았다. 조금 후, 그가 물통을 바다에 던져 물을 퍼 올리려고 하는데 워낙 물살이 세 그만 바다에 빠지고 말았다. 그때 그는 "사람 살려!"라고 외쳐댔으나 이미 배는 반 마일 이상이나 떨어져 있었다. 결국 극적으로 구조된 그에게 선장이 말했다.
　"자네를 버리고 배가 가는 줄 알았겠군!"
　그러자 그는 이렇게 대답했다.
　"그는 예, 정말 그런 줄 알고 절망했습니다."
　"그때 자네는 어떻게 했나?"
　"하나님을 불렀지요."
　"아니 자넨 하나님을 믿지 않는다면서?"
　"네, 그것은 편안히 탁상공론할 때의 경우고요. 죽었다 싶을 땐 문제가 다르지요."

　대부분 하나님이 없다고 말하는 사람은 그래도 자신이 위급하지 않을 때이다.
　『정리만 했을 뿐인데 마음이 편안해졌다』의 저자 다네이치 쇼가쿠는, 사람의 마음은 의식이 10퍼센트, 무의식이 90퍼센트를 차지한다고 했다. 내 의지와 상관없이 떠오르는 생각, 감정이 모두 무의식의 발로라는 것이다.
　평화롭던 지구 마을에 어느 날 한 침입자가 나타나면서부터 이 마을은 삽시간에 평화와 아름다움은 온 간데없이 사라지고, 대신 그곳에는 미움과 시기, 질투와 탐욕 등 온갖 사악함이 그 자리를 대신했다.

가정은 깨어지고 자녀들은 방황한 채 거리를 헤매였으며 소망이 끊어져 버린 이곳 지구 마을엔 폭풍과 가뭄, 지진과 해일이 온 땅을 뒤덮었고, 지구촌 곳곳에서는 끊임없는 전쟁과 분열, 가난과 질병으로 고아와 과부들이 속출했으며, 각종 포악한 자가 일어나 힘없는 자들을 늑탈하고, 옥에 가두며 살점을 뜯어내는 등 점점 흡혈귀로 변해갔다.

고통 주기를 떡 먹듯이 즐기던 이들은 사람들이 한때 가졌던 순수한 열정과 성품은 도저히 찾아볼 수가 없었고, 마침내 이곳 마을엔 희망의 불은 완전히 꺼졌으며 개인마다 나라마다 가슴에선 시뻘건 갈등과 허무만이 가득 넘쳐났으며, 두 눈엔 오직 광포와 이기주의가 만연한 흉악한 괴물로 변모해 갔다.

누가 봐도 알 수 있는 귀신 역사가 있다. 예를 들어 어떤 사람이 매일 밤 온 산을 헤매고 돌아다니다 보니 온몸이 다 헤지고 만신창이가 되어 버리는 경우다.

이것이 누가 귀신이 들려 하는 짓인 줄 모르겠는가?

그런데 이 경우는 어떠한가?

어떤 사람이 허구한 날 담배나 술, 그 밖의 다른 유해 물질로(약물, 마약) 자기 몸을 계속해서 해한다고 해 보자.

이것도 귀신 역사라고 볼 사람이 있겠는가?

무엇 하나 부족함 없는 사람이 자꾸만 자살 충동을 느낀다?

이것 역시 어떻게 생각하는가?

매일 밤 당신의 자녀가 꿈속에서 상상도 할 수 없는 괴로움을 당하고 있다면?

본인은 정말 안 하려고 한다는데 평생토록 감방 문지방을 자기 집 드나들 듯하고 있는 울화통 터지는 사연은?

옛말에 "쥐도 새도 모르게"란 말이 있다. 이 말은 아무도 모르게 어떤 일을 깨끗이 해결해 버리라는 뜻이다.

그런데 이 말은 어떤가?

"낮말은 새가 듣고 밤말은 쥐가 듣는다." 무슨 새나 쥐가 인간사에 관여하겠냐마는 그만큼 세상엔 비밀이란 게 존재할 수 없음을 섬뜩하게 상기시켜 주고 있는 속담이다.

사람, 이 땅에 사람만 있다면 그게 가능할지도 모른다. 그러나 과거 지상에 존재했던 모든 악은 모조리 드러났고 모조리 다 밝혀졌다.

무슨 뜻인가? 누군가 우리말을 엿듣고 있는 존재가 있다는 것이다. 겉으론 멀쩡한 사람들이 있다. 열 길 물속은 알아도 한 길 사람 속은 모른다고 했던가 …

당신이 알고 있는 사람! 그 사람 진짜 알고 있다고 생각하는가?

마귀가 어떤 사람을 한 번 장악해버리면 그들은 온갖 해괴한 괴물로 탈바꿈해 버린다. 귀신에 씌었다고들 한다. 그 말이 바로 그 말이다.

악마를 보았다고 한다!

악마(마귀)는 인간을 덮쳐 평생을 자기의 꼬봉 노릇하도록 질질 끌고 다닌다. 세상 여기저기서 귀신을 보았다고 피해를 봤다고 진술하는 사람들 …

검은 그림자!

피를 말리는 공포!!

이 시초의 근원은 어디서부터인가?

"나는 결코 네가 황금 문으로 들어가도록 놔두지 않을 것이다."-사탄

그대여!

괴기, 공포, 귀신 영화가 괜히 나온다고 생각하는가?

최첨단 의술로도 전혀 손을 쓸 수 없는 정신병, 우울증, 조울증, 불면증, 강박증, 조현병, 공황장애, 신경쇠약, 원인 모를 두통(편두통), 어지럼증, 이름도 빛도 없이 시달리는 신병, 무병, 신내림, 신들림, 환상, 환청, 환각, 악몽, 가위눌림, 끔찍한 사건·사고, 병마, 계속되는 우환질고 …

세계 도처에서 발생하는 해괴망측한 문제, 감당 안 되는 문제, 이해되지 않는 문제, 이해할 수 없는 문제, 문제, 문제를 직시하라! 지옥문은 완전히 열렸다! 귀신들이 총출동하고 있다.

신이 우리를 버렸는가?

어디 장성한 청년이 여자 하나가 없어 두 살 먹은 어린 아기를 향해 욕정을 품을 것인가?

변태, 사이코, 정신병자 하기 이전 먼저 그 정신세계를 들여다보자!

그 안에 다른 인격체가 살고 있다.

사람을 자꾸자꾸 죽이고 싶다?

그래야 살맛이 난다?

파리(곤충)로 보이는 것이다.

사람을 열 명 스무 명 죽이는 사람 … 그게 사람인가?

그런 자를 향해 세상은 '악마'라고 한다.

그런데 이것이 진짜 악마의 실체를 알고 하는 말일까?

> 예수께서 이르시되 사탄이 하늘로부터 번개같이 떨어지는 것을 내가 보았노라
> _눅 10:18.

동물과 사람 간의 연대감을 아는가?

닭이나 오리, 이런 조류는 알에서 부화해 처음 마주한 존재를 자기 어미로 알고 따른다고 한다. 몇 해 전 TV에서 거위 이천 마리가 한 사람의 말에 모두 일사불란하게 움직이는 것을 보았다. 감동의 커뮤니케이션이었다.

인간으로서 차마 부끄러워 눈물이 났다. 상식적으로 한번 생각해 보자. 보통 사람은 실수로 고양이 한 마리를 죽여도 (자동차 사고) 몇 날 며칠 기분이 찜찜하다. 아이들을 키울 때 간혹 손찌검을 하거나 욕설을 조금만 퍼부어도 내내 마음이 아픈 게 사실이다. 생명의 소중함을 알고 나면 꽃 한 송이 꺾는 것도 쉽지 않다.

비바람에 찢겨져 여기저기 널브러진 나뭇가지를 볼 때 어떤 기분이 드는가? 안타까운 마음이 들 것이다. 이게 정상이다.

그런데 사람을 잡아서 산 채로 토막을 내는 인간!

그것을 어떻게 생각해야 하는가? 그것도 계속해서, 원한 관계도 아닌 본인 자신과 전혀 상관없는 사람을!

어떻게 그런 걸 취미라고 할 수 있겠는가?

이런 일이 정말 악령의 힘 아니고 가능할 수 있다고 보는가?

우리는 중요한 사실 하나를 발견해낼 수 있다.

사냥, 말 그대로 이것은 사냥인데 사냥은 무엇인가?

사냥이라함은 동물이나 사람이나 자기의 분명한 목적과 필요에 의해 자기보다 약한 상대를 취하는 것을 말한다. 먹이사슬에 의해 강자는 약자를 공격한다. 그래서 사람도 동물이 타깃이 되는 것이지 사람이 표적이 되는 것은 아니다.

아무짝에도 쓸모없는 사람을 죽여서 무얼 한단 말인가?

죽이기만 힘들지.

앞으로 자기 신세 어찌 될지 뻔할진대 누가 이따위 짓을 취미 삼는단 말인가?

마귀에게 이용당하는 것이다. 얼핏 보기에 사람이 사람을 테러하는 것처럼 보이지만 그렇지 않다. 인간보다 한 차원 높고 월등한 존재가 철저히 인간을 이용해 자기 목적을 달성하고 있는 것이다(이용할 대로 이용하다 그대로 지옥에 처박아 버린다. 그것이 그들의 유일한 목적이고 이유이다).

가시고기 물고기, 우렁이, 이런 생물은 죽을 때까지 제 자식을 위해 헌신하며 살다가 마지막엔 자기 살까지 전부 다 먹인 후 세상을 떠난다. 그런데 자기 새끼 내팽개치고 게임에 중독돼 아기를 방치하는 인간들 … 보험금을 노리고 제 자식을 죽게 하는 인간들 … 그건 더 이상 인간이 아니다. 단순히 인간이 아니란 말이 아니라 악마 그 자체, 악마화돼버렸다는 말이다. 자기 자식이 미워 죽겠다? 없어졌으면 좋겠다? 똑같이 귀신 들린 줄로만 알면 된다. 하나님은 인간을 그렇게 지으시지 않았다. 본인 자신이 자기 자식(인간)들을 위해 자기 몸을 다 내놓으셨다. 십자가에서 … 처절히 …

> 그가 찔림은 우리의 허물을 인함이요 그가 상함은 우리의 죄악을 인함이라 그가 징계를 받음으로 우리가 평화를 누리고 그가 채찍에 맞음으로 우리가 나음을 입었도다 우리는 다 양 같아서 그릇 행하여 각기 제 길로 갔거늘 여호와께서는 우리 무리의 죄악을 그에게 담당시키셨도다 _사 53:5-6.

새 중에 가장 작은 굴뚝새조차 새집 속의 제 새끼를 위해서는 부엉이와도 싸우는 법이다. 그런데 제 자식을 욕보이고 죽이기까지 하는 그런 인간은 무엇이란 말인가? 반대로 자기 친모를 윤간하고 살인을 저지르는 인간은?
처먹을 게 없어서 사람을 처먹는단 말인가?
반인반수의 괴물인가?
조화의 걸작은 파괴되었다. 개도 명견은 자기 동족은 안 먹는 법이다. 특별한 사유 없이 자기 동족을 포식하는 경우는 동물 세계에서도 드물다. 그런데 인류사엔 인육을 먹어온 자들이 공공연히 존재했다 (기아와 기근 때를 말하는 것이 아니다).
성폭행, 그게 목적이라면 복면 쓰고 얼마든지 그럴 수 있고, 그래서 일을 치른 후 살려줄 수도 있다. (물론 그것도 이미 마귀 들리지 않고는 할 수 없는 행위) 악의 모든 배후에 뒤틀린 욕망의 토설물들. 그 잔인하고 추악하며 온갖 기괴함과 더러움, 음란, 광기, 몸서리쳐지는 무수한 죄악과 패역이 난무한 곳! 그곳에 음흉한 악마의 서슬 퍼런 웃음도 함께 하고 있다.

　인간의 죄악에 끝이 있겠냐만은 중요한 부분만 간추려 올렸으니 빠짐없이 검토해, 나는 지금 어디에 어떻게 해당해 이용되고 있는지 하나씩 전부 제거해 나가야 한다. 그것으로 하늘의 진노를 불러오기 때문이다. 하나님은 악과 그 악을 끌어안고 사는 모든 악인을 끔찍이 증오하시고 혐오하신다(롬 1:28-32).

> 그리운 연진에게!
> 매일 생각했어, 연진아. 난 너를 어디서 재회해야 할까 …
> 널 다시 만났을 때 너의 이름을 잊고 너의 얼굴을 잊고 누구더라 …
> 제발 너를 기억조차 못 하길 … '박 연진!'
> 남의 고통에 앞장서던 그 발과 나란히 걸은 그 모든 발.
> 남의 불행에 크게 웃던 그 입과 입 맞춘 그 모든 입.
> 비릿하던 그 눈과 다정히 눈 맞춘 모든 눈.
> 조롱하고 망가뜨리던 그 손과 손잡은 모든 손.
> 그리고 그 모든 순간에 기뻐하던 너의 영혼.
> 난 거기까지 가볼 작정이야 연진아~
> 내가 추는 춤. 아직도 보고 싶길 바래 연진아!
> 물론 망나니 칼춤이겠지만 말야~
> 그렇게 웃지마!
> 죽이고 싶었던 나의 연진아!
>
> 　　　　　　　　　　　　　　　　－드라마 <더 글로리> 中

내가 최초로 악과 마주한 순간은 바로 초등학교에 입학해서였다.

마냥 어린아이기만 했던 나는 나의 우물을 벗어나 다른 세계로 첫발을 들여놓았을 때 나의 우물은 온 간데없이 사라지고 황폐함이 그 자리를 덮었다.

한국 전쟁사, 그 참혹의 역사를 생생히 그림으로 옮겨 전시해 놓은 화폭들과 마주쳤을 때의 당혹함! 그 충격! 인간 안에 자리 잡은 그 무섭고 끔찍한 죄악성이 서로를 갉아 먹고 멸망시키고 있는 현장! 인간이 어떤 존재인지를 한순간 알아버리게 된 진실!

삽이며 곡괭이 낫, 무기가 될 수 있는 모든 것을 동원해 서로를 상해하는 모습은 나로 하여 그 자리서 얼어붙은 석고상으로 만들었다. 무슨 일이 벌어지고 있는 상황인지 온전히 다 이해할 수는 없었으나, 인간이 더 이상 선한 존재가 아니라는 것만은 똑똑히 알 수가 있었다. 하지만 그 엄청난 죄의 잔혹성이 그 여덟 살 꼬마 아이에게도 그대로 자리 잡고 있음을 알게 된 것은 그로부터 오랜 시간을 필요로하지 않았다.

　　… 이는 사람의 마음이 계획하는 바가 어려서부터 악함이라 … _창 8:21.

- 불쌍한 거지 욕하기, 장애인 놀리기.
  (1970년 당시에는 거지들이 많았다)
- 나보다 못나 보이고 얼빵한 친구 괴롭히기.
- 부모님께 거짓말: 시험점수 조작하기, 수업료 조작해 삥땅 치기.
  학용품값 더 올려 불러 삥땅 치기.
- 잡화점에서 물건 훔치기, 교실에서 돈 훔치기.
- 학우들 꼬드겨 등교 안 하고 땡땡이치기.
- 동생들 도둑질 시키기, 아이들에게 거짓말해 공포로 몰아넣기.
- 비 오는 날 부모들이 벼락 맞아 죽을지도 모른다고 아이들 울리기.
- 서리는 기본, 남의 농작물 헤집어놓기, 친동생보다 다른 아이들 더 예뻐하기.

- 불났을 때 엉뚱한 사람 지목해 누명 씌우기 등등 나열하지 않은 숱한 죄명이 즐비해 있다.

몇 해 전 가을, 이런 일이 있었다. 위층에 사는 나는 계단을 따라 내려가다 자동문 앞에 이르렀을 때 새끼 뱀 한 마리가 웅크리고 있었다. 평소 벌레 한 마리도 기겁하는 나였기에 집이 떠나가라 비명을 질렀다.

다시 집으로 들어갈까?
119에 전화를 걸까?
온갖 생각이 들었지만 뱀을 밖으로 쫓아내지 않으면 집안에까지 기어 들어 올 수 있단 생각에, 용기를 내어 마침 손에 들고 있던 우산대로 뱀을 밖으로 걷어냈다(자동문 가까이 가면 문이 열리니까). 그런데 참 신기하다고 해야 할까, 뱀이 겁먹고 도망치는 그 와중에도 뱀 특유의 몸짓~ 그러니까 몸 전체를 치켜올리며 자신이 지금 엄청나게 화나 있다는 사실을 상대에게 알리며 화단 속으로 사라졌다. 반사적으로 떠오른 생각! 원죄의 대물림.

새끼 뱀이 어미 뱀으로부터 교육받았을까?
위급한 상황에서는 바로 대가리를 치켜올리라는? 교육은 무슨. 새끼 뱀의 유전자 속에는 이미 그러한 행위가 본능적으로 행해지도록 메모리돼 있다. 그렇듯이 우리 인간 안에도 이미 원초적으로 '죄'罪라고 하는 유전자가 속속들이 우리 60억 세포 하나하나에 아로새겨 있다.

> 내가 죄악 중에서 출생하였음이여 어머니가 죄 중에서 나를 잉태하였나이다
> _시 51:5.

태아에게 무슨 죄가 있겠는가?
아직 세상에 나오지는 않은 생명체가!

그런데 성경은 그 생명체가 죄의 씨를 받은 '악의 산물'이라고 말씀한다. 이 사실이 무섭다.

> 이삭이 그의 아내가 임신하지 못하므로 여호와께 간구하매 여호와께서 그의 간구를 들으셨으므로 그의 아내 리브가가 임신하였더니 그의 태 속에서 서로 싸우는지라 _창 25:21-22.

무엇 때문에 그 형제는 엄마의 뱃속에서부터 싸워야 했을까?
누가 가르쳐 주지 않아도 저절로 알아서 행해지는 악.
사이코패스가 아닌 다음에야 어떤 부모가 자식에게 죄를 가르치겠는가?
오히려 착하게 살라는 교육을 우리는 얼마나 많이 받아왔던가!
그런데도 그 반대를 향해 나아가는 연유는 무엇인가!
인간의 죄 & 악상은 우리의 부모, 조부모, 증조부, 고조부 … 그렇게 계속 위로 거슬러 올라가다 보면 마침내 그 유명하신 아담 그랜파더와 하와 그랜마더를 만나게 된다. 우리 인간 내면에 끝없이 솟구쳐 오르는 이러한 죄악성은 바로 인류의 시조 아담 하와를 통해 전수돼 내려온 썩고 곪은 파괴의 열매이다.

> 여호와 하나님이 그 사람에게 명하여 이르시되 동산 각종 나무의 열매는 네가 임의로 먹되 선악을 알게 하는 나무의 열매는 먹지 말라 네가 먹는 날에는 반드시 죽으리라 _창 2:16-17.

열매 하나 먹은 게 뭐 그렇게 잘못인가, 생각할 수도 있다. 그러나 이 땅에 세워진 법도들을 보자. 사람 간에 있어서 절대 해서는 안 되는 일이 있듯이, 에덴동산에서도 결코 해서는 안 되는 것이 있었는데 그것이 '선과 악을 알게 하는 나무 열매'로 표현된 것이다. 훔친 사과가 맛있다고 한다. 그 유래는 어디서부터였을까?

"선악과"는 원래 하나님 거였다. 그런데 그것에 손을 댄 것이다.

지금 이 세상이 사탄의 소유가 될 수 있었던 결정적인 사건

우리가 창세기 2장과 3장을 통해 알 수 있는 것 하나는 하나님께서 아담에게 이 세상을 다스리라고 맡긴 것이다. 아담에게 왕권을 주고 이 세상을 하나님의 대리자로서 이 세상을 다스리도록 했다. 그런데 아담이 이 세상을 팔아먹어 버렸다. 이 세상을 사탄에게 넘겨준 것이다.

> 마귀가 또 예수를 이끌고 올라가서 순식간에 천하만국을 보이며 이르되 이 모든 권위와 그 영광을 내가 네게 주리라 이것은 내게 넘겨준 것이므로 나의 원하는 자에게 주노라 그러므로 네가 만일 내게 절하면 다 네 것이 되리라
> _눅 4:5-7.

마귀가 예수를 데리고 온 천하 만물을 보였다. 그러면서 "내게 절하라! 이 모든 것은 내게 넘겨준 것이므로 내 것이다!"라고 말한다. 창세기 3장에 나와 있듯이 마귀는 거짓말을 해서 아담과 하와로 하여금 선악과를 먹게 하고 아담이 가졌던 통치권, 왕권을 빼앗아 버렸다. 그렇게 이 세상은 마귀에게 넘어가 잠정적으로 마귀의 것이 된 것이다(엡 6:12). 세상이 아무리 발버둥 쳐도 유토피아를 건설할 수 없는 이유는 마귀의 통치권 안에 있기 때문이다. 마귀는 힘 있는 자들과 권세자들을 장악, 결코 이 세상이 평화(행복)에 이르지 못하도록 힘써 일해왔다.

사탄이 역사하는 죄 - 악의 통로들

　무지, 무식, 나태, 게으름, 몰염치, 몰상식, 우월의식, 오만, 교만, 공권력 남발, 직권남용, 언론플레이, 업무태만, 직무 유기, 무책임, 무질서, 책임회피, 책임 전가, 여론조작, 여론몰이, 허위 보도, 음모, 은닉, 은폐, 위증, 위조, 조작, 날조, 배신, 배반, 안전불감증, 무사안일주의, 문제의식 결여, 방임죄, 방조죄, 인격모독, 폭력, 인권유린, 거짓 정보, 가짜뉴스, 자기 사랑(나르시시즘), 상식파괴, 환경파괴, 이간질, 선입견, 질투, 전쟁, 침공, 폭동, 테러, 학살, 잔인, 악독, 불공정, 불평등, 부정부패, 비합리주의, 분쟁, 분열, 마약(담배) 유통, 총기 소지 허가, 퇴폐문화, 극 비혼주의, 이혼, 술취함, 방탕, 타락문화, 귀신문화, 점(타로), 굿, 제사, 부적, 무속, 역술, 골상학, 각종 미신, 주술, 마술, 각종 종교, 종교의식, 무신론, 진화론, 범신론, 음란, 변태성욕(비정상적 성관계), 인종차별(민족주의), 성차별, 각종 불법, 비리, 각종 도박, 각종 중독- 술, 마약, 음주 운전, 도박, 게임, 담배, 약물, 각종 정신질환- 분노중독자, 심신미약, 조현병, 분노조절장애, 성급함, 우울증, 조울증, 환각, 공황장애, 범불안 장애(멈추지 않고 계속되는 염려, 걱정, 근심), 영적인 질병, 신병, 무병, 만성 스트레스, 계속되는 피해의식, 광기, 집착, 과대망상, 환영, 환청, 환상, 악몽, 가위눌림, 속임수, 사기, 한탕주의, 끝없는 원망, 불평, 감사할 줄 모름, 물질만능주의, 탐욕, 탐식, 허영, 겉치레, 낭비, 인간숭배, 우상숭배, 사탄숭배, 점술, 최면술, 텔레파시, 강신술, 점성술, 흑마술, 거짓 기사, 기적, 초능력, 종교 사기, 신성모독, 불건전신비주의, 불건전선동주의, 진화론 증거 조작, 외계인 증거 조작(UFO), 각종 이단 사이비 종교집단, 잘못된 종말관, 잘못된 성경해석, 돈 중심, 사람 중심의 타락한 기독교 종교집단(교권주의, 성직자 주의), 천사의 탈을 쓴 각종 복지기관, 하나님, 구세주(예수 그리스도)라고 믿는 착각, 강박증, 열등의식, 비교의식, 공감 능력 제로(소시오패스), 측은지심 제로(사이코패스), 살인, 자살, 자학, 미움, 저주, 증오 등등 … .

네 하나님 여호와께서 네게 주시는 땅에 들어가거든 너는 그 민족들의 가증한 행위를 본받지 말 것이니 그의 아들이나 딸을 불 가운데로 지나게 하는 자나 점쟁이나 길흉을 말하는 자나 요술하는 자나 무당이나 진언자나 신접자나 박수나 초혼자를 너희 가운데에 용납하지 말라 이런 일을 행하는 모든 자를 여호와께서 가증히 여기시나니 이런 가증한 일로 말미암아 네 하나님 여호와께서 그들을 네 앞에서 쫓아내시느니라 _ 신 18:9-12.

👍 추천 영상/새롭게 하소서/악마의 유혹은 치명적으로 달콤하다/30년 간의 마약 중독에서 벗어난 리얼 스토리
👍 추천 영상/새롭게 하소서/스튜디오를 울린 사츠키의 마약 중독 이야기/좀비마약으로 불리는 펜타닐의 실체

중요한 사실 하나를 말한다.
사람이 이용당하다 잡혀서 사형을 당하든 무기징역을 당하든 사실 그걸로 모든 게 끝난다면야 그게 뭐 대수이겠는가?
이 땅에서의 벌이라는 게 피의자 본인 자신에게 어쩌면 고작해야 별 것 아닐 수도 있다. (죽은 사람만 억울하지) 하지만 그게 아니다. 지옥 불 심판을 면해갈 자가 없다. 더욱이 죄를 밥 먹듯이 하며 사람을 우습게 알고 갑질하며 짓밟고 능욕하는 자들 … 거기다 말 못 하는 짐승들까지 잡아다 무차별 학대하는 자들, 진짜 마음 단단히 먹어야 할 것이다. 능지처참이 기다리고 있으니. 이것을 만만히 보아서는 안 될 것이다. 그곳이 얼마나 처참히 세포 하나하나까지 떨리는 곳이면 하나님께서 스스로 인간을 대신해 그 고통을 당하시고 우리를 지옥에서 건져내셨을까 …
공의는 그렇게 무서운 것이다(모든 사람에게 공명정대해야 하는 원리원칙).

너는 일깨어 그 남은 바 죽게 된 것을 굳건하게 하라 내 하나님 앞에 네 행위의 온전한 것을 찾지 못하였노니 그러므로 네가 어떻게 받았으며 어떻게 들었

는지 생각하고 지켜 회개하라 만일 일깨지 아니하면 내가 도둑같이 이르리니 어느 때에 네게 이를는지 네가 알지 못하리라 _계 3:2-3.

대한민국에서 가장 설득력 있는 눈빛의 일인자, "연기의 신!"이라고 추앙받는 이병헌(김수현)이, 명불허전이라는 수식어가 붙는 배우 최민식(장경철)을 향해 영화 <악마를 보았다>에서 이런 말을 한다.

"난 네가 죽어서도 고통받았으면 좋겠어!"

어떻게 알았지? 죽음 이후에 고통이 있다는걸? 악마는 참회하지 않는다. 심판의 대상일 뿐. 끝까지 참회(회개)하지 않는 자는 더 이상 하나님께 당신의 자녀가 아니다. 그들은 끝까지 창조자를 대적하며 복음을 핍박하고 하나님을 노엽게 하다가 결국 영원한 대 멸망 속에 내던져지게 될 무가치한 자들이다. 만일 우리 인생 각자가 지은 죄값에 대한 심판이 주어지지 않고 그대로 사멸된다면 하나님은 얼마나 불의한 재판장이신가! 그러나 그분은 우리가 지은 모든 죄악에 대해 낱낱이 계산을 하겠노라 선포한 것이 성경(법조문)이니 한 사람도 피해 갈 수 없다.

알지 못하던 시대에는 하나님이 간과하셨거니와 이제는 어디든지 사람에게 다 명하사 회개하라 하셨으니 이는 정하신 사람으로 하여금 천하를 공의로 심판할 날을 작정하시고 이에 그를 죽은 자 가운데서 다시 살리신 것으로 모든 사람에게 믿을만한 증거를 주셨음이니라 하니라 _행 17:30-31.

세상에는 다양한 종류의 마귀 자식이 존재한다. 그중에서도 인류 전체를 손아귀에 쥐고 조물딱 거리는 모습은 정말 경악을 넘어 세상의 그 어떤 언어로도 표현할 수가 없다.

인류가 몇몇 큰손에 의해 꼭두각시가 되어 놀아나고 있는 현실은 웬만한 이들로서는 좀처럼 받아들이기 어려운 사안이리라!

하지만 성경은 분명 이들 배후 가운데 역사하고 있는 악의 영들의 실재를 명명백백히 폭로하고 있다(엡 6:10-13). 끝없는 야망과 야욕. 이 손은 어떤 손일까? 이 손들이 한 일을 볼 수 있다면 … 사탄의 전략, 그 목적은 오로지 하나다.

　하나님의 정의(사랑)를 의심하게 해 결국 지옥 밑바닥으로 완전히 끌어내리는 것!

　물귀신 작전처럼 혼자 죽지 않고 다 같이 죽자고 덤벼드는 것!

　그것을 위해 모든 방법과 수단을 동원, 한 생명이라도 더 진리를 모른 채 죽어가도록 안팎으로 용을 쓰는 것!

　도구는 당연히 잔인무도하며 허탄함 속에 끝없는 탐욕(향락)을 향해 달려가는 이 땅의 모든 가증한 자를 통해서이다.

　사탄은 자기와 뜻을 같이할 자들을 모으는데 대상 범위는 매우 광범위하며 말세가 가까울수록 일하기는 더욱 수월하다. 돈과 권력을 이용해 힘없는 자들을 전부 자기 발아래 두며 자신들이 마치 하늘 황제(신)라도 되는 양 천하를 쥐고 흔들기를 좋아하는 자들이 늘기 때문이다.

　알고는 있는지 … 현재 사이코패스의 비율은 미국의 경우 전 인구의 4퍼센트 정도로 추정하고 있으며, 이들 중 2퍼센트는 언제든 일면식도 없는 일반 행인을 향해 묻지마살인을 저지를 수 있다는 사실이다. 쉽게 말해 현재 100명 중 2명의 위험인물로 지목되는 반사회적 존재(예비 범죄자)들과 함께 생활하며 살아가고 있다는 사실(어느 나라나 비슷한 수준).

　자비심, 이해, 관용, 용서라는 덕목은 '양심'과 함께 실종된 지 이미 오래. 어찌 그리 자기의 오른발처럼 발 빠르게 척척 알아서 행동해 주는지 굳이 눈알 부라리며 힘써 찾아다니지 않아도 악마보다 더 악마 같은 자들은 세상 어디를 가나 쌔고 쌨고 넘쳐난다. 이것이 현재 인류 문제의 팩트이며 한 사람이라도 더 지옥으로 끌어들이기 위한 사탄의 대형프로젝트로서 사탄이 심히 열을 내며 도모하고 있는 이 땅 가운데 벌이고 있는 작태(최종목표)이다.

> 그러나 땅과 바다는 화 있을진저 이는 마귀가 자기의 때가 얼마 남지 않은 줄을 알므로 크게 분내어 너희에게 내려갔음이라 _계 12:12.

과거에는 전쟁, 기근, 우상숭배, 적그리스도를 통해 인류를 멸망시켜 왔으며, 근대(말세)에 이르러서는 핵전쟁, 바이러스, 거짓 선지자, 재난, 귀신문화, 육적쾌락 등을 통해 빠르게 멸망시켜가고 있다.

👍 추천 영상/요한계시록 시리즈/한홍 목사/다섯째 나팔과 여섯째 나팔 재앙의 묵시들

사탄의 하는 일 → 검은 손의 위력 → 질서의 파괴자

시대가 급변할수록 더욱 두드러지게 나타나는 각종 중독의 문제 …
인간중독, 성중독, 도박중독, 쇼핑중독, 소셜미디어중독(스마트폰 중독), 음란물 중독, 일중독, 돈중독, 알코올중독, 마약중독, 약물중독, 니코틴중독, 게임중독 등이다. 이와 더불어 자기중심으로 제어하기 힘든 분노 장애, 공황장애, 음주운전, 우울증, 불면증, 도박, 도벽, 음란, 시기, 교만, 거짓말, 망상 … 거기다 도저히 방어할 수 없는 환상, 환시, 환청, 환각 등 이런 무시무시한 문제가 덮쳐들면서 전쟁, 폭동, 폭행, 방화, 살인, 강간, 조현병, 심신미약과 같은 사이코패스(정신질환자)들을 통해 무차별적으로 인간을 살상함으로써, 인간 존엄의 가치를 말살시켜 버린다. 분명 잃을 게 더 많고 생이 파멸로 가게 된다는 사실을 확실히 인지하고 있음에도 마귀의 아가리 속에 그 진귀한 생(시간)을 모조리 다 털어 넣고 있다.
이와 같이 마지막 때를 같이 하여 인간 본연의 정신은 점점 파괴되어 감과 동시, 그 자리에 또 다른 인격체를 형성해 자리 잡고 있는 이 존재, 이름하여 '바알세불'이라고도 하고 '마귀'라고도 하는 모든 악령의 총칭이자 우두머리인 "사탄"과 그리고 그의 수하에서 활동하고 있는 이 땅의

모든 귀신들이다. 이들은 본시 하늘에서 타락해 이 땅 가운데 쫓겨난 변절자(천사)들로 사람들의 정신과 영혼을 좀먹고 파괴하며 심지어 육신에까지 파고들어 유린함으로써, 그들의 최종목적지인 '지옥'으로 밀어 넣는 일의 책임과 의무를 완벽히 수행하는 존재자이다.

> 하늘에 전쟁이 있으니 미가엘과 그의 사자들이 용과 더불어 싸울새 용과 그의 사자들도 싸우나 이기지 못하여 다시 하늘에서 그들이 있을 곳을 얻지 못한지라 큰 용이 내쫓기니 온 천하를 꾀는 자 그가 땅으로 내쫓기니 그의 사자들도 그와 함께 내쫓기니라 _계 12:7-9.

파도처럼 끝없이 밀려드는 삶의 고난 속에 누구도 원하지 않은 화살이 빗발쳐 날아들고, 갈등과 분쟁, 질병과 가난이라는 긴 늪에서 몸부림치며 살아가고 있는 우리네 삶 …

크고 작은 삶의 불안과 크게는 삶 전체를 서로 갉아먹는 인생들의 아귀다툼은 그야말로 전쟁터 그 자체이다. 점점 통제되지 않는 동물로 고립되고 붕괴됨으로서 서로와의 관계가 끊어져 생에 대한 열정도 애정도 사라져 염세, 비관, 부정, 비판, 회의, 적개심 등에 사로잡히며, 마침내 쉽게 악령의 먹잇감이 되어 각종 범죄를 일으키고 사람들을 죽음이라는 영원한 멸망으로 몰고 간다. 성경에는 약하고 불쌍한 사람들을 마음껏 농락하는 귀신들의 이야기가 기록되어 있다. 하여, 우리는 인간의 운명을 쥐고 흔드는 이 존재를 반드시 알지 않으면 안 된다. 지금 이 순간도 누구를 타깃 삼아 큰일을 벌이게 될지 아무도 모르기 때문이다.

악한 자(사탄)의 관심은 선(진리)에 관해 양심을 팔아먹는 자이고, 진리에 대해 귀를 틀어막는 자들에게 있다. 자기의 오른팔이 되어줄 사람을 줄기차게 찾아 나서는데 허무주의, 비판주의, 공산주의, 비평화주의자, 무신론자, 한탕주의자, 인종차별주의자, 민족주의자 그리고 세상 모든 부분에 원칙과 상식이 무너진 회칠한 자들 … 바로 대상 1호이다.

> 근신하라 깨어라 너희 대적 마귀가 우는 사자 같이 두루 다니며 삼킬 자를 찾나니 _벧전 5:8.

예수님은 누구신가?

예수님이 메시아 되신 것을 믿지 않기로 작정한 사람들은 예수님을 아예 귀신의 왕 '바알세불'이라고 말한다. 예수님을 바알세불의 힘을 빌려서 귀신을 쫓아냈다고 하는 말은 예를 들어 우리 집에 무단침입자가 들어와서 나가지 않을 경우, 그 무단침입자가 저보다 힘이 센 무력자라면 저는 어쩔 수 없이 경찰을 불러서 무단침입자를 쫓아낼 수밖에 없다. 경찰은 무단침입자를 벌할 수 있는 권력을 가진 존재이므로 무단침입자는 어쩔 수 없이 끌려 나가게 된다. 예수님이 어떤 사람에게 귀신을 쫓아내셨는데 귀신의 왕 바알세불이어서 귀신이 나갔다고 한다면, 어찌 됐든 귀신은 더 큰 능력을 가진 존재에 의해 복종하며 나간 것은 최소한 인정이 된다는 사실을 인식할 수 있는 것이다.

> 또 내가 바알세불을 힘입어 귀신을 쫓아내면 너희의 아들들은 누구를 힘입어 쫓아내느냐 그러므로 그들이 너희의 재판관이 되리라 그러나 내가 하나님의 성령을 힘입어 귀신을 쫓아내는 것이면 하나님의 나라가 이미 너희에게 임하였느니라 사람이 먼저 강한 자를 결박하지 않고서야 어떻게 그 강한 자의 집에 들어가 그 세간을 강탈하겠느냐 결박한 후에야 그 집을 강탈하리라 _마 12:27-29.

귀신과 한통속이 아닌 예수님의 이름만 듣고도 귀신이 쫓겨 나갔다면 예수님은 엄청난 능력과 권세를 가지신 분임을 알 수 있다. 예수님의 대답을 보면 사탄도 어느 정도 통찰력이 있다는 점을 인정하면서 예수님의 능력은 성령으로부터 온 것임을 밝히고 있다.

귀신은 세상을 악으로 다스리고 있고 예수님은 이러한 귀신을 쫓아내실 수 있음을 귀신도 알고, 예수님도 알고 있으니 예수께서 귀신을 쫓아내신 곳에는 하나님의 나라가 도래하였음을 증명한다. 이 세상에는 귀신이 존재하고 있다. 예수님의 존재를 알고 있는 귀신과 어둠 영들의 세계에서는 예수님의 이름이 불리는 것만으로도 혼비백산한다.

이 세상에는 예수님을 모르는 사람이 많지만 귀신의 세계에서는 오히려 예수님을 더 잘 알고 있는 셈이다. 예수님의 능력이 이미 세상 사람들에게 증명이 된 그 영역에 있는 만큼은 하나님의 나라가 도래하였음을 알 수 있다.

> 죄를 짓는 자는 마귀에게 속하나니 마귀는 처음부터 범죄함이라 하나님의 아들이 나타나신 것은 마귀의 일을 멸하려 하심이라_요일 3:8.

예수님은 하나님이시고 하나님의 아들이시다(육을 입었기에). 예수님이 이 땅에 오셔서 온 세계를 다시 찾는 작업을 하시는 것이다. 실질적으로 먼저 찾는 것은 사람의 영혼이다. 사람의 영혼도 마귀에게 넘어가서 마귀의 관할하에 있다. 구원을 못 받은 사람들의 영혼은 다 마귀의 지배를 받고 있다.

모든 사람의 영혼을 마귀로부터 빼앗아 내는 작업이 바로 '복음'福音을 전파해서 사람들의 영혼을 구원하는 그 역사이다. 구원받는다는 것은 '마귀의 소유'에서 '하나님의 소유'로 예수님의 소유로 넘어가는 것을 말한다. 그것이 바로 하나님의 아들(자녀)이 되는 것이고 거듭나는 것이고 구원받는 것이다.

그런데 문제는 사람들이 예배당에만 다니고 단지 하나님을 믿는다고만 하면 하나님의 소유가 되는 줄 아는 것이다. 절대로 그렇게 되지 않는다. 거듭나야만, 거듭난 확실한 경험이 없으면 하나님의 소유가 될 수 없다(요 3:1-21).

왜 예수만이 길이 되는가?

예수님이 실존 인물이었다는 사실은 크게 논쟁이 되지 않는다. 예수님이 실제로 존재했던 분이라는 것은 다른 역사적 인물들, 예컨대 부처나 공자 소크라테스가 실존 인물인가를 다투지 않은 것만큼 확실한 것이다. 예수 그리스도의 실존에 의를 제기한다는 건 다른 모든 역사를 의심해야 한다는 말과 같다.

👍 추천 도서/리 스트로 벨 저/예수는 역사다/예일대 법과 대학 출신의 한 노련한 신문기자가 추적해가는 예수의 신성에 대한 최고의 변증서

하나님의 단 한 가지(선악과) 명령에 불복종한 인류의 대표 아담이 하나님의 권위에 도전하며 스스로 신의 자녀 자리를 박차고 나와 마귀와 한 편(소속)이 되어 그와 화합함과 동시 지옥 백성이 되었다. 현재 마귀의 권세 아래에 있는 이 세상은 현실적으로 지옥이다. 이 지옥에서 빠져나오는 것이 구원이다.

▶ 대부분 구원과 삶을 구분하지 못하고 있다.

1. 모든 종교는 다 같다고 생각한다.
2. 선을 행하는 것이 모든 종교의 목적이라고 생각한다.
3. 공을 닦고 덕을 세우는 것이 구원의 길이라고 생각한다.
4. 기독교는 종교가 아니고 생명 자체이다.
5. 종교는 사람이 만들었고 복음은 하나님이 주신 것이다.
6. 종교는 사람이 찾아가는 것이고, 복음은 하나님이 오신 것이다.
7. 종교는 사람의 행위가 기준이고 복음은 하나님의 구원이 기준이다.

▶ 구원받지 못한 멸망의 상태가 뭔지 몰라서 그렇다.

1. 원죄는 구원받지 못한 상태를 말한다(롬3:10, 23).
2. 그 뜻은 창세기 3장에 출연한 사탄의 손에 그대로
3. 장악되어 있는 상태를 말한다(엡2:2-3).
4. 멸망상태는 무서운 상태이다.
- 그 영이 사탄의 영을 받은 상태이다.
- 저주받은 영혼이다.
- 그래서 자연히 우상숭배, 제사, 부적, 굿, 점, 미신, 잡신, 종교 등으로 고난받다가 멸망한다(롬1:12-23).
- 현실적으로 실패를 하고 세상을 떠나간다.
- 삼, 사대까지 망한다(출20:4-5).
- 정신적인 병, 악신들린 병,
  이름모를 병으로 육신이 시달린다(마8:16-17).
- 그리고 지옥으로 가게 된다(마16:19-31, 계14:1-9).

▶ 구원할 자는 단 한 분뿐

1. 이 사탄의 권세를 이길 권세를 가질 분이어야 한다.
2. 반드시 인간의 몸을 입어야 한다(요1:1, 14).
3. 그러나 죄가 없어야 한다(히4:15, 벧전3:18).
4. 아담의 후손이 아니어야 한다(동정녀 탄생).
5. 죄의 대가로 죄 없는 몸이 죽어야 한다(창2:17).
6. 하나님이란 증거로 반드시 부활해야 한다(고전15:3-5).
7. 그분이 바로 예수 그리스도이시다.
8. 하나님과 같은 분이신 예수(빌2:6-9)만이 사탄의 권세를 멸할 수 있고, 인간을 구원해 낼 수 있다.

9. 현실로도 증명되고 있다.

▶ 구원이란 어떤 것인가? (엡2:1-6)

1. 반드시 멸망 받는 죄에서 해방되는 것이다.

- 원죄: 영원히 사멸될 죄(엡2:1).
- 자범죄: 원죄의 결과로 온 허물.
- 조상죄: 우상숭배의 결과로 자손들에게 재앙이 미침(출20:4).
- 현재 사탄의 권세와 그 운명에서 벗어나는 것이다(엡2:2).
- 내세에 천국 보좌에 앉는 것이다(엡2:6).
- 현실 가운데 증거가 드러남(엡2:7).

▶ 치유 - 영적 문제, 눌림, 마귀에게 시달리는 자.

- 믿음: 창3:15, 여자의 후손으로 오신 예수 그리스도 선포!
  유월절 어린양의 피: 죄와 저주, 사망을 이기신 예수 그리스도 선포 (출11:21~42, 마12:25-29, 마16:13-20, 눅10:17~20, 행2:16~24, 행4, 행4:23~31)!
- 신분회복(마6, 빌3).
- 예배회복(시25:14, 잠3:5~12, 잠:9:10, 요15:1~16, 요4:1~26).
- 감사회복(삼상2, 욥1, 합3:17~19, 요9:1~4, 엡4~5).
- 영적권세: 영적무장, 정시기도, 무시기도(단6, 행3:1~10, 엡6:1~20).

👍 추천 영상/김정한 목사/성경연구 시리즈/죄 사함의 비밀/구원에 이르는 네 단계

👍 추천 영상/장재기 목사/따라하는 기도 시리즈/듣기만 해도 하나님 사랑에 눈물이 나는 기도 12편

👍 추천 영상/서효원 목사/강력히 악령을 퇴치하는 기도 시리즈/말한대로 응답되는 기도

하나님으로부터 걸려 온 전화

다섯 번째 이야기

진짜 도둑 2

〈엑소시스트〉실화 영화

　1973년에 나온 〈엑소시스트〉는 호러영화 역사에 남을 엑소시즘 영화이면서 당시 메인 스트림에서 나올 수 있는 가장 불경한 영화였다. 상영 당시 급진주의자들은 옹호했고, 가톨릭은 영화가 지닌 심원한 영성에 지지했으며, 기독교 복음주의자들은 강렬한 비난을 퍼부었고(왜 그런지 이해가 안 됨. 중2 딸과 친구 아이들과 함께 DVD 관에서 영화를 관람하고 나왔는데 딸 친구들이 예수 믿어야겠다고 말함), 수많은 압력단체이 피켓 시위를 벌였던 영화. 거대한 신드롬의 중심이었던 이 영화는 2000년에 디렉터스 컷으로 다시 개봉되었고 현재까지 2억 3천만 달러 이상의 이익을 거두었다.
　〈엑소시스트〉(원제: The Exorcist: 귀신을 쫓아내는 사람)는 윌리엄 프리드킨 감독, 린다 블레어 주연의 영화이다. 1973년에 제작되었다. 동명의 베스트셀러 소설을 영화화하였다. 대한민국에는 〈무당〉으로 소개되기도 하였다. 고전 영화이지만 호러계의 한 획을 그은 영화이다. 지금은 호러나 무서운 영화가 많이 등장해서 웬만한 것에는 다들 무덤덤하지만, 당시 이 영화는 엄청난 충격을 안겨줬다. 실화를 바탕으로 해서 만들어졌다는 점에서 그러했으며 많은 영화 관계자가 의문사를 당하는 비극을 초래했다.

내면을 파고드는 서늘한 공포! 기억은 나시는가 … ?

섬뜩함을 뛰어넘어 기이하기까지 한 온갖 저주가 끊이지 않았던 영화 엑소시스트 … 공포영화 역사상 최초의 메이저 블록버스터인 이 영화는 이후 공포영화의 발전에 지대한 영향을 미쳤다. 공포영화가 개봉되기도 전에 이만큼 화제를 불러일으킨 것은 처음이었으며, 후 제작에 얽힌 다툼에 대한 무성한 소문이 나돌았고 구토와 기절, 심지어 일시적인 정신이상까지 초래한다는 영화를 보기 위해 왜 남녀노소가 몇 시간씩 줄을 서서 기다리는가에 대한 온갖 추측이 난무했다.

〈엑소시스트〉의 미친 문화적 충격은 그야말로 막대했다. 이 영화는 영화 화면을 통해 보여질 수 있는 것의 적절성을 규정하던 기존의 모든 규칙에 도전했고, 당시 펼쳐지고 있던 '워터게이트 추문'을 밀어내고 각 신문의 헤드라인을 장식했다. 그뿐만 아니라 귀신이 들렸다는 '실화'들에 대한 보고가 속출했으며, 한 평론가의 말대로 광범위한 관객을 대상으로 역겨움을 대중적 오락의 하나로 확립했다.

영화 줄거리

북부 이라크의 고대 유적의 발굴에 참여한 노신부 메린은 앗시리아의 마신 상이 발견되자 악령 부활의 무서운 예감에 사로잡혀 미국으로 돌아온다. 한편 미국의 대학도시 조지 타운에서는 남편과 별거 중인 여배우 크리스 맥닐이 외동딸과 함께 생활한다. 그러던 어느 날 리건이 악령에 씌게 되는 일이 일어난다. 리건의 몸은 꺾일 듯이 휘어질 뿐 아니라 입에서 거품이 아니라 퍼런 독즙을 내뿜고 성대도 변해 음산한 목소리가 된다.

현대 의학으로는 어쩔 수 없는 이 불가사의한 현상으로 가까이에 사는 젊은 긴부칼라스의 도움에 청하지만, 젊은 칼라스 신부는 혼신의 노력도 소용이 없자 예수회의 고위 신부에게 청원, 악마 추방령의 허가를 받은 메린 신부가 찾아온다. 고대의 마신 상을 발견하고 공포로 온몸을 떨었던 그 노신부이다.

메린과 칼라스 두 신부가 리건의 악령과 처절한 대결을 꾀하나 순식간에 불가사의한 차가운 기운이 온 방 안을 휘감으며 온갖 괴기현상이 잇따른다. 메린 노신부는 기력이 진하여 악령추방의 의식을 진행하던 중에 숨을 거둔다. 마지막 수단으로 젊은 칼라스 신부는 최후의 염력으로 악령을 자기 몸 안으로 불러들여 창에서 몸을 던짐으로써 자신과 함께 악령을 죽인다. 칼라스 신부의 희생으로 겨우 악령의 세계에서 탈출한 리건은 그때까지의 일이 전혀 기억에 없는 채 그 맑고도 청순한 옛 모습의 소녀로 돌아간다.

〈엑소시스트〉 실제 일어났던 일!

이러한 일들은 누구도 눈으로 확인하지 않고서는 믿을 수 없다고 말한다. 하지만 이것은 사실이다. 1971년 한 사람이 쓴 책이 사람들의 많은 관심과 호응을 받으면서 베스트셀러로 자리 잡게 되어 모든 나라 사람이 알 수 있게 되었다. 귀신이나 악령에게 씐 아이를 그것으로부터 떼어내는 것을 담은 것이다. 이것은 너무 유명해서 영화로도 만들어졌다. 많은 사람이 자신을 알아보게 되었고 그는 1979년이 되어서야 조심스럽게 이 말을 했다고 한다. "실화로 일어났었고 난 그것을 직접 보고 글로 쓴 것이다."라고 말이다.

한 소년이 언제부턴가 모르게 무서운 꿈을 꾸기 시작했고, 자신이 꿈에서 깨고 나면 누워있던 침대들과 물건들이 움직이고 이상한 울음소리가 들렸다고 한다. 그 후 부모님께 이러한 말을 했다. 처음에는 아이가 그냥 꿈을 꾼다거나 라고 생각했던 가족들은 아침밥을 먹는다. 갑자기 소년이 뒤로 넘어지면서 벽 쪽으로 누군가가 끌고 가 탁자에 부딪히는 광경을 보았다. 이것을 본 부모는 바로 목사님을 찾아가 아들을 살려달라고 도움을 요청했다. 그 목사는 바로 아이의 집을 찾았고 그러자 위층에서는 비명이 들리기 시작했다.

너무 놀라 그곳으로 뛰어 올라갔고 말로 설명하지 못할 장면을 보았다. 잠옷을 입고 있던 그가 자기 얼굴에 위장액을 뱉어놓은 것이다. 아이가 발버둥 치지 못하게 잡으려고 했지만 힘이 성인 그 누구보다도 세다는 것을 알았다. 아이의 상태로 보니 악마가 장난을 치고 있다고 말을 한 그는 자신의 성당으로 데리고 와 다른 신부들과 액소시즘(귀신을 쫓아내는 행위)을 시작했다. 그러자 벗겨져 있는 몸에서 헬프미라는 단어가 적혀 있었고 이것을 하던 도중 한 신부가 스프링으로 찌르는 바람에 큰 상처를 입었다. 그렇게 5개월간 성수를 맞고 그때서야 악마가 자리 잡고 있는 힘이 약해졌다는 것을 느꼈다. 이후 더욱더 강력하게 처치해 그의 몸에서 악마를 떼어냈고 다시 예전처럼 아무렇지 않게 정상적으로 돌아갔다.

이 영화를 촬영한 감독은 윌리엄 프라이드킨이다. 여자 주인공의 침대가 요동치는 장면을 촬영한 그다음 날 감독은 이상한 꿈을 꾸게 된다. 악마가 여자아이의 몸속으로 들어가 몸을 거꾸로 하고 계단을 빠르게 내려가는 모습을 꿈에서 본 감독은 그 장면을 연출하고 촬영하게 된다. 즉, 그 장면은 감독이 꿈에서 본 장면이다.

그리고 그다음에 꿈을 다시 한번 꾸는데 이번엔 여자아이가 아닌 한 번도 보지 못한 일그러진 얼굴의 젊은 여인이 나타났다고 한다. 그 여인이 말하길 "만약 네가 본 장면을 영화에 나타낸다면 너는 물론이며 수십 명의 사람이 나로 인해 사망할 것이다."라는 경고를 했지만 대수롭지 않게 생각한 감독은 영화에 이 장면을 실었고 끝을 마쳤다. 하지만 영화에 참여한 임원 중 아홉 명이 모두 죽었다.

〈엑소시스트〉에 얽힌 저주를 파헤쳐보자

1. 의문의 죽음

정말 악령이 깃든 영화인가?

현대과학으론 설명할 수 없는 괴이한 현상. 데미안 카라스라는 신부 역을 맡은 배우가 2001년 5월 심장마비로 사망하게 된다. 조명감독 또한, 〈엑소시스트〉 1편을 촬영하다가 떨어진 조명으로 인해 촬영 도중 사망하게 된다. 잭 맥고런이라는 배우는 후에 영화에서 자기 몸에 악령이 들어 창문 밖으로 뛰어내린다. 그 장면과 똑같이.

2. 사고

〈엑소시스트〉 촬영 중 설명하기 어려운 화재도 자주 발생했을 뿐 아니라, 영화를 상영하는 도중에 관객이 악마를 보았다거나 실신, 졸도로 인해 병원에 급히 실려 간 적도 많았기에 항상 앰뷸런스가 대기 중이었다고 한다.

3. 비운의 여자 주인공

꼬마 소녀를 기억하는가?

소름 끼치는 연기로 많은 주목을 받았던 그녀. 실제 인터뷰 영상을 보면 심리적 고통이 엄청났다고 한다. 특히, 아직도 잊을 수 없는 그 장면, 계단 장면- 피를 내뿜는 얼굴 샷! 소녀는 이 장면을 촬영할 때 정신적 고통이 많았다고 한다. 어쩌면 이 장면이 불행의 시초였을지도 … 어느 날 감독은 꿈을 꾸게 된다. 그 꿈에서 한 여자가 계단을 거꾸로 내려가면서 피를 토하는 장면을 보았다. 감독은 이걸 보고는 〈엑소시스트〉의 한 장면에 넣으면 좋겠다고 생각했고 장면을 삽입할 계획을 한다. 그런데 어느 날 그 꿈을 다시 꾸게 되었는데 여자 귀신이 그 장면을 영화에 넣지 말라고 한다. 만약 넣으면 저주를 내리겠다고 했단다. 하지만 감독은 그걸 무시하고 … 자신이 꿈속에서 본 그 장면을 영화에다 그대로 삽입하게 된다. 그리하여, 온갖 저주를 뒤엎어 쓴 채 〈엑소시스트〉 최고의 명장면이 완성된다.

소녀는 이 장면을 완벽히 소화해 내었고 사람들은 그녀를 연기 천재라며 떠들고 다녔다. 그녀의 고통은 모른 체 … 그녀의 말에 따르면 이 영화를 찍고 정신적 충격에 못 이겨 마약을 하게 되었다고 한다. 마약중독으로 인해 재판까지 갔지만 현재 연기를 하지 않고 동물보호 운동가로 활동 중이다. 이 영화는 분명 수작이다. 여타 다른 공포물과는 차별점이 드러난다. 표면상으로는 인간과 악마의 대립이지만 그 속을 들여다보면 교회 신구 세력의 대립과 협력 구도, 아버지가 없는 그녀와 모녀 관계 등 이러한 것들이 다층 면으로 나타난다. 종교적, 철학적, 정치적 여러 관점에서 볼 때 이 영화는 우리에게 생각할 거리를 쥐어 주는 영화임이 틀림없다.

"여기 왜 왔느냐?"
"세상의 빛을 끄러 왔다! 너희가 미웠다."

그들은 범죄자와 똑같다. 들키면 숨는다.

> 신부님, 세상에 그들이 정말 존재한단 말입니까?
> 그들이라면 누구를 말하는 것이냐?
> 12 악령 … 그 12 형상 말입니다.
> 모르겠느냐~ 그들은 세상 곳곳에 숨어있지.
> 그럼, 그들은 무엇을 하는 겁니까?
> 묵시록(요한계시록)에 있듯이 그들은 전쟁과 재난, 모든 참사 가운데에 있다.
> 그런 그들은 왜 숨어있는 겁니까?
> 그들이 존재를 들키면 인간들이 신을 믿기 때문이지 …
>
> — 영화 〈검은 사제들〉 中

물귀신 전 세계에서 존재한다

  귀신의 한 종류라고 해서 옛날이야기에만 나오는 것은 아니라, 현대 도시 괴담에서도 흔하게 등장하는 존재인데 우리나라만이 아니라 거의 전 세계적으로 존재한다. 간단하게 물귀신, 괴담 이런 식으로 검색하면 익사 사고가 흔히 일어나는 명소 쪽 괴담만이 아니라 외국에서도 흔치않게 물귀신 비슷한 이야기가 흘러나온다. 누구를 피라미드식으로 끌어들이는 작전에 물귀신이라는 말이 붙는다. 그런데 이게 한국에만 있는 것이 아니라 다른 나라에서도 있다. 미국의 이로노이주 시카고에 있는 메이플 강에는 1892년을 시작으로 지난 100여 년간 무려 36명의 사람이 물에 빠져 죽는 불상사가 발생했다.

  첫 번째 희생자는 당시 12살이었던 여자아이 미셸 헤긴슨. 악성 폐렴을 앓고 있던 미셸은 보모와 놀러 갔던 메이플 강에서 수영하다 물속에서 영원히 떠오르지 못했고, 당시 상황을 목격한 사람들은 미셸이 물속의 누군가에게 끌려 들어가는 것 같았다고 말했다.

  과연 미셸은 물귀신에 의해 끌려 들어가 사망한 것일까 … ?

더욱 기괴한 사실은 메이플 강에서 죽은 36명의 시신은 모두 오랫동안 떠오르지 않았다는 것이다. 2000년 당시 시카고의 메이플 강은 밤마다 나타나는 정체불명의 도깨비불로 골치를 앓았고 메이플 강에서는 1984년 이후로 아무도 수영하지 않는다.

1991년 5월 12일 스페인의 아리바네즈 해변에서 만취되어 야밤에 수영하던 미겔 오토는 갑자기 누군가 자기 발목을 붙들고 바닷속으로 끌어당기는 기괴한 현상을 체험한다. 아무도 없는 줄 알았던 바닷속에서 누군가 자기 발목을 만지는(물고기 같지 않은 손의 느낌이 있는 무언가 자기 발목을 꽉 잡는) 현상을 체험하자 바로 소리를 질렀고 같이 있던 친구들은 그를 구하러 바다로 뛰어들었다. 2명의 친구는 이미 물속으로 들어간 미겔을 찾아 잠수하였고 당시 미겔은 수심 2.5미터 정도에서 바닥을 더듬던 친구에게 발견되었다.

심한 구토 증세를 일으키며 해변 밖으로 나온 미겔과 그의 일행은 "물속에 누군가가 나를 끌어당겼다."는 주장을 하는 미겔을 믿지 못하였고, 서로 생사를 넘나드는 체험을 한 게 어이없어 탈진했다. 그때 갑자기 그들 앞에는 정체를 알 수 없는 하얀 옷을 입은 여인이 물 밖으로 머리를 내놨다고 하며, 이 괴현상을 목격한 미겔은 당시 자기 발목을 잡아당긴 여인이 그 여인이 아닌가 해서 급히 카메라로 증거 사진을 찍었다. 여인은 말없이 그들 앞에 서 있다가 약 7초 후 물속으로 들어갔다고 하며 모두 술기운이 있던 친구들은 "저 여인도 물에 빠진 것 같다. 구하러 들어가자."는 제안하다 기분이 이상해 그만두었다.

과연 세계적으로 나타나는 물귀신의 정체는 무엇일까?

이런 이야기는 우리나라의 강이나 냇가에서 숱하게 전해 내려져 온다. 사진에 귀신이 찍혔다든가 하는 이야기들 … 그저 누군가 장난치는 괴담에 불과할까?

인터넷에 올라온 질문과 답글

저희 아이들이 귀신을 너무 자주 보내요. ㅜㅜ

자녀 셋을 둔 아빠입니다.
집 내력을 먼저 말씀드리자면 저희 어머니가 귀신을 너무 자주 보십니다. 그리고 저도 어렸을 때 귀신을 자주 봤고요.
제가 본 귀신을 어머니가 같이 보신 적도 있습니다.
하지만 자녀들이 태어나고 나선 저는 거의 본 적이 없습니다.
근데 아이들 셋 중에 유난히 큰아이가 귀신을 너무 자주 봅니다.
둘째도 귀신을 가끔 보고요. 아이들이 너무 힘들어합니다.
어떻게 하면 아이들이 귀신이 안 보일 수 있을까요.
큰아이는 귀신이 자신에게 말을 걸어오기도 한다고 합니다.
저희 큰아이는 양력 2004년 10월 6일 오전 10시 정도에 태어났습니다. 딸이고요. 귀신을 안 볼 수 있는 방법이 있을까요.

귀신이 자꾸 보입니다. 어떻게 해야 하나요?

일단 귀신을 본 지는 얼마 안 됐고 이게 귀신을 보는 건지도 모르겠네요. 일단 저는 귀신을 믿지 않았습니다. 그리고 성당도 다니지 않습니다. 저희 집은 불교에요. 제가 귀신이 있다고 믿게 된 계기는 우선 저는 무서운 영화도 잘 보기도 하고, 그냥 무서운 것 자체를 좋아합니다. 근데 어느 순간부터 이상하게 제가 집에 혼자 있는 날에 느낌이 싸하더라고요. 근데 처음에는 가볍게 넘겼는데 혼자 컴퓨터를 하고 있었는데 누군가가 저를 쳐다보고 있는 느낌이 드는 거예요.

그래서 뒤를 돌아봤는데 아무도 없어서(있을 수가 없죠) 다시 하고 있는데, 사람 형태로 가진 그림자가 제 그림자를 덮고 있는 거예요. 창밖에서 제 모습이 보이는데 … 아무도 없었는데 … 그래서 너무 무서워서 더 환하게 불 켜고 컴퓨터하고 있었는데도 그림자가 보이는 거예요. 그 뒤로 컴퓨터 근처에는 못 가겠더라고요. 요즘 들어 너무 힘든데 계속 느낌이 싸해요. 혼자 있으면 미칠 정도로 더 싸하고요.

그리고 제가 며칠 전에 새벽 2시쯤에 공부를 하고 있는데 뒤에서 누군가가 저를 쳐다보고 있는 느낌이 들고, 진짜 제 방 느낌이 태어나서 느낄 수 없는 그런 싸한 분위기와 동시에 미치겠더라고요. 그래서 저는 계속 뒤돌아보고 공부하고 돌아보고 공부하다가 어느 순간 뒤를 돌아봤는데, 제 뒤에 구석진 곳에서 웨이브진 머리를 한 여자가 있었어요.

제대로 보지는 못했지만 눈이 없었고 옷은 누더기 옷(?) 비슷하게 입고 쭈그려서 저를 노려보고 있었습니다 … 그 여자는 성인이었고 그 여자보고 너무 무서워서 제방에 불은 다 키고 밤샜어요.

그리고 어느 순간은 엄마하고 차 타고 가다가 핸드폰 하면서 가고 있었는데(제가 조수석 탔습니다), 옆에서 계속 쳐다보길래 제가 엄마 그만 쳐다봐 기분 나빠하고 옆 돌아보면서 말했는데, 엄마는 앞에 보고 있었고 저에게 너 쳐다보지도 않았다고 말했습니다. 그리고 제가 다시 엄마 쳐다 보니까 이상한 형체가 엄마에게 달라붙은 것처럼 있더라고요 … 소름 돋아서 미치겠어요. 그리고 새벽에 너무 화장실이 급해서 화장실 가는데 간혹 사람 형체를 본 적도 있고, 사람 형체가 아닌 이상한 형체를 종종 목격하기도 했고, 미치겠어요. 제발 진짜 귀신을 보기도 싫고 싸한 느낌도 싫은데 그렇다고 제 방이 더러운 것도 아니거든요 …

1. 저 어떻게 되는 건가요?

2. 저 죽을 수도 있나요. ㅠㅠ

3. 무당 불러야 하나요. 귀신은 보기 싫은데…

4. 저 귀신 보는 거 맞는 건가요?

5. 답변해 주시는 분이 제가 올린 글보고 말좀해 주세요. ㅜㅜ

안녕하세요. (인터넷 답글)

질문자의 글을 보고 제가 경험한 내용을 알려드리면 도움이 될 것 같아서 답글을 씁니다. 제 답글은 정답은 아니고 참고만 하시길 바랍니다. 제가 이런 현상으로 고통을 당하는 사람들을 상담하고 치유하는 과정에서 알게 된 것은, 일반적인 사람은 귀신을 볼 수 없고, 가족 내력이나 귀신과 연결되는 게임이나 영화나 물건을 사서 집에 두거나 음악을 듣다가 침투를 당하는 애가 많았고, 그 결과 귀신을 보게 되었다고 합니다.

몸 안에 귀신이 침투하면 그 귀신의 도움으로 다른 귀신을 볼 수 있습니다. 성경에는 성령이 사람의 몸 안에 들어오면 성령의 도움으로 귀신을 보고 추방하는 일을 하기도 합니다. 의학적으로, 현대과학으로 설명이 안 되는 귀신에 관한 것이 사실 우리 주변에서 많이 일어나고 있고, 이 문제를 해결하려고 그 많은 무당이 있고 퇴마사가 존재합니다.

귀신을 보는 원인을 알게 된 후에 어떻게 하면 더 이상 안 보게 할 수 있느냐입니다. 방법은 우리 주변에 참 많습니다. 퇴마사, 무당, 절의 승려, 기수련 등등 … 제가 권하고 싶은 방법은 세상의 모든 귀신이 가장 무서워하는 성경에서 가르치는 방법입니다. 성경에서 가르치는 방법은 귀신을 추방하는 방법도 가르쳐 주지만, 또 귀신들이 거주할 수 없는 상태, 즉 몸의 영적상태를 어떻게 만드는지에 대해서도 가르쳐 줍니다(엡 6:11-13).

동서고금을 막론하고 어두운 밤이나 비가 내리는 날씨, 묘지나 흉가 등은 사람들에게 근원적인 공포를 유발한다. 귀신 그리고 유령은 피하고 싶은 대상인 동시에 호기심의 대상이다. 귀신을 보거나 느끼는 심령현상에 대한 관심도 풍부하다. 과거 유럽 의학에서는 간질 등의 정신병을 귀신의 탓으로 여겼다. 동의보감에는 '귀신 보는 법'이라는 장도 존재했다.

잠깐, 현대의학의 입장에서 본 견해서를 보자

'알 수 없다' 회의적 시선, 하지만 지속되는 연구 … 측두엽 이상이 주로 주목.

가톨릭의대 신경정신과 채정호 교수는 "과학의 잣대로 설명하거나 입증할 수 없는 현상들이 있는 것은 사실"이라며 "귀신이 '있다, 없다'가 아니라 있는지 없는지 '모른다'가 정답"이라고 말했다. 과학의 입장에서 귀신의 유무는 판별할 수 없다는 것이다. 그러나 심령현상에 대한 연구는 지속되고 있다. 예를 들어 정신의학에서는 사람들이 귀신을 봤다고 했을 때, 뇌 측두엽의 뇌파에 변화가 생긴다는 연구 결과가 많다. 채 교수는 국내에서 '접신'을 했다고 주장하는 무속인 2명의 접신 순간의 뇌를 SPECT로 촬영했다. 그 결과 뇌의 전두엽과 측두엽이 함께 활성을 띠었다. 한편 펜실베이니아의대 앤드류 뉴버그 교수도 티베트 불교 명상 수행자, 가톨릭 수녀를 대상으로 비슷한 연구를 수행해 비슷한 결과를 얻었다. 그는 접신 순간의 뇌의 혈류 변화를 확인했는데, 마찬가지로 측두엽으로 가는 혈류가 증가하였다고 한다.

영적 체험 중 가장 흔한 것은 신이나 다른 존재의 음성을 듣는 것이라고 한다. 흥미롭게도 측두엽은 언어 인식능력에도 중요한 역할을 수행한다. 영국 맨체스터대학의 심리학자 리처드 벤톨은 '제한된 환경, 심한 스트레스, 혹은 무언가에 집중한 상태에서는 스스로의 생각을 본인의 것이라 인식하지 못하고 외부에서 들어온 목소리라고 착각하기 쉽다.'고 밝했다. 이처럼 측두엽 활성은 심령적인 체험에서 자주 공통적으로 나타나는 특성이다. 귀신이나 유령에 대한 관심은 앞으로도 계속해서 사람들의 입에 오르내릴 것이며, 이는 정신의학적으로 더 연구해야 할 과제임이 틀림없다. 그러나 물리학, 화학 등의 과학적인 관점만으로는 정신을 온전히 이해할 수 없다는 시각들이 많으므로, 귀신에 대해서는 조심스럽게 유연한 태도를 가지고 접근하는 것이 좋을 것이다.

실제로 주변에 귀신의 형상을 보거나 귀신의 목소리를 듣는 사람들이 많다

귀신을 경험해 보지 못한 사람들은 장난이라고 한다. 이러한 일들은 의학적으로는 풀어낼 수 없는 영역이다. 왜냐하면 '영'이란 형체도 부피도 없는 공의 상태이기 때문에 속도에도 구애받지 않는 존재이며, 이러한 공의 상태를 과학 장비로는 측정이 불가능하다. 별다른 병명도 없으면서 고통을 당하는 사람은 상상을 초월하는 고통을 당하게 된다. 신학은 철학과 상당한 연관이 있고, 또 신은 철학에서 말하는 흔히 '이데아' 같은 존재이기 때문에 이는 추상적이며 물질론적인 과학으로는 설명이 되지 않는 것이 당연한 것이다.

믿음의 세계를 과학으로 증명하라는 이야기는 쉽게 이야기해서 이는 하나님의 사랑을 증명해 보라고 했을 때, 어머니의 사랑을 "나는 너를 사랑하고 있다."에 대한 그 사랑의 정도를 계량하고 치수하라, 즉 과학적으로 설명하라는 것과 같다. 어머니의 사랑은 무한하다고는 하나 그것 역시 철학적 또는 추상적으로 설명했을 뿐이지 절대적으로 '과학적'으로 증명하지는 못한다.

인간이 해결할 수 없는 많은 일 가운데

구천에 떠도는 것은 사람의 혼백이 아니다. 만일 그것이 죽은 자의 혼령이라면 이 땅에는 왜 여전히 미제사건들이 산더미처럼 쌓여있을까? 당장 범인을 지목해 색출해 낼 텐데 말이다.

어떤 영혼은 혼백(귀신)으로 환생해 나타날 수 있고, 어떤 영혼은 그럴 수 없고?

이게 말인가, 막걸리인가?

이젠 제발 좀 사람인 이상 생각이라는 것을 하면서 살아야 할 것이다.

사람이 죽으면 무덤 속에 그냥 갇혀 있다. 깊은 잠에 빠져 있다는 말이다. 의인과 악인 모두 완전한 무의식 상태에서 부활의 날을 기다리고 있다. 예수께서 재림하셔서 죽음이라는 잠을 깨워 주실 때까지 무덤 속에서 대기하고 있는 상태이다(마 9:24; 요 11:11, 고전 15:6; 15:18, 20). 화장된 사람도 그날에는 순식간에 그 육신이 원상 복귀되니까 아무 걱정하지 않아도 된다.

다니엘서에는 그리스도께서 다시 오실 때 흙으로 돌아간 모든 죽은 자가 잠에서 깨어날 것을 말씀한다. 사람이 깊은 잠에 빠져서 오랜 시간 자다 일어나도 그 시간이 짧은 시간처럼 느껴지는 것같이, 죽은 자의 부활은 바로 엊저녁 잠들다 이제 막 일어난 것처럼 동일한 현상을 느끼게 된다. 수천 년 전에 죽은 사람 역시 말이다.

사람이 일단 죽으면 즉각 '구원' 아니면 '심판' 둘 중 하나로 나뉜다. 후손들이 조상을 위해 아무리 기도를 하고 돈을 많이 갖다 바쳐도 소용이 없다. 구원의 기회는 오직 이 땅에 있을 때에만 유효하다. 중간 회색지대는 없으며 제2의 기회도 없다.

귀신을 보았다거나 위 말씀처럼 사람의 몸에 들어가 조종하는 것은 사탄의 악령이다. 한마디로 귀신이 들린 것은 몸만 인간이지 그 내면은 항상 사탄의 조종대로 움직이는 것을 뜻한다.

　이 땅에 일어나는 수많은 살인사건, 그중에 사람을 재미삼아 죽이는 사패들, 그들은 100퍼센트 귀신에게 사주받은 저주받은 자들이다. 그런 조짐이 드는 자들은 신속히 그 누구보다 더 빨리 예수님을 영접해 마귀에게 장악되지 않도록 해야 한다. 마귀가 한번 표적을 삼으면 그야말로 벗어나기 힘들다. 사람을 한 명 죽인 사람과 서너 명 죽인 사람의 죗값은 절대 같지 않다. 그러면 다른 사람들은 괜찮을까? 도박, 알코올 중독, 음주 운전, 마약, 약물 중독, 분노조절장애, 조현병, 우울증, 각종 정신병 … 그들이 예비 범죄자가 될 수도 있다는 점 … 분명히 인식해야 한다.

　예수님 영접하지 않고 죄 문제 해결하지 않고 이 땅을 살다 간 모든 사람! 예수님 오시는 날(마지막 날) 한 사람도 예외 없이 부활해 모두 생전에 지은 죗값 하나도 빠짐없이 전부 계산해야 한다는 것 명심해야 한다. 그것은 온몸과 혼과 영을 통해서 받아야 할 고통들이다.

　구약 성경은 죄에 대한 심판이 각 사람에게 어떻게 보응되고 있는지 역사를 통해 똑똑히 보여 주심으로 죄를 미워하고 경멸 하시는 하나님의 성품(뜻)을 계시하신다.

> 어떤 남자가 유부녀와 동침한 것이 드러나거든 그 동침한 남자와 그 여자를 둘 다 죽여 이스라엘 중에 악을 제할지니라 _신 22:22.

　세상 죄인들은 예수 그리스도의 빈 무덤에 대해 과도한 집착을 보인다. 왜냐하면 이 땅 어느 무덤에서도 예수님의 시신을 찾을 수 없기 때문이다. 그래서 그들은 도무지 믿을 수 없다면서 예수님의 살아난 몸에 대해 논쟁과 시비를 거는 것이다. 그러나 예수께서 죽으셨다가 다시 살아났다는 사실은 많은 무오한 증거들로 확증할 수 있다(행 1:3, 고전 15:5-8).

　예수님의 부활이 없었다면 인간의 무덤들은 그 뼈들이 먼지와 재로 변하면서 영원히 침묵을 지킬 수밖에 없었을 것이다. 그러나 무덤에서 다시 살아나오신 예수 그리스도께서는 그분을 믿는 성도들에게 이렇게 말씀하신다. "이는 내가 살고 너희도 살겠음이라"(요 14:19).

예수 그리스도의 부활은 "은혜의 복음"의 핵심으로서 모든 사람을 의롭게 해 주는 중요한 요소이다.

> 예수께서는 우리의 범죄함을 인하여 드려지셨고 우리를 의롭게 하심을 위하여 다시 일으키셨느니라 _롬 4:25.

👍 추천 영상/하용조 목사 명설교/상처와 회복

기독교는 다른 모든 타 종교와 구별된다. 다른 성격을 띤다. 즉, 행위로 구원을 받는 것이 아니라 믿음으로 구원을 받는데 이것이 타 종교인들에게는 이해할 수 없는 부분이다.

아니, 내가 구원을 받는데(내가 노력해야지) 왜 남이 나의 구원을 대신해 준단 말인가?

이것이 인간이 갖는 보편적 또는 상식적인 생각이다. 그런데 말이다. 인간이 스스로 노력해서 자기의 구원을 성취할 수 있다면 하나님께서도 굳이 당신이 십자가를 지면서까지 인간의 구원을 위해 애쓰지 않았을 거란 말이다. 하나님께서는 인간 스스로는 구원을 이룰 수 없음을 아신다. 구원을 이루기는커녕 살아갈수록 더 죄는 더 증가하고 그 속에 빠져 죽게 된다는 사실도 아셨다.

보이지 않는 양심이라는 기관

여러분, 양심은 누구 편일까? 누구에게나 있는 양심 … 나에게 있으니 아무래도 내 편일 것 같다는 생각이 들 것이다. 그러나 아니다. 양심은 내 편이 아니고 하나님 편이다. 가령 우리가 아무도 몰래 남의 집 과일을 따 먹는다고 했을 때, 그때 마음에서 어떤 일이 벌어지는가 생각해 보면 금방 답이 나온다. 큰 도둑질도 아닌데 이놈의 심장(양심)이 난리를 치는 것이다. 얼마나 크게 방망이질해 대는지 너무하다 싶을 만큼 큰 가책(심한 질책)을 받는다. 많이들 경험해 보았을 것이다. 작은 죄라도 우리는 찔림을 받게끔 설정돼 있다.

> 그러나 성령이 밝히 말씀하시기를 후일에 어떤 사람들이 믿음에서 떠나 미혹하는 영과 귀신의 가르침을 따르리라 하셨으니 자기 양심이 화인 맞아서 외식함으로 거짓말하는 자들이라 _딤전 4:1-2.

이 순기능이 고장 나 지금 사람들은 아무렇지 않게 죄를 범하기도 하지만, 정말 정직한 자는 자기 안에 있는 죄성을 인정할 수밖에 없다. 우리가 태어나기를 죄인으로 태어났기 때문이다. 노예 가문에서 노예가 태어나듯 최초의 범죄자 아담이 바로 우리 선조이기에 그렇다. (유전자 유전 법칙에 의거) "모든 사람이 죄를 범하였으매 하나님의 영광에 이르지 못하였더니"(롬 3:23). 원죄로 인한 죄인의 핏줄에 대해 설명하는 것이다. 죄를 피해 갈 단 한 사람이 없다는 말이다.

〈하나님과 경찰〉

하나님의 사랑을 오해하고 의심하는 사람은 하나님을 자기를 힘들게 하고 대적하는 분으로 알고 있다. 심리적으로 사람이 경찰을 볼 때 느껴지는 감정엔 두 가지가 있다.

첫째, 죄가 없는 사람은 경찰과 마주할 때 평안함과 친근감을 느낀다는 것이고 **둘째**, 죄 있는 사람은 불안과 초조감을 느낀다. 경찰은 시민을 지켜 주기도 하는 반면 또 죄 있는 사람을 잡아 가두기 때문이다. 마찬가지로 사람이 하나님에 대해 이야기할 때 까닭 모를 거부감이나 적대감이 드는 건 그가 죄인이기 때문이며, 평안함과 감사를 느끼는 사람은 그 속에 죄가 없기 때문이다. 여기서 말하는 죄란, 누구나 살면서 짓게 되는 '자범죄'가 아닌 하나님을 떠난 영적인 죄, 즉 하나님을 모르는 거부하는 '원죄'를 말한다.

자범죄 - 사람이 출생 후부터 짓는 죄를 뜻하는데, 작위적이든 부작위적이든 각 개인의 의지에 따른 자유로운 인격적 행위와 그 결과로 성립되는 죄이다.

그렇다면 누구에 의해 죄에 빠졌다는 것인가? 성경은 타락한 천사 '사탄'이라고 하고 '마귀'라고도 하는 이 자에 의해 인간이 죄를 짓고 하나님을 떠나 비참한 인생살이를 하고 있다고 말씀한다. 그리고 이 존재는 지금도 여전히 하나님과 그분이 내신길(복음)을 부인하며, 사후세계(지옥 심판)도 부인하며 양심을 내팽개치고 자신들이 원하는 길을 따라 실컷 죄를 짓고 살다가 결국엔 무서운 유황불 못 앞에 고꾸라지도록 온 힘과 열정을 다해 역사하고 있다고 알리고 있다. 인류를 멸망시키는 "진짜 도둑"은 따로 있다는 말이다(고후 4:3-4).

인간이란 영혼 육체를 가진 존재이고 그중에 육체는 물질이기에 과학적인 탐구를 통해서 육체에 기여하며, 종교는 인간의 영혼에 기여하는 보이지 않는 영적 존재에게 숭배하는 무형의 행위이다. 그러니 무형이니 보이지 않고 보이지 않은 것을 과학이 증명할 수는 도저히 없는 분야다. 이 종교의 비밀은 인간의 영혼을 인정하지 않으면 이해 불가한 영혼을 가진 인간의 본능적인 행위이다. 마치 먹고 입고, 자고 하는 생리적 작용이 육체에 있다면 인간의 영혼에는 영의 존재를 숭배하는 종교적인 정신을 인간이면 다 가지고 태어난다. 왜냐하면 인간의 혼에 있는 이 양심이 하나님에 의해 창조되어 그 양심에 하나님의 창조하신 사인이 새겨진 하나님의 낙인(DNA)이 찍혀 있기 때문이다. 반면에 다른 악령들의 후손에게는 이 양심이 없고 따라서 양심을 만든 하나님을 절대로 믿지 못한다.

한때 최고의 축복을 받고 큰 영광을 누렸던 하늘의 천사장이던 타락한 악마 사탄! 성경은 땅으로 내어 쫓긴 그와 그의 부하 1/3이나 되는 하늘의 천사였던 수많은 귀신(악령)이 지금 이 땅에서 벌이는 죄악을 폭로한다. 하나님을 대적해 이 땅 가운데 내쫓김 당하므로 분개한 그들이, 그분의 가장 소중한 존재인 "인간"을 타락으로 이끌며 끝내 자신들과 함께 지옥에 떨어짐으로써 하나님을 욕보이는 것, 이것이 그들의 소원이다. 우리는 하나님의 말씀인 성경에서만 이 땅에서 풀 수 없는 오만가지 의문과 미스터리에 대한 답을 얻는다.

더 이상 현혹되지 말자 - 사탄의 모략과 술수를 모르면 멸망이다

부모로, 조상으로, 혈육으로 나타나는 그들의 모습은 모두 속임수다(죽은 사람은 이생에 나타날 수 없다). 인간의 뇌파를 자신들의 기준대로 마구잡이로 흔들어대는 경우에 가위눌림도 있게 되고 꿈자리도 어지럽게 되며 부정적 성향도 강하게 나타난다. 멀쩡하던 사람이 술을 먹게 되면 이상 행동도 나타나게 된다. 대인관계를 하더라도 별일 아닌 일 가지고도 요것 저것 따지고 사람을 너무 피곤하게 한다. 이러한 현상들을 부정적 성격, 몸에 실린 악령들이 뇌파를 흔들기 때문에 비롯된 것이다.

너무 무섭고 끔찍한 것은 우리 마음과 속에서 비롯되는 생각, 머릿속에서 구상되고 떠올려지는 일들,, 그것이 전부 우리들 자신에게서 비롯된 것이 아니다.

> 마귀가 벌써 시몬의 아들 가룟 유다의 마음에 예수를 팔려는 생각을 넣었더라
> _요 13:2.

대환란 시대 - 현재는 영적 대환란 시대인 동시에 육적 대환란 시대이다

영적환난이란, 사탄이 역사해 사탄이 주는 마음과 정신과 생각을 갖게 해, 결국 온갖 더럽고 추악한 죄에 빠져들어 어둠 속에 함께 빠져 장사되는 것을 말한다.

육적환난이란, 재난과 재앙, 홍수 가뭄, 지진, 태풍, 추위와 더위, 전쟁, 전염병 등 자연과 인간에게서 오는 것들이다. 이 모든 것의 배후에 사탄이 있다.

> 네가 선을 행하면 어찌 낯을 들지 못하겠느냐 선을 행하지 아니하면 죄가 문에 엎드려 있느니라 죄를 너를 원하나 너는 죄를 다스릴지니라 _ 창 4:7.

죄가 문 앞에 엎드려 있다니 … ! 마치 사자와 같은 맹수들이 먹이를 사냥하기 위해 웅크리고 앉아서 호시탐탐 기회를 엿본다는 느낌이 든다. 죄가 문 앞에 엎드려 있다는 것은 죄는 언제든지 내가 문만 열면 내 안으로 들어올 준비가 되어있다는 뜻이다. 그만큼 죄는 우리와 아주 가까이 밀접해 있다.

어떤 사람이 목사에게 찾아와 하소연했다. " 난 예수 믿는다는 것들 정말 증오합니다. 제 옆집 사는 모 집사라는 작자가 무슨 일만 있다 하면 날 죽이겠다고 몇 년째 협박하는지, 그러고도 그게 예수 믿는 자라 할 수 있는지 쯧쯧 …"

묵묵히 듣고 있던 목사 … "예 … 아마도 그자가 예수 믿었기에 망정이지 말로 끝나지 않을 수도 있었을 것입니다."

전염되는 죄 - 사적이고 은밀한 죄가 어떻게 다른 사람들에게 영향을 미치는가?

내가 만일 바다 한가운데 있는 섬에 고립된 채로 산다면 나의 은밀한 죄는 나를 제외한 그 누구에게도 영향을 미치지 않을 것이다. 그러나 옛말에 "아무도 섬이 아니다(no man is an island)."라고 했듯, 우리에게는 가족이나 적어도 친구, 지인들을 지속적으로 만날 수 있는 기회가 주어질 것이다. 죄는 대가를 치르기 때문에 우리를 알고 있는 모든 사람은 어떤 방식으로든 영향을 받게 된다. 그것은 창조 때에 정해진 양식을 따르는 원칙이다.

창조된 모든 것은 각기 그 "종류"에 따라 번식시키는 씨앗을 가진다(창 1:11, 21, 25). 다시 말해서 누군가 옥수수를 심고 사탕무를 수확할 것을 기대하지 않는 것처럼, 스스로 죄를 "심고" 심지어 은밀할지라도 그 대가를 거둬들일 것을 예상하지 않을 수 없는 것이다. 그리고 "연관성"이라고 하는 또 다른 원칙 때문에 죄의 대가는 우리와 만나는 모든 사람 누구에게나 어떠한 방식으로든 흘러 들어간다. 이는 우리 주위의 사람들이 그 연관성에 의해 사적이든 공적이든 우리들이 택한 선택과 행동으로 인해 축복을 받거나 상처를 입을 수 있다는 뜻이다. "너희 죄가 반드시 너희를 찾아낼 줄 알라"(민 32:23).

죄는 이토록이나 무서운 것이며 단순하게 여길 수 있는 문제가 아니다. 우리는 한배를 타고 항해하는 운명공동체 안에서 생존하고 있기 때문이다. 두려운 것이 죄는 그 죗값을 사후뿐만 아니라 이 땅 가운데에서도 반드시 묻고 찾아오는데, 마치 도미노게임처럼 한 곳이 무너지면 다른 곳도 모두 다 함께 연속적으로 무너지는 법칙처럼 작용하고 있다는 것이다. 지구는 거친 폭풍이 휘몰아치는 바다를 뚫고 가는 한 척의 위태위태한 돛단배와 같다. 이제 그것이 현실로 입증되고 있는 것이, 지구위기가 몰고 온 지구 대종말 사건이 머지않아 우리 목전에서 생생히 벌어질 실정이 아니겠는가!

실존하는 영적 존재

사탄의 존재, 그것은 인간의 상상 속에서 '영화'나 '드라마'를 위해 재미 삼아 그려내는 그러한 존재가 아니다. 사람의 눈에는 보이지 않으나 분명히 살아 활동하는 영적 실체이다.

이것을 모르기에 인간은 무작위로 당하는 삶을 살아왔다. 적을 모르면 백전백패하지만 알면 승리할 수 있다. 우리는 죄의 종노릇으로부터 구원돼 영원한 파멸(지옥)로 끌려가지 않게 된다. 하나님의 형상으로 지음을 받은 첫 사람 아담과 하와가 하나님의 금기하신 말씀을 불순종한 죄를 범하고 하나님을 떠나므로 모든 인류는 저주 아래 놓였다. 이것이 현재 우리 인생들, 하나님 떠난 사람들의 현주소다. 주소를 바꿔야 한다. 하늘 시민으로 다시 원상 복귀해 주어야 한다(빌 3:18-20).

"나는 소망한다. 내게 금지된 것을!"

금지된 그것에 손을 대는 순간 삶은 박살 나고 죽음의 그림자는 맹수처럼 달려와 우리 목을 끊기 위해 언제라도 비상 태세로 돌입하고 있다. "정신을 차리라 깨어 있으라 너희 원수 사탄이 울부짖는 사자처럼 두루 다니며 삼킬 자를 찾나니"(벧전 5:8). 울부짖는 사자처럼 사방을 휘돌고 다니며 삼킬 자를 찾다가 찾았다 싶으면 그 순간 득달같이 달려들어 물어 재끼는 것이다.

공포영화보다 더 무서운 실화를 바탕으로 한 SBS〈그것이 알고 싶다〉는 정말 우리나라에서 일어난 일이 맞을까 하는 의구심이 들 만큼 충격적인 사건들을 소개해왔다. 몇몇 사건은 사회적 공분을 불러일으키며 경찰이 재수사에 착수하는 등 큰 변화를 끌어내기도 했다.

연쇄살인자 심리파일/사이코패스 그들은 누구인가?/2007. 7. 21.

지난 2007년 연쇄살인범 정남규가 2년 동안 서울 경기지역에서 여성들을 잔인하게 살인한 것이 밝혀지며 세상을 떠들썩하게 만들었다. 조사 결과 정남규는 2004년부터 2006년까지 13명을 살해하고 20명에게 중상을 입힌 끔찍한 사실이 밝혀졌다.

정남규는 1순위로 젊은 여자, 2순위로 여자 어린이, 3순위로 남자 어린이 등의 순으로 살인 대상을 정했다. 특히, 검찰 조사 중 정남규는 "피 냄새를 맡고 싶다."고 요구했고, "피 냄새를 맡으면 어떠냐?"는 경찰관의 질문에 그는 "향기가 난다."고 답해 사람들을 충격에 빠트렸다.

사탄의 최종목적은 하나. 그의 사명도 하나. 인간을 멸망시키는 것! 어떻게든 더 많은 죄를 짓게 해 자멸시킴으로 그 영이 자신처럼 하나님 나라에 들어갈 수 없도록, 하나님 만나지 못하도록 하는 것!

제주 흉기 습격 중국인/누군가 머리에 칩을 심어 조종했다

제주 성당에서 60대 여성을 흉기로 수차례 찔러 살해한 혐의를 받고 있는 중국인 관광객 첸궈레이(50)가, 경찰에 "누군가 내 머리에 칩을 심어 조종했다"라고 진술했다. 제주서부경찰서는 22일 수사결과를 발표하고 프로파일러를 투입해 첸씨를 면담한 결과 망상장애에 의한 비합리적 사고가 범행계획에 큰 영향을 준 것으로 분석하고 있다.

망상장애는 한 가지 이상의 생각이 모순된 증거에도 고정되어 1개월 이상 지속으로 존재하는 경우를 말한다. 첸씨는 지난 2016년 9월 17일 제주시 연동의 모 성당에서 홀로 기도 중이던 김 모(61. 여)씨를 흉기로 여러 차례 찔러 살해한 혐의를 받았다. 첸씨는 경찰에서 중국에 있던 전부인의 외도로 여성에 대한 반감이 있어 나쁜 감정이 들었다고 범행동기를 말했다. 특히, 김 씨의 사망 사실을 들은 뒤에는 "내 머리에 칩을 심어 조종하므로 범행을 저질렀다"라고 진술했다.

- 👍 추천 영상/새롭게 하소서/박상미 교수/당신은 더 행복해져야 할 사람입니다
- 👍 추천 도서/박상미 저/『우울한 마음도 습관입니다』/엄밀히 따지면 반복되는 우울, 불안, 짜증, 염려, 부정적 사고, 무기력 등은 마음의 문제가 아니라 뇌의 문제이다

여러분, 이래서 예수를 믿지 않음이 얼마나 무서운 죄인지를 알아야 합니다

예수를 믿음으로 악령이 떠나고 성령이 그 사람을 주관하게 된다. 물론 하나님의 자녀가 된다고 해서 죄를 영 안 짓게 된다, 그런 말이 아니다. 죄를 대하는 태도, 수준, 차원이 예전(불신자 때)과는 다르다는 말이다. 즉, 죄를 미워하는 하나님 앞에서 그것을 의식(심판에 대한 두려움)하게 된다는 말이다. 분명한 것은 우리 죄를 위해 십자가에 죽으시고 3일 만에 부활하신 예수 그리스도를 영접하는 순간, 마귀의 자녀에서 하나님의 자녀로 귀의해 지옥심판을 면함과 동시 그토록 바라던 천국에서의 영생도 함께 얻게 된다는 사실이다. 이 사실이 믿어지지 않는 사람은 단언컨대 지상에서 가장 가엾은 자임에 확실하다(마 25:41). 영적 전투(죄와의 싸움)는 우리가 태어나는 그 순간부터 시작된다(인간은 프로그램대로 움직이는 로봇이 아니라는 점이다).

사탄은 지구에 살고 있는 모든 사람의 운명을 지배하려는 불타는 욕망을 가지고 있다. 고린도후서 4:4, 사탄이 가장 잘 사용하는 전술은 속임수, 교활한 거짓말이다.

신은 누구인가?
우리는 어디에서 왔는가?

죽음 이후에는 무엇이 있는가?
세상의 악의 근원은 무엇인가?

인류의 탄생과 함께 시작된 이러한 질문에 대한 전 지구적 호기심은 시대가 바뀌어도 변하지 않고 신앙이 있는 사람뿐만 아니라 없는 사람들의 삶에도 영향을 준다.

> 그가 와서 죄에 대하여 의에 대하여 심판에 대하여 세상을 책망하시리라 죄에 대하여라 함은 그들이 나를 믿지 아니함이요 의에 대하여라 함은 내가 아버지께로 가니 너희가 다시 나를 보지 못함이요 심판에 대하여라 함은 이 세상 임금이 심판을 받았음이라 _요 16:8-11.

그것이 알고 싶다

지금껏 세상에는 기적도 많았다. 미스터리 사건도 수없이 많았다. 인간의 이성(과학)으로 도저히 이해 못 할 일들이 너무나도 많이 있었다. 사람들은 참 이상하다. 왜 믿지도 않는 귀신을 만들어서 삶 속에 모셔놓고는 그야말로 그것에 몇 배로 더 고통을 당하는지 알 수 없다.

광기, 포악, 억압, 착취, 학살 등 … 하늘 아래 이곳에서는 너무도 무시무시한 보통 사람들로는 도저히 상상조차 할 수 없는 일들이 온 땅을 뒤엎어왔다. 늘어만 가는 피의 범죄들 … 그 알 수 없는 공포의 그림자는 무엇인가? 누군가 한 사람을 죽음으로 몰고 가도 그것이 엄청난 일임이 분명한데, 꼬리에 꼬리를 물고 발생하는 연이은 살인사건들의 정체는 과연 무엇이란 말인가? 사람들은 영화는 영화일 뿐 현실과는 도무지 동떨어진 관계로 본다. 천만에!

현실 속에는 영화 속 이야기보다 더 잔인하고 무섭고 참혹하며 기이한 일들이 이 지구 땅에는 얼마든지 일어나고 있다.

어린 시절 나는 기필코 없을 거라고 믿었던 그 귀신에게 사로잡혀 얼마나 많은 날을 시달려 왔는지 모른다. '악령 매체'들은 이 존재들을 더없이 부각해 인생을 황폐하게 만든다. 동서양에서의 귀신의 모습과 활동은 많이 다르지만 분명한 것은 양쪽 모두 인간을 파멸하는 존재로 군림해 왔다. 어떤 사람은 사람 앞에서는 의연하나 영적인 존재 앞에서는 도무지 맥을 못 춘다. 생시보다 더 생생한 악몽. 가위눌림. 당신은 이 현상을 어찌 설명할 것인가? 꿈을 깨고 난 이후에 남아 있는 싸늘한 공포의 잔재는 무엇을 의미함인가? 세균(병균)은 안 보고 사는 게 신상에 이롭다. 그러나 이 존재는 안 본다고 해결 나는 게 아니다.

어떤 사람은 아버지와 형 모두가 술로 죽었음에도 불구, 본인도 술을 마시고 집에 돌아오다 자꾸만 귓전에서 "저수지로 오라! 저수지로 오라!" 하는 소리에 끌려 그쪽으로 가다가 결국은 물속으로 기어들어 가고 말았다. 이런 이야기들은 세상 가운데 숱하게 전해진다.

모두 다 꾸며낸 이야기에 불과할까? 무슨 이득을 본다고 …

왜 사람들은 있지도 않은 귀신을 보았다고 하며 귀신이 매일 밤 자신을 죽도록 괴롭힌다고 하소연하는 걸까! 정신병자? 정신병자도 사람이다. 그런데 왜 그들은 정신병자가 되었을까. 나중엔 이 귀신을 떼어 버리기 위해 온갖 굿이란 굿은 다해 보고, 세상에 있는 방법이란 방법은 다 동원해도 소용이 없고, 오히려 그들은 온 사방팔방을 돌아다니며 항상 은밀하게 누군가와 대화하는 그런 괴사가 21세기 현재까지도 계속되고 있는가(지금은 거의 정신병원에 수감돼 있다).

👍 추천 영상/존속살해죄/박효진 장로/가족암매장살인사건의전말
👍 추천 영상/무당 신내림/박에녹 집사/영적인 실체

알 수 없는 힘의 정체

대부분의 사람은 사후세계를 인정하지 않는다. 그럼에도 이 물리적인 힘은 인간의 무의식 상태에 고스란히 전달되고 있다. 혼은 물질로 이루어진 육체와 달리 반물질로 이루어진 무형이지만 어느 정도 무게가 있어 물리법칙은 완전히 초월할 수는 없으나, 영은 시간과 공간을 초월한 비물질로 과거와 미래를 넘나드는데 아무런 물리적 제약이 없다.

영적 세계의 실체

성경은 영적 세계의 존재에 대해 명확히 말한다. 그러나 세상은 말할 것도 없고 심지어 교회 안에서조차 보이지 않는 세계에 무지한 경우가 많다. 하나님은 오늘도 여전히 우리의 씨름은 혈과 육을 상대하는 것이 아니라 공중권세를 잡고 있는 악한 영들과의 전쟁이라고 선포한다.

물론 영적 세계를 잘 알지 못한다고 해서 예수님을 구주로 영접하고 구원받는 것에는 지장 없으나, 이 세계를 제대로 모르면 천국 가는 그날까지 악한 영에게 늘 속아서 낭패당하고 영육 간에 큰 손해를 보게 된다. 하지만 영적 세계를 바로 깨달으면 기나긴 신앙 여정에서 시험 들거나 넘어질지언정, 아주 패배하지 않고 다시 일어나 꿋꿋하게 앞으로 나가면서 오히려 많은 사람에게 선한 영향력을 끼치며 살 수 있다.

추천 도서/전서울구치소대대장 박효진 저/
『하나님이 고치지 못할 사람은 없다』中

옹기도마 안으로 들어갈수록 독한 냄새는 한층 더 코를 찔렀다. 사냥개처럼 냄새를 따라 걸어 들어가는 우리 눈앞에 이윽고 환하게 불이 켜진 집이 나타났다. 활짝 열린 대문, 환한 전등불 아래 대청에서 분주히 움직이는 사람들을 보니 제사 지내는 집이 분명했다.

"더 가까이 가볼까요?" "예. 그랍시다"

사람들은 빨랫줄을 풀어 마당에 늘어놓고(귀신이 들어오다가 빨랫줄에 걸리지 않게) 제사상 앞에서 절을 하고 있었다. 제상 위에는 갖가지 제물들이 진설되어 있었고 제상 중앙에는 지방과 함께 돌아가신 내외분의 사진이 놓여 있었다. 다소 긴장하며 다시 한번 대청 안을 살펴본 순간! 나는 그때까지 귀신이나 악령을 추상적인 개념으로만 받아들이고 있었다. 선과 악이라는 개념에 익숙해 있었으므로 영적 존재도 동일한 범주에 국한시켜 생각해 왔던 것이다. 그런데 우리 눈앞에서는 기상천외한 광경이 벌어지고 있었다. (지금부터 기술하는 내용은 나의 개인적 체험이므로 신학적인 논쟁거리나 오해거리가 되지 않기를 바란다)

"제상 위는 물론이고 제상 아래에도, 천장에도 빌로드처럼 진한 흑색의 영체靈體들이 온통 북적대고 있었다. 혹시 잘못 보았나 싶어 아무리 눈을 비비고 다시 보아도 마찬가지였다. 수백을 헤아리는 엄청난 귀신 떼들이 온 집을 누비고 있었다. 육신을 가진 제한적 존재가 아니라 영적인 존재여서인지 그들은 마치 공간 이동하듯이 제상의 위아래를 들락날락하고 있었다. 그들은 흡사 여름날 강물 속의 숱한 피라미 떼처럼 한꺼번에 무리를 지어 종횡으로 방향을 바꾸어가면서 사람들의 몸속에까지 들락거렸다. 수백의 떼거리들이 사람의 입으로 한꺼번에 들어가 그의 온몸을 휘젓고 다니다가 옆구리로 빠져나오질 않나, 다시 제상 위로 올라가 제물들을 밟아대면서 춤을 추다가 허공을 빙글빙글 맴돌질 않나 가히 말로 표현할 수 없는 기괴한 광경이었다.

그러나 정작 내가 놀란 것은 아무리 눈을 씻고 찾아보아도 오늘의 주인공인 두 사람의 영이 보이지 않는다는 것이었다. 보기에도 섬뜩한 귀신들만 헤아릴 수 없을 만큼 많이 북적대고 있을 뿐 정작 제사를 받는 사람의 영혼은 어디에도 없었다. 그 순간 내 안에 거하시는 성령께서 나의 마음을 활짝 열어주셨다. "지금 네가 보는 것이 바로 사탄의 실체이며 귀신의 실상이다. 인간의 영은 육신을 떠나면 하나님의 나라가 임하시는 그날까지는 임의로 이 세상을 들락거릴 수 없다. 영계靈界에 들어간 인간의 영이 제삿날이라고 외출해 제사상 앞에 찾아온다는 것은 인간의 상상일 뿐! 아버지도, 할아버지도, 그 윗대 조상님들도 죽는 그 순간에 하나님의 판단을 받아 낙원樂園과 음부陰府로 구분되어 들어간다. 제삿날에 후손들이 벌여놓은 이 제사상에는 조상의 영이 찾아오는 것이 아니라, 지금 네 눈에 보이는 저 더러운 귀신들이 대신 몰려들어 무지한 인간의 영혼과 육신을 더럽히는 것이다. 그러므로 하나님께 드리는 제사 외에는 그 어느 제사라도 귀신들의 놀이터요, 인간을 더럽히는 사탄의 유희임을 알라!"

짧은 시간에 내 마음이 정리되고 있었다. 성령님의 놀라운 가르치심에 나는 식은땀을 흘리며 전율했다. 그랬구나! 내가 하나님을 전혀 알지 못했던 그때에도 하나님은 나를 살펴보시며 나를 사랑하셔서 저 더러운 제사 자리에 참석하지 못하도록 지켜 주셨구나.

무릇 이방인의 제사하는 것은 귀신에게 하는 것이요 하나님께 제사하는 것이 아니니 나는 너희가 귀신과 교제하는 자 되기를 원치 아니하노라 너희가 주의 잔과 귀신의 잔을 겸하여 마시지 못하고 주의 식탁과 귀신의 식탁에 겸하여 참여하지 못하리라 _고전 10:20-21.

"숨는 자!", "감추는 자!"

가장 성스러운 곳에서 행해지는 비밀의식! <바티칸의 퇴마의식>

2007년 바티칸은 전 세계 모든 교구에 대한 퇴마사 파견 계획을 발표했다. 하지만 3일 후 바티칸은 이를 전면 부인했다. 2008년 바티칸에서 악마의 퇴치를 위해서 퇴마사를 양성한다는 이야기가 있었으나 3일 후 말을 번복한 사건이었다.

분명 바티칸에서 쉽게 발표한 게 아니었을 텐데 왜 번복하였을까?

정말 악하고도 악한 악마가 있어서였을까?

2011년, 미스터리한 사건을 기반으로 <더 라이트: 악마는 있다>라는 영화가 개봉됐다. 이 영화에서는 퇴마사 수업을 듣고 악마를 실제로 보았던 한 신부의 이야기를 다루고 있다. 바티칸에서 있었던 실화와 충격적인 진실. 미스터리했던 바티칸의 입장 번복 … 악마와 바티칸 사이에서 벌어졌을 미스터리한 이야기 … 영화 <더 라이트: 악마는 있다>가 해답을 줄 수 있을까 … 이 외에 미스터리한 사건은 지구상에 많다. 심지어 영화로 제작된 미스터리 영화도 대다수. 그만큼 사람들이 그 미스터리한 사건들에 대한 진실을 알고 싶은 때문이겠지 … 예고편에서도 확인할 수 있듯이 <더 라이트: 악마는 있다>는 바티칸에서 퇴마 수업을 받은 한 신부의 이야기를 담은 논픽션 베스트셀러를 원작으로 한 실화 영화이다.

당시 영화 광고의 클릭 수도 압도적인 데다 공식 홈페이지 방문자도 하루 2만 명이 넘었다. 4월 개봉 당시 가장 보고 싶은 영화 1위를 차지할 뿐만 아니라 북미 박스오피스 1위에도 오른 영화이다. 간단하게 줄거리를 말하자면 가장 성스러운 곳 바티칸에서 온 젊은 가톨릭 신부가 비밀리에 행해지는 엑소시즘 의식에 참여하면서 악의 실체에 접근한다는 내용이다. 인간 안에 내재된 악 … 그걸 최대로 극대화하려는 사탄. 결국 그 속에서 파멸을 자초하게 만드는 것! 우리가 절대 간과해서는 안 될 영역.

> 꿈에서 무슨 일이 일어나지? 얻어맞아요.
> 누구한테? 노새한테요. 눈이 빨간데 … 날 차고 깨물어요.
> 도망치려고 해 봤니? 아뇨. 왜 안 해? 자기가 내 아버지라며 복종하라고 해요.
> 또 뭐라고 하지? 저더러 … 자살하래요 … 깨어났더니 이런 게 생겼어요.
> (흉측하고 커다란 괴물이 깨물어 놓은 듯한 시꺼먼 이빨 자국이 배와 등에 선명하게 새겨져 있다)
> 꿈에 나온 노새가? 꿈속의 그 노새 …??
>
> ─영화 〈더 라이트: 악마는 있다〉 中

참 오래전부터 인류는 하양과 검은색 ─ 빛과 그림자라는 단어는 늘 붙어서 우리들에게 대비되는 것을 말해 주었다. 선악이 공존하는 세계가 바로 이곳이기에 공포의 대상은 늘 우리 주위에 있으면서 그것에 지게 되면 같은 형상으로 변해버리는 공포! 〈더 라이트: 악마는 있다〉.
 그대는 믿는가?

> 귀신은 꽤 교활해서 정체를 드러내지 않지!
> 정체를 드러내지 않는데 어떻게 그 존재를 알 수 있죠?
> 귀신 들렸는지를 가장 쉽게 아는 방법은, 알 수 없는 일을 알아맞히는 것을 보면 알게 되지.
> 강도가 집을 털 때 불을 켜놓나? 아니지.
> 자신이 없다고 믿게 만들려고 하지. 사탄도 마찬가지야. 자신이 없다고 믿게 만들어.
> 증거가 없는 게 증거라니 머리가 복잡해지네요.
> 맞아. 회의론자들이나 무신론자들의 흥미로운 점은 늘 확실한 증거를 찾는다는 거지. 문제는 그걸 찾으면 우린 어떻게 할 건가?
> 우리요? 맞아. 나도 믿음을 통째로 잃을 때가 있어.

> 몇 날, 몇 달씩 내가 믿는 게 뭔지 모르지. 하나님, 사탄, 산타클로스, 팅커벨 … 하지만 … 난 일개 인간일 뿐이야. 나약한 인간이지. 나에겐 … 아무 힘도 없어.
> 하지만 내 안에서 뭔가가 계속 날 후벼 파더군. 하나님의 손톱 같은 느낌이야. 더 이상 고통을 견딜 수가 없게 되고 어둠에서 떠밀려 나와 다시 빛으로 들어가게 되지 …
> 조심하게 마이클, 사탄을 안 믿는다고 해서 사탄에게서 안전한 게 아니니까 …
> ㅡ영화 <더 라이트: 악마는 있다> 中

영화 줄거리

어릴 때 어머니를 여의고 장의사인 아버지와 함께 살면서 그 일을 돕던 마이클은 그곳에서 벗어나기 위해 신학생이 되어 바티칸으로 떠난다. 신부가 되어야겠다. 신을 믿는다는 믿음을 가지고 신학자의 길을 들어섰다기보다는 자기의 현실을 피하고자 신학을 택한 마이클이었기에 이 길을 포기해야 하나 생각을 하게 되고, 바티칸으로 가서 엑소시스트에 관한 수업을 들어보라는 제의를 받고 그곳으로 간다. 자신과 같은 신학의 길을 걷는 사람뿐 아니라 엑소시스트에 관심을 가진 많은 사람이 참여해서 듣는 수업. 그러나 … 의심으로 가득 찬 마이클은 신부들에게 엑소시스트란 정말 악이 깃든 게 아니라 정신의학적으로 다가서야 하는 현상이 아니냐, 정신의학 자료를 참고하라며 반기를 들고 도전한다. 신의 존재에 확신을 두고 있지 않은 마이클에게는 악이라는 존재도 믿어지지 않는 것이었다.

이렇게 신과 악에 대해 회의론을 가진 마이클은 수천 번의 퇴마의식을 행한 전설적인 존재 루카스 신부를 만나게 되면서 점차 흔들리게 된다.

처음에는 눈속임이 아닐까 생각했지만 루카스 신부를 찾아간 지 하루 이틀 그리고 그 후로도 과학적으로는 설명이 안 되는 현상들을 겪게 되고

… 루카스 신부의 능력으로도 감당하기 어려운 사건을 만나게 되면서 끔찍하고 섬뜩한 악마의 존재는 마이클이 믿어온 모든 것들을 의심하게 된다. 퇴마의식을 받던 어린 미혼모가 악마의 농간에 의해 사망하고 그녀의 몸에 있던 악귀가 마이클도 괴롭힌다. 아버지의 사망 소식을 전달받는데 그 악마가 훨씬 전에 그 사실을 알려 주고 악몽을 꾸고 … 결국 그는 루카스 신부에게 도움을 청하러 가지만 알고 보니 루카스 신부조차 악귀에게 먹힌 상태. 마이클은 악마의 존재를 보고 반대인 신도 반드시 존재하리라는 생각에 강한 믿음을 갖게 되고, 첫 퇴마의식을 행한다. 그가 상대한 악마는 바알. 성공적으로 퇴마의식을 마친 그는 이후로도 퇴마행을 걷는다.

<리뷰>

"거의 한 달도 더 전에 받아놓았다가 혼자는 무서워서 못 보겠고 엄마랑 보려고 티비로 틀었는데 … 코덱문제인지 나오지 않아서 못 보고 차마 지우지도 못하고 … 차일피일 제목만 보며 안타까워하던 영화를 남친이 그제 티비에서 해 주더라며 … 하나님 믿고 싶게 만들더라는 말에 남친 집에서 새로 받아서 이불 속에서 얼굴만 내놓고 덜덜 떨며 봤다.

얼마나 긴장하면서 봤는지 손에선 땀이 흥건했고 그 땀 때문에 주부습진이 재발했을 정도다 … 분명 미션영화다. 언제나 날 무섭게 만드는 안소니 홉킨스 … 언제나 눈을 떼지 못하게 하는 엑소시즘 … 거기다 날 끌어당기는 믿음에 대한 이야기 … 모든 게 겹치고 겹쳤다. 영화가 끝나고 한동안 깊은 생각에 잠겼다. 믿음이 무엇인가 … 귀신이나 악마의 존재를 믿는다는 것이 주의 존재를 믿는다는 것과 같은 뜻인가 … 주의 존재를 믿는다는 것이 악령들의 존재를 믿는다는 것과 같은 뜻인가 …

나는 둘 중 무엇인가 … 보통의 영화들은 줄거리를 말할 수 있는데 이 영화는 줄거리를 말할 수 없다. 그저 한 세제의 믿음에 대한 이야기라고밖에 … 새벽에 문득 겁이 나서 CCM을 크게 틀고 다시 잠을 청했더랬다 …
 '의심자여' 나를 부르는 듯해서 움찔 …

하나님으로부터 걸려 온 전화

여섯 번째 이야기

하나님으로부터!

그대는 슬픔의 요람에서 태어나 불행의 무릎과 억압의 집에서 양육되었는가?

그대는 말라버린 빵 껍질을 씹으며 눈물짓는가?

그대는 피와 눈물이 섞여 있는 혼탁한 물을 마시는가?

그대는 혹독한 인간의 법에 의해 처와 자식들을 저버리도록 강요받은 군인이며, 그대의 상관들이 '의무'라고 그릇됨이 부른 탐욕을 위해 싸움터로 나가는가?

그대는 그대 삶의 편린들에 흡족해하고 양피지와 잉크를 지녔다고 행복해하고 그대 동료들에게 알려지지 않은 채 낯선 이로 머무는 사이인가?

그대는 하찮은 범죄인데도 인간을 어두운 감옥에 가두고 타락시킴으로써 개조하려는 자들에 의해 유죄판결을 받은 죄수인가?

그대는 내가 부여해 준 아름다움을 지니고 태어났으나 가진 자들의 탐욕과 먹이로 희생된 젊은 여인인가?

그들은 가식으로 그대의 마음이 아닌 몸을 사서는 그대를 비참과 불행 속으로 내던져 버렸는가?

만일 그대가 이런 사람들 중의 한 사람이라면 그대는 인간의 법에 희생당한 자이다.
그대는 불행한 사람이며, 그 불행은 권력 있는 자들의 옳지 못한 행위와 폭군과 불의의 결실이다. 또한 가진 자의 잔인성, 음흉한 자와 탐욕자의 이기심의 결실이다.

내 사랑하는 약자들이여, 이제는 안심하라!
물질의 세계 그 이면에는 정의, 자비, 연민, 사랑이라는 위대한 힘이 있기에 그대는 그늘에서 자라나는 한 송이 꽃과 같도다.
미풍이 불어와 꽃씨를 햇빛 속으로 나르면 그대, 곧 그곳에서 아름답게 살게 되리라!
그대는 겨울눈을 이고서 휘어진 헐벗은 나무와 같다.
봄이 다가와 푸른 옷을 그대에게 입혀 주고 진리가 그대의 웃음을 가리고 있던 눈물의 베일을 찢어 주리라!
고통받는 형제들이여 내게로 오라!
나 그대들을 사랑하고 그대들의 압제자들을 경멸하노라.

고독한 자의 이름이여, 그대 이름은 사람이라.
그대는 내가 창조한 유일무이한 기쁨 중 기쁨이라.
그럼에도 그대는 지금껏 나를 떠나 스스로 죄인이 되었다.
이것이 그대에게 답변해 줄 수 있는 모든 진리 가운데 첫 번째 회답일지니, 그대가 경험한 그 모든 비참과 슬픔, 갈등은 그 모든 상심의 원인이었다.
모든 살인과 모든 전쟁, 모든 강도와 강간, 정신과 언어와 신체의 모든 폭행과 폭력이 그 때문에 일어났고 모든 질병과 장애, 소위 말하는 죽음이 그 때문이었다.

우박과 폭풍과 가뭄, 홍수와 기근 같은 지상의 모든 재앙, 개인의 불행이 다 그 이유 때문에 일어난 것이다.
그대의 판단과 자만, 오류를 속히 버리라!
그리하면 살리니, 이것이 내가 그대에게 답변해 주는 두 번째 회신이니라.
굳게 다문 입, 타오르듯 이글거리는 눈동자!
하늘을 향해 불끈 치켜든 주먹, 이것이 오늘날 그대의 자화상이라.
이것이 인간 참상의 비극이며 또 나의 오명이라!
'악은 하늘에서 나와 사람에게 붙는 것이요, 허에서 발해 자연에서 이루어진 것'이라고 말하는 사람이 있다.
들어라 고독한 자여!
그러므로 그대는 내 말에 귀를 기울이고 내 말을 따르라!
속삭이듯 한없이 감미롭게, 때론 몰아치듯 폭발하는 나의 무서운 목소리를 너희는 분명히 듣게 되리라!
이것이 그대에게 들려주는 세 번째 음성이러니, 그대는 내가 창조한 인간 본연의 모습으로 돌아가리라. 그것은 사랑과 평화의 시 그리고 요동치 않는 긴 즐거움이라.

보아라 현실을!
그대는 왜 울고 있는지.
그대가 무엇으로 인해 고통하고 있는지.
그대는 지금 진실이란 거울로 그대의 모습을 한 번 비추어 보아라.
그리하면 알게 되리라. 그 모든 환난의 이유를.
그대는 지금껏 이 한 가지 이유를 몰라 고통한 것이었다.
오직 이 한 가지 이유를 몰라 그대는 그토록이나 심히 곤고한 인생을 살아온 것이다.
마치 어린아이가 엄마 품을 떠나 헤맴과 같이

그대 또한 그동안 나를 떠나 있었기에 그대의 인생은 그토록이나 무참히 병들고 아파했던 것이다. 그러므로 사랑하는 자여 이제는 오라. 이제는 내게로 돌아오라. 그대가 참으로 이 사실을 깨닫고 내 품에 안기는 날 그대는 쉬게 되리라. 그대의 영혼은 그때야 비로소 나와 함께 영영한 참 안식에 들어가리라.

어느 날 삶이 그대를 가르칠 때 그대는 무엇을 듣고자 했느냐?
친구를 잃는다 해도 우정을 잃어서는 안 된다는 것을 들었다면 그대는 다시 좋은 친구를 얻게 될 것이다.

어느 날 삶이 그대를 가르칠 때 그대는 무엇을 느끼고자 했느냐?
연인을 잃는다 해도 사랑을 잃어서는 안 된다는 것을 느꼈다면 그대는 다시 따뜻한 연인을 만나게 될 것이다.

어느 날 삶이 그대를 가르칠 때 그대는 무엇을 보고자 했느냐?
재산을 잃는다고 해도 영혼을 잃어서는 안 된다는 것을 보았다면 그대는 다시 재물을 얻게 될 것이다.

어느 날 삶이 그대를 가르칠 때 그대는 무엇을 배우고자 했느냐?
직장을 잃는다 해도 실력을 잃어서는 안 된다는 것을 배웠다면 그대는 다시 일자리를 얻게 될 것이다.

어느 날 삶이 그대를 가르칠 때 그대는 무엇을 생각하고자 했느냐?
순결을 잃는다 해도 진실을 잃어서는 안 된다는 것을 생각했다면 그대는 다시 정결한 사람이 될 것이다.

어느 날 삶이 그대를 가르칠 때 그대는 무엇을 알고자 했느냐?

집을 잃는다 해도 가족을 잃어서는 안 된다는 것을 알았다면 그대는 다시 소중한 집을 얻게 될 것이다.
어느 날 삶이 그대를 가르칠 때 그대는 무엇을 깨닫고자 했느냐?
길을 잃는다 해도 별자리를 잃어서는 안 된다는 것을 깨달았다면 그대는 다시 행복의 길을 찾아가게 될 것이다.

나와 의논하라. 나는 너의 울음소리를 듣고 있다.
그것은 어둠에서 구름을 뚫고 별빛에 젖어들어 광명의 길을 따라 내 가슴에 와닿는다.
살육과 처참과 절망 속에 고통을 견디지 못해
하나님이 어디 있느냐고 부르짖는 이들이 많았음을 나는 알고 있다.
그러나 폭풍우가 지나고 밝은 태양이 떠오르듯
모든 비참이 가라앉은 뒤에 나의 뜻은 고요히
온 세상을 비추고 있음을 너희는 알 수가 있으리라!

나는 언제나 있었다. 나는 산에도 있었고
바다에도 있었고, 인간 사회에서 여러 가지
포악한 일들이 일어나고 정의가 사라진 것처럼 느껴지는
그 자리에도 나는 여전히 있었다.
선의 현장에!
악의 현장에!
어느 시대, 어느 장소에서나
나의 무서운 눈과 나의 뜨거운 가슴은 언제나 분명히 너희를 향하고 있었다.
내가 너희의 목소리를 또한 듣고 있었음을 알라!
평온을 가지라. 침착하라.

너희의 슬픔의 근원을 알고 있으며 그 치료법을 알고 있으니 내 너희에게 안식을 주리라!

나의 조언을 들으라. 그러면 어떤 역경 속에서도
성공할 수 있는 법칙을 가르쳐 주리라.
그 법칙을 주의 깊게 수행한 자의 생은 진정한 행복과 성공,
황금, 그리고 마음의 평화로 가득 찼었다.

그러나 대부분의 사람들은 내 말을 듣지 않았다.
그들은 마술 같은 방법이나 삐뚤어진 길을 찾고 있었고,
혹은 악마가 그들에게 풍요한 삶의 행운을 가져다 주기를 고대했던 것이다.
그들은 헛되이 기다렸으니 … 마치 너희와도 같았느니라.
그러나 내가 제안하는 이 법칙은 간단하다.
소년이나 노인, 거지나 왕, 흑인이나 백인, 남자나 여자 그 누구도 이 비결을 활용할 수 있다.

새로운 인생으로 들어가는 것을 두려워 말라.
모든 귀중한 성취는 어려움이 뒤따르는 법.
시작을 두려워하는 자는 아무것도 얻을 수가 없다.
인간은 동물과는 다르다.
인간의 영혼은 무엇보다 강하고 굳건하기 때문에
하려는 마음만 있다면 못 할 것이 없다.
보라! 저 높은 건물들, 그것이 바로 사람의 가느다란
열 손가락, 조그만 두 주먹이 만들어 낸 것이다.
그렇지만 저렇게 높고 웅장한 건물이 되었다.
머리로 생각하고 뜻을 세워 결심하고 두 손에 도구를

쥐고 일을 해서 마침내 계획을 이루어낸 것이다.
그러나 아무것도 하지 않으면 아무것도 얻을 수가 없다.
좋은 것이 아무리 많이 있어도 꼭 나쁜 것만 먹으려 하는 사람처럼,
오곡 신선한 채소와 과일이 풍성해도 꼭 술을 마시거나 담배를 피워야
하는 사람.
그래서 결국 암 같은 무서운 병에 걸려 최후를 맞이하게 되는 사람.
그런 사람은 결국 자신이 선택한 길을 간 것이다.

누구나 자유를 꿈꾸지만 누구나 자유롭지 못하다.
일상이라는 현실에 얽매여 자유의 날개를 마음껏 펼칠 수 없다.
하지만 가슴속에서 스멀거리는 이상은 곧잘 혼자서 황홀한 비상을
한다.
비가 그치면 가끔 하늘에 무지개가 나타난다.
있는 듯 없는 듯 아련한 빛깔, 그 일곱 가지 색의
고운 꿈을 바라보면 자신도 모르게 가슴이 설렌다.

자, 이제 너희에게 이 한 가지 비밀을 알려 주리라!
너희는 내가 필요하다. 너희는 평범함 속에서
파멸을 향해 달리는 무리의 하나가 아니다.
너희는 매우 귀한 존재이다.
이제 곧 너의 스스로가 기적의 산물임을 알게 될 것이다.

보라, 나의 창조물 가운데 누가 불을 사용할 수 있단 말인가?
누가 하늘을 날고, 질병과 전염병과 가뭄을 정복했단 말인가?
인간은 어떤 기후, 역경, 도전에도 적응할 수 있는 존재이다.

너는 알고 있느냐! 네가 탄생하기까지 아버지의 사랑의 씨앗 가운데

4억 1만 분의 확률을 뚫고 나와 오직 너 혼자만이 어머니의 따뜻한
사랑의 체온 속에 살아나, 하나의 도토리껍질을 가득히 채우는데
무려 2백만 개 이상이 필요한 너의 다른 반쪽을 찾아
그 작은 세포를 발견하고 결합해 새로운 생명이 시작되었다는 것을 …
그것이 바로 너희 생명이니라.

나의 창조물들을 자세히 보아라!
어떤 눈송이도 똑같이 생긴 것이 없다.
나뭇잎이나 모래알도 두 개가 결코 똑같지 않다.
내가 창조한 모든 것은 하나의 '원본'이다.
태초부터 내가 사랑한 것은 남과 다른 '너'였기 때문이다.

너는 나의 섭리로 성장하였다.
두 개의 세포는 이제 기적적인 결합을 하였고,
23쌍의 46개의 염색체를 가졌으며, 각각의 염색체 속에는
수백 개의 유전인자가 있어서 너의 성질과 눈의 색깔, 태도,
매력, 두뇌의 크기를 결정하였다.
누가 너를 만들었던가! 바로 나다.
오로지 가장 귀한 나의 형상대로 창조된 바로 내가 너를 만든 것이다.
너는 정신, 언어, 행동, 외모, 동작을 갖고 있으며,
전에도 없었고 앞으로도 없을 가치를 헤아릴 수 없는 나의 보물이다.
수많은 인간이 세상을 살아왔지만 너와 똑같은 사람은 없었다.
앞으로 역사가 다하는 날이 오더라도 너와 똑같은 사람은 없을 것이다.
그러므로 너는 이 세상에서 가장 귀한 존재이다.
그런데 너는 이렇게 제왕처럼 가치 있는 존재인데
왜 스스로를 보잘것없다 여기느냐?
왜 너는 너의 가치를 형편없이 떨어뜨리려는 자들에게

귀를 기울이며 왜 그들의 말을 믿으려 하느냐!
내 충고를 들으라. 너의 귀함을 더 이상 어둠 속에 파묻지 말라.
너의 진귀함을 선포하라!
너는 나의 형상대로 창조된 가장 귀한 자이니라.

그러나 들어라 사람이여, 너는 지금 무얼 하고 있느냐!
너는 지금껏 행복으로 가는 지도를 불태웠고
마음의 평화를 가질 권리를 포기했고,
영광의 길을 밝히는 촛불을 꺼버렸다.
그리하여 너는 울부짖고, 가슴을 치며 자기의 운명을 저주하였다.
너는 자기의 옹졸했던 사고와 게으른 행위를 인정하기를 거부했으며,
자기의 실패를 전가할 대상을 찾으려 했다.
그리고 그 대상을 빨리도 찾았다.
너는 그 책임을 오직 나에게로 돌렸다.

너는 자기의 결함, 범용, 기회의 실패 …
그 모두가 나의 뜻이었다고 울부짖었다.
그러나 이제 울음을 멈추어라!
내가 너와 함께 하리니, 지금 이 순간은 너의 생의 분기점이 되리라!
이미 지난 모든 것은 너희가 어머니 배 속에 있을 때와 같은 것이다.
죽은 것은 그대로 묻어 버려라.
오늘 네가 나의 뜻을 따름으로 인해 죽음과도 같은 생활에서 귀환할 것이다.

나는 너를 축복하였다. 각종 감각기관은 자극 신호를 뇌에 전달해
너희를 경험 속에 빠트리게 했다. 너희의 신체 기관은 작자
자기 역할이 있고 아주 작을지라도 각각 제 기능을 충실히

수행하는 덕분에 너희는 살아가고 있는 것이다.
첫째, 나는 너에게 세상을 볼 수 있는 두 눈을 주었다.
동물들의 세밀한 움직임, 구름, 별, 장미, 호수, 무지개와 같은
대 자연의 신비와 그리고 사랑의 표정을 볼 수 있도록
눈 속에 1억의 감각 세포를 너희 눈에 주었다.

그리고 나는 세상의 소리를 들을 수 있는 귀를 주었다.
나무에 부딪히는 바람 소리, 바위를 뒤흔드는 파도 소리,
온갖 풀벌레와 새들의 합창 소리, 그리고 오페라의 웅장함과
악기들의 섬세함, 그리고 어린아이의 장난치는 소리와
사랑한다는 말까지 들을 수 있도록 24,000개의 조직으로 된 귀를 주
었다.

너희의 귀는 40,000,000,000가지의 소리를 알아듣고
구분할 수 있는데, 너희가 가장 낮게 속삭이는 소리로부터
이륙하는 제트 비행기의 우레 같은 폭음에 이르기까지
너희의 귀는 음의 크기에 있어서 10,000,000,000,000배의
차이를 다룰 수 있도록 설계했는데,
너희의 귀가 음원의 방향이 단지 2도만 변해도
수천 만 분의 일초에도 그 차이를 감지해 뇌에 전달하도록 한 것이다.
너희는 보고 싶지 않을 때는 눈을 감을 수 있고
냄새를 맡고 싶지 않을 때 숨을 죽일 수 있지만,
귀는 닫히지 않으며 심장과 마찬가지로 숨이 멎는
그 순간까지 잠들어 있는 동안에도 기능을 멈추지 않는데,
이것은 너희가 바깥세상과 늘 접촉하며 감지해
상황에 맞게 대처해야 하기 때문이다.

그리고 나는 너를 위해 다른 동물들과는 달리 노여움을 안정시키고,
불행한 자를 위로하며 무식한 자를 일깨울 수 있으며,
그리고 사랑한다는 말을 할 수 있는 입술을 주었다.
그 안에 있는 너희 혀는 맛을 느끼는데 필요한 미각세포에
의한 것으로, 10,000개의 미뢰로 이루어진 이 감각세포는
혀의 표면에 위치한 미뢰라는 감각기관으로서
이 세포는 후각세포와 함께 수천 가지 이상의 맛과
화학물질을 구분할 수 있도록 해놓았다.

자, 너는 움직일 수 있다. 두 팔을 뻗을 수 있고,
달리고 춤추며 일할 수 있도록 500개의 근육과
2백 개의 뼈와 7마일이나 되는 길이의 섬유를 만들어 주었다.
너는 강한 심장을 갖고 있다.
가슴에 손을 얹고 심장의 고동을 느껴 보라!
조금도 쉬지 않고, 낮과 밤을 가리지 않고
매년 30,600,000번이나 고동치며, 세월이 흘러도 자나 깨나
60,000마일이나 되는 정맥, 동맥,
그리고 혈관을 통해 매년 600,000갤런 이상의 피를 뿜어대는 것이다.
인간은 이런 기계를 만들지 못한다.

너는 깨끗한 피부를 갖고 있다.
비누와 향수와 술과 정성으로 잘 가꾸기만 하면
언제나 너의 피부는 아름답게 빛난다.
어떤 쇠붙이라도 세월이 지나면 때가
끼고 녹이 슬고 마멸되지만 나는 너를 그렇게 만들지 않았다.
쉴 새 없이 새로운 세포가 만들어져 늙은 세포와 교환되는 것이다.

나는 또한 너에게 튼튼한 폐를 만들어 주었다.
너의 허파는 네가 최악의 환경에 처했어도
지탱할 수 있도록 언제나 활발하게 움직이고 있으며
6억 개의 허파꽈리는 생명을 주는 맑은
산소를 온몸에 공급해 주는 것이다.
너의 피는 오염되어 있는가? 그렇지 않다.
너의 5 쿼터 핏속에는 22조 억 개의 혈액세포가 있으며
각각의 세포는 수백만의 분자들로 되어있다.
또한 하나의 분자 속에는 1초에 1천만 번 이상 진동하는 원자가 있다.
매초 마다 2백만 이상의 혈액세포가 죽어서 새로운 세포와 교체되며
이러한 작용은 너의 출생 이후 계속되어 왔다.
체내에서 이런 변화가 계속되는 것 같이
이제 네가 나를 따름으로 외부에서도 그럴 것이다.

이제 너의 뇌는 스스로 생각할 수 있는데
이 뇌는 우주에서 가장 복잡한 구조를 가지고 있다.
3파운드 무게의 뇌 속에는 130억 개의 신경세포가 있으며
이것은 지구 인구의 2배나 된다.
나는 너의 모든 지각, 소리, 맛, 냄새 등 출생 이후의
모든 행동들을 잊어버리지 않도록 10억 조개가 넘는
단백질 분자를 너의 세포 속에 심어 놓았다.
너의 모든 생각은 이 속에 간직되어 있다.

그리고 네 육체의 조직을 위한 뇌의 활동을 도울 수 있도록
몸 전체에 4백만 개의 통점과 50만 개의 압점, 20만 개
이상의 온점을 분산시켜 놓았다.
세상에 둘도 없는 국보라 해도 너보다 더 잘 보호되지는 않았다.

과거 너희의 조상들이 경이로워할 지금의 어떤 일보다
너희는 더 위대하다. 너희는 나의 가장 훌륭한 창조물이다.
너희에게는 이 세상의 아무리 큰 도시라도 파괴할 수 있고
또 재건할 수 있는 원자 에너지가 있다.
나에게 대답해 보라! 너희 스스로 대답해 보라!
늙고, 병들고, 무기력하고, 정신이상 된 어떤 부자라도
너희가 지금 소유하고 있는 이런 축복을 구하려 하지 않겠느냐?

그러면 이제 영원한 성공과 행복을 향한 비밀을 들으라!
너희는 위대한 영광을 얻기 위한 모든 축복을 가지고 있다.
너희 머리 위에 있는 나의 손길을 느끼라!
나의 지혜에 귀 기울이라!
너희가 태어날 때 잊어버렸던 비밀을 다시 한번 말해 주리라!
너희는 나의 가장 위대한 기적의 소산물이다.
너희는 걸작품이며, 대의명분이 뚜렷하고,
무한한 능력의 소유자이며, 형상과 행동이 뚜렷하고, 존경스러우며,
언행은 천사와도 같고 신과 같은 외모를 지니고 있다.

자만심을 가져라!
너희는 인간의 실험실에서 순간적인 기분으로
멋대로 만들어진 그런 존재가 아니다.
너희는 어떤 힘에 끌리는 노예가 아니다.
너희는 오직 나의 힘과 사랑에 이끌리는 자유스러운 존재다.
너희는 뚜렷한 목적하에 만들어진 것이다.
나는 이 우주의 어떤 창조물도 갖지 않은 힘을 너희에게 주었다.

너희에게는 사고의 힘과 사랑할 힘이 있고

의지의 힘과 웃음의 힘이 있다!
그리고 상상의 힘과 창조의 힘, 계획의 힘, 언어의 힘이 주어졌다.
그리고 마지막으로 선택의 힘이 주어졌다.
너희에 대한 나의 자랑은 끝이 없다.
너희는 나의 최종적이고 가장 위대한 창조물이며
가장 완전한 생명체다.
너희는 나의 간섭 없이 자기의 운명을 좌우할 수 있다.
나는 너희에게 선택의 힘을 주었다.
이 힘을 줌으로써 나는 너희에게 스스로 운명을 좌우할 수 있게 하였다.

너희는 자신이 좋다면 누구의 간섭도 없이 마음대로 행할 수 있다.
너희는 인생에서 최하의 형태로 퇴보할 수도 있고
신처럼 고귀한 형태로 승화할 수도 있다.
나는 너희의 위대한 선택의 힘을 결코 빼앗지 않았다.
이 거대한 힘으로 너희는 과연 무엇을 하였느냐?
돌이켜 보라! 너희는 살아오면서 지금껏 어떤 선택을 하였는가.
다시 선택할 수만 있다면 무릎을 꿇고 눈물로 회개했을
그 아팠던 순간들을 회상해 보라!
그러나 지난 일은 지나간 것이며 이제 너희는 행복과
성공을 위한 법칙을 알았으니 이 선택의 힘을 지혜롭게 이용하라.

힐책보다는 사랑을, 눈물보다는 웃음을,
파괴보다는 창조를, 중단보다는 인내를,

비난보다는 칭찬을, 방관보다는 구제를,
도둑질보다는 기증을, 지연보다는 실행을,

퇴보보다는 성장을, 저주보다는 기도를,
죽음보다는 삶을 택하라!
자, 이제 너희는 너희의 불행이 내 뜻이 아니었음을 알게 되었노라!
내가 너희에게 준 모든 힘을 갖고도
인간답지 못한 행위와 생각을 한 책임은
내가 아니라 너희에게 있는 것이다.

이제 너희는 전과 마찬가지로 실패와 절망,
또는 성공과 행복을 택할 수 있다.
택하라, 운명을!
좌절의 눈물과 무거운 모든 짐을 벗어버리고 나의 길을 따르라!

오늘 너희가 예수가 나사로의 무덤에서 살아난 것 같이
그 예수를 믿음으로 영원한 축복의 새 삶이 주어지리라!
지금껏 너희의 첫 번째 삶은 극장의 연극과 같은 리허설에 불과하다.
막이 올랐으니 세상은 이 순간을 기다리며
갈채를 보낼 준비를 한다.
이번에 너희는 결코 실패하지 않으리라!

그곳에는 꿈이 있고, 사랑이 있고, 행복이 있다.
그곳에는 참으로 좋은 쉼이 계속되어
너희는 기뻐하며 노래하며 춤을 추리라.
그곳에는 더 이상 슬픔이 없어 눈물이 없으며,
모든 비통과 괴로움, 탄식이 없어
너희가 참 평화와 안식을 누리리라.

그곳에서는 너희가 꿈꿔온 모든 아름다운 일이

이루어지리니 너희는 때가 되면 자기의 에덴동산 통치자가 되리라!
날아라! 나비가 허물을 벗고 하늘을 나는 것처럼 마음껏 창공을 날아라!
말벌도 잠자리도 사마귀도 삶의 진실을 찾으려는 너희의 앞길을 결코 막지 못하리라!

하나님으로부터 걸려 온 전화

일곱 번째 이야기

영원으로부터 온 편지

 학교 교사인 클레멘타인은 수업을 마치고 사랑하는 연인이자 소설가인 루까가 있는 조용한 숲 속 별장, 그들만의 보금자리로 향한다. 오붓하게 저녁 식사를 마치고 함께 고전 영화를 보는 이 순간이 클레멘타인에겐 하루 중, 아니 일상 중 가장 행복한 시간이다.
 '드르르르륵 …' 밤의 어둠이 짙어지면서 집 밖에서 알 수 없는 소리가 들린다.
 과연 이 소리는 누가, 왜 보내는 것인가?
 알 수 없는 기괴한 소리에 잠이 깬 클레멘타인은 루까를 깨우고 루까는 소리의 정체를 확인하기 위해 홀로 방을 나선다. 금방 돌아오겠다던 루까는 감감무소식이고, 불안한 마음에 잠갔던 방문 손잡이가 무섭게 돌아가기 시작한다. 잠시 후, 밖의 동태를 살피러 나갔던 루까는 다리에 상처를 입고 돌아오고 둘은 필사의 탈주를 감행한다. 한순간 이들을 급습한 공포의 정체는 과연 무엇일까? 마지막 궁지에 몰린 이들은 비로소 자신들을 공포로 몰아넣은 그들의 정체와 마주하고 더욱 큰 충격에 빠지게 되는데 ……
 과연 그들은 누구이며 그들이 원하는 것은 무엇인가?

"땡동 땡동!!" 음산한 기운이 맴돌았다. 늦은 밤, 가뜩이나 혼자 초긴장 상태로 전 유럽을 공포로 몰아넣은 충격 실화 영화 <템>을 보고 있는데 벨이 울린 것이다. 나가보니 사람은 온 간데없고 발송인도 없는 웬 작은 상자 하나가 놓여있었다. 영화를 너무 많이 본 것일까! 두려움과 호기심이 교차된 채 벌써 심장 박동 소리는 요란하게 두 방망이질을 해댔다. 섣불리 열어볼 수가 없어 슬며시 흔들어 봤더니 상자 벽에 뭔가 부딪힘이 있는 걸 봐서 그 안에 어떤 물건 하나가 들어 있음이 확실했다.

영화 '루시'의 루시(스칼렛 요한슨)가 아시아 갱단 앞에서 '에라이 모르겠다'며 자포자기하는 심경으로 가방을 열어젖혔던 것처럼, 나 또한 상자를 열어젖혔고 눈앞에 나타난 건 정말 보기에도 섬뜩한 칼 한 자루였다. 머리털이 쭈뼛이 섰고 그 와중에도 칼날에 쓰인 글귀가 보였다.

"이 칼로 모두, 이 세상 사람 모두를 죽여버릴 거야."

피가 역류하는 듯했고 미친 듯 상자를 내던져 버리고 도망치려는 찰나, 상자 안의 칼이 나를 향해 돌진해 오는 것이 아닌가!

"꺄아악~ 그리스도! 그리스도!!"

멈칫! 허공 중에 있던 칼이 잠시 어딘가 갈 곳을 찾아 헤매는가 싶더니, 이내 맥없이 바닥으로 떨어져 내렸다.

'쨍그랑~' 굉음 소리에 놀라 정신이 들어보니 꿈이었다. 온몸이 바르르 떨렸고 식은땀이 흘렀다.

그런데 이게 웬일인가?!

"아악!"

본능적으로 몸을 뒤로 젖혔다.

조금 전 꿈속에서 보았던 상자가 바로 코앞에 놓여 있는 게 아닌가?

가공할 공포라는 게 어떤 건지 실감하는 순간이었다. 그러나 그대로 도망칠 수만은 없었다. 도망간다 해서 해결될 문제가 아니었다. 꿈속에서 '그리스도' 이름 앞에 악령이 더 이상 힘을 쓰지 못했던 것을 기억해

용기를 냈다. 죽기 아니면 까무러치기다.

"그래 이놈의 악마야, 어디 해볼 테면 해 보아라!"

이를 악다물며 상자를 열어젖혔다.

안에는 새하얗게 포장된 몇 권의 책과 두툼한 편지 한 통이 들어 있었다.

'휴우~' 안도의 숨을 내쉬기도 전 머릿속이 너무도 혼란스러웠다.

'누굴까 … 누가 대체 나에게 이런 것을 보낸 것일까 …'

가까스로 들어 올려진 편지 첫 장에는 다음과 같은 글이 씌어 있었다.

"힘들면 제발 물어보세요. 왜 인간에게 행복이 없는지 …"

그때였다. '쿵!'하는 소리와 함께 멀리서 외마디 비명소리가 들렸다. 한밤중 어둠을 가르며 들려온 이 소리는 온몸의 피를 얼려버렸다. 누군가 땅에 떨어진 거라는 걸 본능적으로 직감했다.

꿈인가, 생시인가!

정말이지 이젠 그것조차 분간이 안 갔다. 돌아버릴 것 같은 공포가 공간을 휘저었다. 금방이라도 무언가 튀어나올 것 같았다.

오늘따라 가족은 왜 이리 늦는가!

아파트의 사람들은 모두 잠들어버린 걸까?

그때였다. '휘익~' 하는 소리와 함께 정전이 됐고 순식간에 사방은 어둠에 잠겼다. 잠시 후 삐리릭 현관문 여는 소리가 들려왔고, 서서히 드러나는 어둠 속 정체 ….

"제가 옥상에서 떨어졌는데 아무도 나와보질 않더군요. 조금 전까지 이 집에 불이 켜져 있기에 들어왔습니다 ….”

> A: 겁나 무섭지라~
> B: 무섭기는 뭣이 무서?
> A: 여하튼 요즘 이런 소문이 돌더라구 … 이것은 누가 해 준 얘긴디 병규 형님.
> B: 아따 그 새끼! 거 진짜 씨, 이제 나한테까징 떠들어쌌네!

일곱 번째 이야기 | 영원으로부터 온 편지

> A: 근디요, 이 소문을 들어봉께 그냥반이 뭣이 있긴 헌갑디다이?!
> B: 뭣이?
> A: 저기 다리께 가기 전 사람 실성했지라, 방앗간 하씨 급사 했지라. 엇그제 흥국이 그랬지라! 근디 싹다 일본양반이 오고 나서 생긴 일 아녀라?
> B: 아따 이 새끼 이거 겁나게 무식해갖구, 하는 소리마다 아이구 …
> A: 거기서 무식이 왜 나와?
> B: 이 새꺄! 먼 버섯을 잘못 처먹어거가꾸 근다 카드라! 머시 머 잘못 먹으면 헥가닥 도는 버섯 있지? 그것이 혈액성소 엄청 나왔다. 집에서도 말린 건더기 겁나 나왔다는구먼.
> A: 형님, 시방 그 말을 믿으요? B: 아, 검사 나왔당게!
> A: 성은 어릴 적에 요상한 버섯 안 먹어 봤는가? B: 안 먹어봤어, 이 새꺄!
> A: 그것 처먹었다구 사람이 그리되진 않어라~ 야 꼬라지 봤잖소? 그것이 버섯 잘못 먹은 꼬리지요? 아마도 내 말이 맞을 것이요, 이렇게 소문이 파다하면 말이요 … 무신 이유가 있는 거요, 이유가!
>
> – 영화 〈곡성〉 中

상자 속 편지- 두 번째 장
"아무도 믿어 주지 않는 진실을 안고 산다는 건 괴로운 일이야!"
"모두가 좀비 소문이 위장이라고 믿을 때 난 이렇게 생각했어. 좀비 소문이 퍼지는 건 좀비가 있기 때문이라고."

망상과 현실의 모호한 경계/풀리지 않는 미스터리

과학이 발달하고 증거와 원리가 확인되는 현대사회에서 그 어떠한 방법으로도 도저히 풀리지 않는 미스터리한 일들이 있다. 그중에서 가장 많은 사람이 궁금해하는 몇 가지 사건이 있다.

질문하라 그리고 대답을 요구하라 <미국정부의 미스터리>

2001년 미국에서 발생한 9·11 사건과 당시 미국 부시 대통령 정부에 대한 미스터리는 아직도 많은 사람이 의문을 가지고 있다. 이 사건의 진상을 파악하기 위해 다큐멘터리 형식 영화인 <루수체인지>, <화씨 9.11> 등이 제작되어 많은 사람이 진실을 요구하기도 하였다. 다시 말해 지금껏 알려진 가장 견고한 금속 재질의 4개의 블랙박스가 파괴되었는데 (약한 종이로 된 여권은 살아남았다) 사실 이 사건에 대해서는 한국인 58퍼센트도 미국의 자작극이라고 생각을 한다고 한다. 그렇지만 아직까지 이 사건에 대해서는 미국의 자작극이다, 아니다는 이야기만 남긴 채 상처만 남긴 미스터리한 사건으로 남아있다. <비밀조직 7부>, <911 Best 다큐멘터리>에서 보다 정확한 의문을 제시하기도 한다.

상자 속 편지 – 세 번째 장
"그것은 그냥 시작일 뿐입니다."

버뮤다 삼각지대

전 세계 미스터리 사건 중 가장 유명한 것은 '버뮤다 마의 삼각지대'이다. 이곳은 버뮤다 제도를 정점으로 하고 플로리다와 푸에르토리코를 잇는 선을 밑변으로 하는 삼각형의 해역을 말한다. 이 해역에서 비행기와 배 사고가 자주 일어났는데, 배나 비행기의 파편은 물론 실종자의 시체도 발견되지 않은 경우가 많아 '마의 바다'라고 불린다. 세계 7대 불가사의 버뮤다 삼각지대가 유명해지게 된 것은 수많은 미스터리한 사건이 발생해서 사람들에게 알려진 것이다.

버뮤다 삼각지대에서는 세계 어디에도 없었던 기이한 현상들이 일어난다는 이유로 현재까지 많은 사람이 버뮤다 삼각지대에 대해서 관심을 가지고 있다. 버뮤다 삼각지대에는 지구에서 다른 차원으로 갈 수 있다 거나 지구에 구멍이 났다거나 지구의 숨겨진 내부의 비밀이 있다는 등, 지금까지도 버뮤다 삼각지대의 불가사의는 잊혀지지 않고 있다.

버뮤다 삼각 해역의 미스터리를 단순히 저널리즘의 속임수로 일축해 버리는 것은 위험한 일이다. 버뮤다에서 발생한 선박, 비행기, 실종 또는 사고는 1973년 US Coast Guard에 따르면 지난 세기 동안 1609년부터 현재까지 8,000건이 넘는 조난신호와 50척 이상의 배와 20대 이상의 비행기가 사라졌다고 한다. 실종된 배는 전함, 유조선, 화물선, 요트, 핵 잠수함 등이고 비행기는 여객기, 수송기, 전폭기, 정찰기 등으로 거의 모든 종류의 배와 비행기를 망라하고 있다.

버뮤다 삼각지 사건을 말할 때 가장 먼저 나오는 사건

1945년 5대의 미 해군 비행편대가 버뮤다 삼각지에 들어간 후 "긴급연락! 비행기가 코스를 벗어났다."는 연락을 취한 뒤 사라짐. 이 사건 이후로 이상한 사건이 수십 차례 보고되었으며, 수백 명의 사람도 사라짐. 이 사건이 이슈 되고 괴물설, 우주인 유괴설, 자연현상 등 갖가지 추측성의 보도가 생성되었다.

또한 국지적인 자기 활동의 돌출에 의한 설도 있다. 버뮤다 삼각지에서 이상한 경험을 하고 돌아온 생존자들의 경험을 보면 배의 나침반이 빙글빙글 돌았다고 하는 것은 태양의 흑점이 폭발하는 것과 같이, 지구도 자기장에 있기 때문에 국지적으로 자기장이 폭발해 나침반의 방향 감각상실, 그리고 무선 연락 두절과 같은 현상에 의해 일어날 수 있다는 것이며, 버뮤다가 지구 자기장 영향력이 가장 높은 지역 중에 하나라는 것이다.

2009년 6월 1일 대서양 한가운데서 감쪽같이 사라진 에어프랑스 항공기의 잔해와 승객 유해가 발견되고 있다. 그러나 아직까지 이 에어프랑스 447편이 왜 대서양 한가운데서 구조 신호조차 보내지 못하고 추락했는지 원인을 알지 못한다. 버뮤다 삼각지대처럼 미지의 힘에 의해 사라졌거나 추락했다는 주장도 제기되는가 하면, 해당 지역이 원래 자기장의 변화가 심한 곳이라 항공기의 전자 장비를 마비시켰다는 주장을 하는 사람들도 있다.

미국의 유명한 예언가는 버뮤다 삼각지대가 전설처럼 내려오는 아틀란티스 대륙이 바닷속으로 가라앉은 자리이고, 당시 뛰어난 과학기술로 개발된 에너지 발생장치가 아직도 작동하고 있어 물체를 소멸시킨 것이라 했다. 그 외에도 외계인의 소행이라는 설, 사차원 공간이라는 설 등. 다양한 의견들이 등장했으며 오랜 세월 동안 영화나 소설, 만화의 소재로도 사용되어 우리에겐 잊히지 않는 미스터리가 되고 있다. 미국경비대의 수색 및 구조대 대변인은 "솔직히 말해 버뮤다 삼각지대에서 무슨 일이 일어났는지 알 수 없다. 설명할 수 없는 실종 사건들에 대해 우리가 할 수 있는 것은 추측뿐이다."라고 말했다. 아직도 버뮤다 삼각지대는 의문에 싸여있다.

상자 속 편지 - 네 번째 장
"당신이 기억하는 지옥은 잊어라!"
"너의 죄가 너를 찾아갈 것이야."
"법 위에 네가 있는 줄 알지만 그 위에 진실이 있어."

기독교가 처음에는 온통 도덕 얘기만 하고 의무와 규칙과 죄와 덕에 관한 말만 하는 것 같아도, 결국은 이 모든 것을 통해 도덕 너머의 것으로 우리를 이끌어간다는 데에는 동의할 것이다.
인간이 죽음을 두려워해서 하나님을 만들어냈다, 이런 말들이 자주 나온다. 이 말에 전적으로 동의를 한다. 당연히 내가 죽음을 두려워하면 하나님을 만들어 나를 위로할 것이다. 그러나 기독교는 그렇지 않다. 기독교의 시작인 초대교회 당시 예수님을 믿는다고 하면 목이 잘려 나가는 시대였기 때문이다. 불에 타 죽고, 기름 솥에 튀겨져 죽고, 사자 밥이 되어 죽고, 맞아 죽고, 창에 찔려 죽고 … 이런 무섭고 비참한 죽음들을 다 목격한 사람들이 목숨을 걸고 땅속에 숨어서 하나님을 예배했다.

만일 기독교가 죽음이 두려워 하나님을 만들어냈다면 왜 그렇게까지 믿어야 할까?

기독교는 만들어낸 하나님을 믿는 것이 아니라는 뜻이다. 신자(믿는 자)를 다시 천국으로 데려가 하나님의 자녀로 살 수 있게 그 길을 만들어 주신 하나님의 놀라운 사랑을 체험했기 때문에, 목숨을 내놓으면서까지 하나님을 믿고 섬길 수 있는 것이다.

> 또 어떤 이들은 더 좋은 부활을 얻기 위해 심한 고문을 받되 구차히 풀려나기를 원치 않았으며 어떤 이들은 조롱과 매맞음과 결박과 옥에 갇히는 시련도 받았으며 또 어떤 이는 돌로 맞는 것과 톱으로 잘려 나가는 것과 시험과 칼로 죽임을 당하고 양과 염소의 가죽을 입고 유하여 궁핍과 환난과 학대를 받았으니 이런 사람은 세상이 감당하지 못하느니라 _ 히 11:35-38.

폴리캅의 순교

어느 날 빌로벨리움에 있는 교회에 서머나에 있는 교회가 주교 폴리캅(Polycarp)의 순교 장면이 아주 세밀하고 생생하게 묘사되어 있는 편지를 보냈다. 이 편지 내용은 기독교 순교 사화 중에서 가장 오래된 것이다. 폴리캅은 주님의 제자들 바로 뒤를 잇는 사도라는 점에서 '속사도 교부'(Apostolic Father)로 불린다. 그는 2세기 기독교 역사에서 가장 빛나는 순교자였다. 그의 순교 연도는 확실하지 않다. 다만 155~160년(트라야누스의 통치기) 혹은 161~180년(우리에게 '명상록'으로 잘 알려진 마르쿠스 아우렐리우스의 통치기) 중 어느 해, 2월 22~23일에 순교한 것으로 알려져 있다.

무장한 병사들이 폴리캅을 체포하러 왔을 때, 폴리캅은 그들이 먹고 마실 음식상을 준비하게 했다. 그들이 순교의 제물을 앞에 두고 먹고 마시는 동안 폴리캅은 한 시간의 기도 시간을 요청했다. 그러나 거의 두 시간을 향해 가고 있는 그의 기도를 아무도 제지하지 못했다. 기도를 마친 그가 압송되어 처형장에 들어섰을 때 관중석에서 숨어 지켜보던 기독교인들에게 하늘로부터 큰 음성이 들렸다.

"강건하라! 남자답게 행동하라!"

폴리캅의 명성과 고령을 생각한 지방 총독이 말했다.

"맹세하라! 그러면 내가 너를 석방할 것이다. 그리스도를 욕하라."

죽음을 벗어나 생명을 얻을 수 있는 절체절명의 순간에 폴리캅이 입을 열었다.

"86년 동안 나는 그분의 친구였습니다. 그동안 그분은 내게 아무 잘못도 하지 않으셨습니다. 그런데 어떻게 내가 나를 구원하신 왕을 모독할 수 있겠습니까?"

로마의 신으로 추앙받는 황제에게 맹세하라는 추상같은 명령 앞에서 폴리캅의 무릎은 결코 굽혀지지 않았다. 총독의 협박이 이어졌다.

"내겐 맹수들이 있다. 네가 마음을 바꾸지 않으면 너를 그 우리에 던져 버릴 것이다."

맹수들의 포효 속에서 폴리캅이 말했다.

"야수들을 부르십시오!"

피에 굶주린 잔혹한 로마인들의 고함이 처형장을 뒤덮을 때에 총독의 심문이 이어졌다.

"마음을 바꾸지 않는다면, 너를 불태울 것이다."

그러자 폴리캅이 다시 대답했다.

"당신은 잠시 타다 소멸되는 불을 가지고 위협합니다. 그런데 당신은 악한 자들을 위해 예비된 다가오는 심판과 영원한 처벌의 불을 알지 못하고 있습니다. 왜 지체하십니까? 오십시오! 당신이 원하는 것을 하십시오!"

병사들이 폴리캅을 장작더미 위의 기둥에 묶으려 할 때 폴리캅이 말했다. "내가 불을 견딜 수 있게 하실 분이 또한 내가 움직이지 않고 장작더미 위에 남아있게 하실 것입니다."

기둥에 묶인 폴리캅이 하늘을 우러러보며 큰 소리로 기도했다.

"오늘 이 시간 성령의 불멸 안에서 영과 육이 영원한 생명의 부활을 얻고, 그리스도의 잔 안에서 순교자에 포함되는 영광을 주셔서 감사합니다. 속이지 않고 진실하신 하나님께서 예비하셨고, 계시하셨으며, 성취하신 대로 이제 부요하고 받으실 만한 제물로 순교자들 가운데 저를 받아 주옵소서!"

폴리캅의 기도가 끝났을 때 사람들은 맹렬히 타오르는 불꽃 속에서 기적을 보았다. 기둥에 묶인 폴리캅은 머리카락 한 올도 불에 상하지 않았고, 오히려 불이 폴리캅의 주위를 아치 형태로 감싸 노구의 순교자를 지켰고, 처형장이 향기로운 냄새로 가득 찼다. 결코 불로는 폴리캅을 처형할 수 없음을 알게 되자 사형집행관이 칼로 그를 난자했다. 그때 흐르는 폴리갑의 피가 맹렬히 타오르던 불길을 잠재워 버렸다.

기독교 신앙은 순교자들의 피 위에서 돋아난 인류 구원의 생명나무다.

수 세기 동안, 수많은 곳에서 성도는 죽음을 불사하고 신앙을 지켰고, 오늘 우리의 신앙은 그들의 장엄한 순교를 통해 정제되고 또한 새로워지고 있다. 아직도 순교의 시대는 끝나지 않았다.

👍 추천 도서/이 시대 최고의 명저/조정민 목사/『왜 예수인가?』
👍 추천 영상/조정민 목사/왜 예수인가? 시리즈

상자 속 편지 - 다섯 번째 장
"너는 죄를 지었다. 그 죄의 이름은 침묵이다."
"진리를 아는 자가 진리를 모르는 자 앞에서의 침묵은 죄악이다."

<말하면 죽어>

아주 먼 옛날 어떤 마을에 이런 이야기가 있었다.

산 위의 동굴이 있는데 그 동굴 안에 있는 샘물을 먹으면 영원히 죽지 않는다는 것이다. 이 소식을 들은 바보 삼 형제가 이 샘물을 마시러 가기로 했다.

그런데 이 샘물을 먹으러 가려면 한 가지 약속이 필요했다.

동굴 안에서는 말하면 죽는다는 것이었다.

드디어 바보 삼 형제는 동굴까지 갔다. 큰형이 말했다.

"애들아, 여기서 말하면 죽어. 말하면 안 돼!"하고 죽었다.

이 말을 들은 둘째가 "그것 봐! 말하면 죽잖아."하고 죽었다.

셋째가 "나만 살았다."하고 죽었다. 바보 삼 형제가 안 나오자 동네 사람들이 이 동굴에 들어가기로 했다. 그리고 동굴 안에서는 말하면 안 된다는 것을 서로 이야기했다.

드디어 동굴에 들어갔다. 그때 어떤 할아버지가 "여러분, 여기서 말하면 죽습니다."라고 말하고 죽었다. 동네 사람들은 할아버지의 말에 모두 "예!"하고 모두 죽었다.

"어디서 무엇을 하다가 주님을 만날 것인가!

인생은 과거 자랑하다 교만해지기 쉽고 오늘 일을 내일로 미루다가 일평생 속아 산다. 그러니 죄를 짓지 마라.

섬기고 헌신하기를 게을리하지 마라. 오늘만이 내 날이요 주님 만날 준비 오늘뿐이다! 기독교는 잘살기 위한 종교宗敎가 아니라 잘 죽기 위한 종교다."

-손양원 목사 '순교 전 마지막 설교' 中

기독교 역사는 피의 역사

열두 제자 순교에 대한 내용을 그린 유화를 보면 그들 죽음이 얼마나 참혹했었는가를 알게 된다.

돌에 맞아 죽은 최초의 순교자 스데반 집사를 시작으로 - 산채로 미동도 하지 않고 화영을 감내한 사도 요한의 마지막 제자 폴리캅을 비롯, 그 외 이름도 빛도 없이 오직 복음만을 전하기 위해 온갖 고난을 감수해 왔던 수많은 순교자- 이러한 피로 물든 역사를 가진 기독교는 특히 지난 반세기 동안 수많은 그리스도인이 복음 전하는 일에 목숨을 바쳐 헌신해 왔다. 그러나 그러한 노력은 '명과 암'이라는 뚜렷한 양면을 동시에 가져왔다. 피 흘림 없는 열매는 기대할 수 없었다!

결코 피 흘림을 피할 수 없었던 그들의 삶은 그들의 영원한 아버지이자 스승이신 '예수 그리스도'의 삶을 그대로 따라갔다. 그들이 죽어야 했던 이유는 하나였다. 하지 말아야 할 이야기를 해서 죽었다. 하지 말아야 할 그 이야기는 "예수께서 십자가에 죽으시고 삼일 만에 부활한 사실"에 대한 증언 때문이었으며, 세상 나라 임금 숭배를 거부했기 때문이다. 인간의 문화 문명과 철학 사상, 종교 이념에 파고든 사탄은 하나님 대신 자신이 그들로 경배받고 자신을 배척한 사람들을 증오해 역사는 그들을 무참히 짓밟아왔다. 21세기를 살아가는 현재에도 이 죽음은 여전히 끝나지 않고 있다. 많은 그리스도인이 지금도 지구의 저편 어딘가에서 끝없이 학살당하고 있다.

순교는 옛말?

초대교회가 생긴 이후로 지금까지 살아오는 동안에 수많은 그리스도인이 순교했는데, 그 통계를 보면 20세기까지 일어난 총순교자의 숫자하고 20세기에 일어났던 순교자를 비교해 보면, 20세기에 일어난 순교자의 숫자가 지난 1900년 동안 일어난 순교보다 더 많다. 놀랍게도 현재에도 순교의 시대를 살고 있는 게 이 세상이다. 여전히 해마다 통계는 조금씩 다르지만 16만~18만 정도가 순교를 당한다고 한다. 그런데 그 순교 당하는 대부분이 어디에 가서 적극적으로 선교를 하고 어려운 곳에 가서 복음을 전한 사람들이냐, 그렇지 않고 열이면 아홉이 "나는 그리스도인입니다."라는 이 고백 때문에 죽는 사람들이란 사실이다. 순교는 다른 말로 '증언한다'는 뜻이고, 내가 어떻게 예수님을 사랑하고 그 복음을 믿는지를 생명으로 증언하는 게 순교인 것처럼, 그 순교적인 삶은 그리스도인들 모두에게 부르심으로 주어졌다. 인간의 상상할 수 없는 존귀함! 그들은 목적에 붙잡혀 사는 존재들이다.

기독교 신앙은 인간의 결심이나 이해 위에 세워진 것이 아니다. 하나님의 목적과 섭리와 경륜 위에 세워졌다. 피할 수 없는 "하나님의 소원"에 사로잡혀 있는 것이다(고전 2:2-3).

상자 속 편지 - 여섯 번째 장
"선과 악은 동전의 양면처럼 늘 붙어 있다네!"
"내 마음대로 할 자유와 내 마음대로 하지 않을 자유."

추천 영상/영화 부활, 그 증거의 주인공· 천정은 자매/ 우리의 정체성을 바로 알자 中

저는 피아니스트였고 현재 암 투병 환자입니다. 저의 현 상태는 암이 좀 많이 있어요. 양쪽 고관절 뼈, 골반뼈, 요추뼈, 척추뼈, 갈비뼈, 가슴뼈, 경추뼈 그리고 양쪽 폐 그리고 기도림프절까지 암을 가지고 있습니다. 최근에 치료가 잘 안 되어 가고 있는 상황이어서 왼쪽 골반 뼈하고 고관절 뼈에는 금이 가기 시작했습니다. 제가 처음 말기 암이라는 소리를 들었을 때가 서른아홉이었어요. (11년 전) 서른아홉이라는 나이에 말기 암이란 소리를 들을 거라는 생각을 전혀 해 본 적이 없었어요. 저는 당시 우울증을 좀 앓고 있었죠. 이유는 뜻대로 되어가는 세상이 어느 순간 내 뜻대로 안 되어가는 상황을 경험하다가 처음으로 지쳐가는 시간이었거든요. 그 지침이 고스란히 몸에서 병이 되었던 것 같아요. 말기 암이라는 말을 들었을 때 저 자신이 희한하더라고요. 말기 암 선포 듣기 전에 저는 항상 꿈이 많고 열정적이고 남들보다 시간을 더 쪼개서 쓰는 사람 중에 하나였는데, 우울감이 시작되면서 찾아오는 게 뭐였냐면 죽고 싶다는 생각을 하기 시작했거든요.

그렇게 죽고 싶다는 생각을 하고 있다가 갑자기 말기 암 소리를 들었는데 … 그러면 실제 죽게 되었으니 기뻐해야 하는데 사람 마음이 그렇지가 않더라고요. 내가 죽고 싶어서 선택을 해야 하는 마음과 나 스스로 선택한 상황이 아니라는 그 사이에는 설명할 수 없는 괴리가 있었어요.

지금도 제가 만난 사람들이 다 죽음 앞에 서 계시고, 저랑 만났던 수백 명이 이미 소천하셨습니다. 저는 누구보다도 죽음의 자리에 많이 있어봐서 아는데 … 오늘 주제가 우리의 정체성을 알잖아예요.

제가 암에 걸렸던 사건이 가장 놀라웠던 사건이었는데. 예수님을 만나고 완전히 바뀌었어요. 제 인생에서 가장 놀라운 사건은 예수님을 만난 거예요. 저는 완전한 무신론자였어요. 더 나아가서 기독교인들을 아주 많이 미워하는 무신론자였죠. 기독교인이 미운 이유를 타당하게 말할 수 있어요. 그런데 이제는 저 스스로 그렇게 욕하던 기독교인이 되었는데 그들의 주장이 왜 그런지를 너무 잘 알아요. 왜냐면 이 세상은 철저하게 자기중심적으로 살아갈 수밖에 없는 곳이잖아요. 그런데 제가 봐왔던 기독교인들 역시 자기의 손해를 절대 선택하지 않았어요. 제가 서른아홉 살 때까지 만났던 기독교인들은 거룩한 척하는 위선자, 거짓말쟁이 … 그런 그들을 보며 하나님은 없어라고 단정을 지은 거예요. 지금 생각해 보면 진짜 말도 안 되는 거죠. 하나님의 실존과 예수님에 대해 한 번도 제대로 알아본 적도 없으면서 그저 사람들의 행위를 보고 하나님은 없어라고 결론을 짓다니요.

다른 건 논리 따지고 기승전결이 맞아야지 하며 살았는데, 예수님 하나님 이런 쪽으로는 그냥 내 취향이 싫으니까 무조건 없다 그런 거였죠. 그런데 그걸 누가 옆에서 뭐라고 하는 사람도 없었어요. 그러다가 서른아홉에 말기 암을 딱 만나고 나니까 아주 아이러니하게도 저의 이중성이 드러나게 되었어요.

무서워서 떨고 있는 나 자신 … 애써 아닌 척하고 있었지만 … 의사 선생님이 그러시더라고요. 너무 늦어서 지금 현대의학으로는 고칠 수가 없다고. 우리 병원에서는 아무것도 해줄 수가 없으니 그냥 가라고 … 큰 병원에서 그런 말을 하니까 굉장히 황당했어요.

하지만 저는 백을 써서 치료를 받아 보기로 했어요. 투병하는 과정에서 항암이라는 치료 중 딱 두 개의 약만 제게 시험해 볼 수 있었는데, 위급한 상황이다 보니 독한 약 두 개를 동시에 집어넣었어요. 원래는 차례차례 봐가면서 하는 약이었는데 가장 독한 두 가지 약을 그냥 투입한 게 저의 치료였습니다.

그런데 항암을 시작하고 5분도 채 안 돼서 숨이 멎어가는 것을 경험했습니다 …

항암 하는 도중에 혈관이 타버리기도 했고요. 너무 독하니까. 그리고 머리가 빠지기 시작하는데 한 시간 안에 모든 머리칼이 다 빠져버렸어요. 동시에 얼굴 색깔이 변하고, 손톱 발톱까지 모두 빠져 버리는 일들이 이 항암이라는 것을 통해 발생되고 있었죠. 너무 끔찍하고 상상하기 힘든 두려움이었어요.

처음에 시작할 때는 항상 그래도 저의 원래 모습이 있으니까 정신 차리자 하고 시작했는데 정신을 잃게 되더라고요. 그렇게 저 자신을 잃어가면서 저의 새로운 모습이 자꾸 발견되었어요. 생각해 보니 39년 동안 그렇게 힘든 고난은 처음이었던 거예요. 처음엔 살고 싶어서 백지 써가며 치료를 받았지만 결국 얼마 못 가서 욕실에 가서 혼자 이런 말을 하고 말았어요.

"하나님, 혹시 계세요? 그럼, 나 좀 지금 죽여주세요!"

저라는 사람의 캐릭터가 객관적으로 봤을 때는 강한 이미지 같거든요. 여린 모습은 저만 알고 있었는데 그 여림이 계속 폭발하더라고요. 저도 알 수 없는 범위까지 폭발했어요. 그때 저에게 한 통의 전화가 걸려 왔어요. 전화를 건 사람은 십 년 전에 제가 '저에게 이상하게 전도한다'고 구박한 언니였어요.

저의 자초지종을 모두 들은 언니는 저를 위해 기도해 주겠다고 했어요. 옛날에는 말도 꺼내지 못하게 한 저인데 주절주절 힘든 일을 다 말하게 되었죠. 없을 거라고 믿었던 하나님을 한 번 찾고 났더니 걸려 온 전화는 저에게 어떤 메시지 같은 느낌이 들었어요. 그런데 기도는 하되 절대 다른 사람에게는 얘기하지 말라는 단서를 붙였어요. 자존심 때문에 … 그런데 다음날 언니한테 전화가 와서 하는 말이 자기 교회 사람들이 다 제 기도를 하고 있다는 거예요. 너무 화가 났어요. 배신감이 느껴졌죠.

'왜 내 말을 무시하는 거지?'

날 위해 사람들이 중보기도를 한다고 하자 비참해지기 시작했어요. 저 자신이 굉장히 싫어지더라고요.

'뭐가 그렇게 힘들고 무서워서 … 그냥 멋있게 있다 떠나면 그만이지, 왜 남에게 아쉬운 소리를 해서 …'

그러면서 마음을 다잡고 제 스스로 다짐을 했죠. '앞으로는 절대 사람들 앞에서 약해지지 말자고. 일 년 뒤에 멋지게 죽자고! 꼭 그렇게 해야 한다고!' 그런데 이상한 일이 벌어지기 시작했어요. 교회에서 절 위해 기도한다고 한 그다음 날부터 제 몸이 가벼워지기 시작하는 거예요. 부작용이 너무 심해 밖에 나가는 일은 엄두도 못 냈는데 … 그런 일이 있을 거라는 생각을 하지 못했는데 그렇게 되니까 아, 이제 살 것 같다라고 하면서도 퍼뜩 두려운 마음이 들었어요. '어, 이거 진짜 뭐 있는 거 아냐?'

언니가 날 위해 기도한 것 말고는 내가 한 일은 아무것도 없는데 … 순간 십 년 전 언니가 '정은아, 예수 안 믿으면 지옥 가'라고 했던 말, 그 말이 갑자기 제 머리를 장악해 들어오기 시작하는 거예요. '지옥? 에이 있을 리가 없어 그런 거 … 그러다가 있으면 어떡하지 …?' 그렇게 생각을 며칠이나 반복했어요. '일 년 뒤 난 점차 숨이 멎고 죽게 되겠지. 난 완전히 없어지는 거야. 아 슬프다 …'

그런데 죽었는데 사실 죽은 게 아니라 다른 세상에서 또다시 눈을 뜨게 된다면 … 그런 일이 실제로 일어난다면 … 그런 생각들이 계속 꼬리에 꼬리를 물더라고요. 그러다가 결론은 '그럴 리가 있어, 정은아? 아니야! 너 지금 아파서 그래. 무서워서 그래. 정신 차려!' 그러다 어느 날 정신을 딱 차렸어요.

"내가 지금 뭐 하는 거지? 내가 왜 이런 생각을 하루 종일 하고 있지? 나 이런 사람 아닌데 … "

그러다 아무래도 이 궁금증을 풀기 전까지는 편하게 못 죽겠다 싶었어요. 생각해 보니까 살면서 한 번도 내가 하나님이 있는지 없는지 직접 알아본 적이 없네 … 이것을 제가 발견을 했어요. 죽기 전까지 내가 할 일도 없는데 알아보자, 이렇게 결론을 내리고 내 몸을 에너지로 솟구치게 해 주고 있는 교회를 제 발로 찾아가기로 마음먹었어요. 서울에서 춘천행 버스에 몸을 싣고 …

'의료계에서도 나를 어떻게 해줄 수가 없고, 그러면 절대자밖에 희망이 없는 것 아닌가 …'

왠지 없다고 믿고 싶기도 하고, 있다고 믿고 싶기도 하고 … 정말 이상한 마음속에서 어느 정도 기대를 하고 춘천 한마음 교회에 도착했는데 … 도착하자마자 엄청난 후회를 해버렸어요. 왠지 사이비 이단 같은 느낌 …! 목사님이 하는 말이 '살려고 자기 발로 왔으니 우리가 더 기도해야 하지 않겠냐'며 기도하기 시작하는데 사람들이 여기저기서 "주여!" "주여!" 막 소리를 지르는 거예요. 생전 처음 듣는 소리에 너무 놀랐죠. '어, 왜? 나한테 소리를 지르는 거지?!!' 그러자 옆에서는 방언이 터지고 난리가 났어요. 당시 저는 방언이 뭔지도 몰랐고 그 소리에 저는 더 기겁하고 만 거죠. 세상에서 처음 들어보는 언어! 악마의 속삭임 같은 … 영화에서나 들어본 소리 … 그 순간 저는 제가 그곳에 잘못 왔다는 것을 확신했어요. 그다음부터는 "도망가야겠다! 도망가야겠다!"는 생각밖에는 안 들었어요. 그래서 무조건 도망을 쳐 나왔는데, 나중에는 저 자신이 굉장히 비참해지더라고요. '아무리 죽음이 무서워도 그렇지, 그런 데까지 가서 수모를 당하고 …'

그런데 다음 날 눈을 뜨고 딱 정신 차려보니까 안 되겠더라고요. 현실적으로 대응해야 한다는 생각이 들었어요. 그동안 날 위해 무던히 애써준 언니는 날 사랑하기 때문이고, 그런데 그런 언니가 너무 이상한 곳에 있으니 일단 그 언니를 구출해 내자는 생각이 들었어요, 또한 나는 아직 지옥이 있는지 없는지 알지 못했기 때문에 그 답답함은 말을 할 수가 없었어요. 그래서 나도 모르게 하나님 앞에 무릎을 딱 꿇었어요.

"하나님 살아 계세요?
그렇다면 나 좀 압시다!

살아있다면 왜 나에겐 안 알려 주세요?

살아 계시면 언니를 악의 무리에서 구해 주시고, 제게는 지옥이 있는지 없는지 그것 좀 제발 가르쳐 주세요!"

그렇게 기도를 하고 나서 다시 추천 가는 버스를 탔는데 가방 안에 제자 훈련하는 책자가 하나 들어 있었어요. 김성로 목사님의 『성령의 권능으로 부활을 증거하라』는 책인데 그동안 언니가 몇 번에 걸쳐 준 책으로 나는 읽지도 않고 버리고 또 버려버린 책인데, 최근에 받은 것은 아직 버리지 못하고 가지고 있었던 거죠. 이 책을 아주 적극적으로 상세히 읽어봐야겠다는 생각이 들었어요. 왜? 적을 알아야 싸울 수 있으니까. 그들이 주장하는 게 뭔지 보고 반박할 거리를 찾아야겠다는 생각이 작용했던 거예요.

하나님이 제일 예뻐하던 천사장이 하나님을 대적해 전쟁을 일으키고 이 땅에 마귀로 쫓겨났다는 에스겔서를 지나, 로마서 1:28과 로마서 5: 12 말씀에 이르렀을 때 그때 제 눈이 딱 거기 멈춰 섰어요. 제 신경이 그냥 한 단어에 꽂히게 돼버렸어요.

> 또한 그들이 마음에 하나님 두기를 싫어하매 하나님께서 그들을 그 상실한 마음대로 내버려두사 합당하지 못한 일을 하게 하셨으니 _롬 1:28.

'모든 사람이 하나님을 마음에 두기 싫어하는 죄'를 지어서 죄 때문에 사망에 이르게 되었다는 내용이었어요. 저의 시선을 온통 빼앗은 것은 딱 한 단어였어요.

"모든 사람!"

모든 사람이 하나님을 마음에 두기 싫어하는 죄를 똑같이 지었는데 이 때문에 세상에 죄가 들어왔다는 내용의 글을 보면서, 왜 여기 시선이 갔냐면 기독교인들에 대해 써 놓은 책을 본다고 보고 있었는데, 제 얘기가 여기 있다는 걸 발견했기 때문인 거예요.

그러므로 한 사람으로 말미암아 죄가 세상에 들어오고 죄로 말미암아 사망이 들어왔나니 이와 같이 모든 사람이 죄를 지었으므로 사망이 모든 사람에게 이르렀느니라 _롬 5:12.

"모든 사람"이라는 단어는 제가 도망갈 수 없는 단어였어요.
"어떻게 감히 모든 이라는 말을 썼지?
어떻게 나를 포함시키는 말을 여기다 쓴 거냐구?"
그런데 죽는 이유가 또 너무 놀랍더라고요. 죽는 이유가 "하나님을 마음에 두기 싫어하는 죄" 때문에 사람들이 다 죽게 생겼다는 것이었어요. 순간 갑자기 나와 기독교랑은 관련이 있을 리가 없는데 왜 내 얘기가 있는 거지? 이 생각에 꽂혀서 다시 내가 원하는 뭔가를 성경에서 발견할 수도 있겠다 싶어 정말 어떤 본능적인 느낌 속에서 맨 앞 페이지로 갔더니, 분명히 좀 전에 읽었는데 못 봤던 말이 있었어요. 거기서 발견한 말씀은 사도행전 17:30-31 "하나님께서 모든 사람에게 친히 믿을만한 증거를 주셨다."라는 내용이었습니다. 거기에 또 모든 사람이 있더라고요. 한 사람도 빠짐없이! 그 모든 사람이라는 단어에서 모든 사람이 알 수 있게 주신 그 증거가 뭔지, 뒤로 가서 증거를 찾아봤더니 거기에는 "예수를 죽은 자 가운데서 다시 살리신 것으로 이미 모든 사람에게 증거를 줬다." 그렇게 나와 있더라고요. 그리고 이 예수라는 분은 하나님께서 심판할 날을 작정하셨는데 심판장의 위치에 있는 분이시더라고요.
제가 거기서 왜 증거가 이거지? 하고 놀랐어요. 그 전날 교회에 갔을 때 기도를 받기 전 사람들이 잠깐 얘기하는 것에서 뭐가 있었냐면,, "예수님이 부활하셨어요, 자매님!" 이 얘기를 한 거예요. 그때 제가 또 화가 났어요. '나는 하나님을 찾고 있는데 왜 예수 얘기를 하냐고? 왜 예수를 등장시키냐고!'

자꾸 예수라는 이름이 나온다는 것은 하나님까지 갈 때는 무슨 단계가 필요한 거구나! 그럼, 나는 오늘 하나님 모르겠네? 이렇게 된 거예요. 그래서 '헐~' 실망하고 돌아왔었는데, 하나님께서 예수님이 부활하신 것을 증거로 줬다는 내용이 사도행전에 씌어 있는 거예요. 그래서 제가 거기서 놀랐어요. 생각보다 빨리 답을 찾아볼 수 있겠다 싶었어요! 순간, "예수가 부활한 사실만 알아내면 하나님이 이것이 증거라고 했으니까 하나님이 살아 있다고 생각해도 되고, 그렇게 되면 지옥은 내가 안 가봐도 확인할 수 있게 되는 거네." 가까스로 이렇게 정리가 되었는데 다시 좌절이 온 것은 예수가 부활했는지 안 했는지는 어떻게 알아내지 하며 생각이 또 막혀버렸어요. (실존 인물인지 아닌지조차 확신이 안 서는데 …)

그렇게 좌절하고 있다가 떠오른 것이 일단 예수가 언제 적 인물인지 그것만이라도 좀 알아봐야겠다고 생각하는 순간, 동시에 오늘이 며칠이지? 며칠? 하다가 B.C.와 A.D.가 확 떠올랐어요. 그전까지는 그냥 기원전 기원후 이렇게 생각했던 날짜의 개념이 순간 B.C.가 떠오르면서 다르게 느껴진 거예요. B.C.와 A.D. 비포 크라이스트(Before Christ)에서 예수를 기준으로 역사가 나누어진 거예요.

급하게 네이버를 찾아봤더니 A.D.는 그리스도의 해라고 정확하게 나와 있었어요. B.C.도 가리키는 게 예수이고, A.D.도 가리키는 게 예수였어요. '어떻게 예수를 기준으로 날짜가 세워졌지?'라는 생각에 너무 충격이 컸어요. 그 날짜는 지구촌 모든 사람이 똑같이 쓰고 있는 거잖아요. 일단 그것을 통해서 적어도 예수가 이 땅에서 뭔가를 했기는 했나 보다 그리고 분명히 실존 인물이었나 보다 하는 믿음이 가더라고요.

막연하게 어떤 불분명한 사실을 가지고 날짜를 정할 리는 없다는 생각이 들었어요. 예수의 부활을 네이버에 찾아봤더니 놀랍게도 예수가 실존 인물이었고, 언제 태어났고, 언제 사망했으며, 심지어 부활했다고 나와 있더라고요. 그런데 이게 어떤 사전적인 의미, 두산백과라든가 이런 객관적인 자료에 모두 나와 있었어요. 그래서 예수의 부활을 다시 쳤더니 여러 블로그에서 예수의 부활을 증명한 자료들이 많이 있었어요. 어떤 블로그에서는 예수가 부활할 리가 없다는 것도 있었는데, 그러니까 예수의 부활은 없다고 말했던 사람들의 기록이었던 거죠. 그 기록에 마음이 끌렸어요. 예수가 부활하지 않았다고 증명한 내용이었으면 좋겠다, 그런 생각이었으니까요. 저도 예수가 부활한 걸 믿지도 않았지만 안 믿고 싶어서 그쪽이 더 혹하고 끌렸던 거죠.

그것을 보니까 이천 년 대를 거슬러서 예수가 부활한 것에 대해 그것은 사실이 아니라는 것을 증명하려고, 많은 지식인이 지질학 등을 통해 증명을 하려고 애썼지만 결론은 뭐라고 했냐면, 아직까지 (2014년) 단 한 사람도 예수가 부활하지 않았음을 증명한 자는 없다. 끝! 이렇게 결론을 낸 거예요. 그들의 직업군들이 나와 있었는데 그게 또 충격이었어요. 시대마다 그 시대를 풍미했던 많은 역사학자, 과학자, 지식인들이 달려들어 예수가 부활은 거짓이라며 끝까지 파고들었지만 아무도 성공을 못 했다는 것이었어요. 제가 거기서 그냥 무너졌어요. 만일 어떤 느낌적인 것, 신비한 체험, 이런 것들을 통해 만날 수 있는 게 신일 것 같은 생각은 했지만, 만일 그렇게 해서 신을 만났더라면 저는 아마 또다시 확신 없이 뭐에 홀린 것 같다는 생각 속에서 방황하게 되었을 수도 있는 것이었죠. 그 순간 마음이 시원하게 굴복이 되었어요.

'아 … 내가 틀렸구나! 내가 몰랐구나!'라는 걸 절감하게 된 거죠. '예수 부활했네! 부활했어!!' 이렇게 된 거죠.

믿고 싶지 않지만, 인정하고 싶지 않지만, 모두가 예수의 부활을 증거하고 있으니 … 예수의 무덤이 비어있었던 이유는 그분이 살아났기 때문이었구나 …! 결국 역사의 주인공이 될 수밖에 없었던 이 예수께서 살아나셔서 본인이 하나님이라는 것을 증명하고 만 것이었 구나 …! 진실은 아무리 부인한다고 해도 부인되는 게 아니었기에 … 그 시대에 아무리 내가 안 태어났고 안 봤다고 우겨본들 그저 그건 우습게 되는 꼴이고, 그것은 고집을 부린다고 억지를 쓴다고 되는 일 이 아니구나 라는 걸 확실히 알아버리게 된 것이죠.

> 내가 받은 것을 먼저 너희에게 전하였노니 이는 성경대로 그리스도께서 우리 죄를 위하여 죽으시고 장사지낸 바 되셨다가 성경대로 사흘 만에 다시 살아나 사 게바에게 보이시고 그 후에 열두 제자에게와 그 후에 오백여 형제에게 일 시에 보이셨나니 _고전 15:3-6.

예수 부활했네! 하나님 살아계시네!! 아~ 하나님 진짜로 살아계시 네요. 그럼, 천국과 지옥도 있네요.
아 … 그럼, 난 지옥인가 …? 하는 생각이 퍼뜩 드는 순간 너무도 놀라서 "그러면 어떻게 하면 되지? 난 어떻게 하면 될까? 하나님 전 어떻게 하면 되나요?" 급히 이렇게 묻지 않을 수가 없는 것이었어요.

상자 속 편지 - 일곱 번째 장
"이 세상이 원칙대로 되지 않는다는 것을 안 때는?"
"누군가 조치를 세워야 하지 않겠는가?"
"진실을 목도하십시오! 절대 고개를 돌려서는 안 됩니다."

객관성의 타락

사람들은 진실을 원하지 않는다.
아마도 그때 알아야 했으리라!

그때나 지금이나 그리고 아마도 앞으로도 아주 오래도록 사람들은 누구나 진실을 알고 싶어 하지 않는다는 것을. 막다른 골목에 몰릴 지경만 아니라면 어쩌면 있는 그대로의 사실조차도 원하지 않는다는 것을. 사람들은 누구나 자신이 그렇다고 이미 생각해 온 것, 혹은 이랬으면 하는 것만을 원한다는 것을. 제가 그린 지도를 가지고 길을 떠났을 때 길이 이미 다른 방향으로 나 있다면 아마 길을 제 지도에 그려진 대로 바꾸고 싶어 하면 했지, 실제로 난 길을 따라 지도를 바꾸는 사람은 참으로 귀하다는 것을.

<할아버지와 손녀>

"할아버지 그럼, 하나님이 나도 만들었쪄?"
"물론이지. 우리 공주님도 하나님께서 만드셨지."
잠시 할아버지를 이리저리 살피던 손녀는 거울로 가서 자기를 요리조리 살피더니 할아버지에게 와서, "할아버지, 하나님은 최근에 와서야 좋은 작품을 만드시나 봐요?"
이 세상은 수많은 경이로운 것으로 가득하다. 하나님이 창조하신 웅장한 경관들 … 사람들은 대개 높은 산봉우리, 넓은 바다 물결, 흐르는 강, 망망한 광야, 별들의 운행을 보면서 경탄한다. 그러나 자기 자신의 탄생에 대해서는 별로 놀라지 않는다.
또 인간이 만들어낸 작품 중에는 간혹 감탄사가 절로 나오는 놀라운 것들이 있다. 그래서 사람들은 과연 저 작품을 만들어낸 이는 누구일지 궁금해한다. 그러나 정작 그와는 비교할 수 없는 기하학적 예술품인 우주 만물의 오묘한 섭리를 바라볼 때 이 같은 궁금증을 갖는 이들은 그리 많지 않다.

상자 속 편지 - 여덟 번째 장
"성경이 열리면 인생이 열린다! 세계가 열린다! 우주가 열린다!"

불가사의

'불가사의'라 함은 사람의 힘이 미치지 못하고 상상조차 할 수 없는 오묘한 세계, 또는 말로 표현하거나 마음으로 생각할 수 없는 이치, 또는 가르침을 뜻하며, 그 세계를 가늠하거나 측량조차 할 수 없는 놀라운 상태를 일컫기도 한다. 이 세상은 사람의 생각과 능력만으로 풀 수 없고 헤아릴 수 없는 이상야릇한 세계가 있다. 이러한 현상을 일컬어 "불가사의" 하다고 표현하는데 그러함에도 사람들은 그 오묘한 세계를 들여다보기를 원하고, 또 이해할 수 있게 되기를 바라며 끊임없는 연구 활동에 증진하고 있다.

보면 볼수록 신기한 세계의 건축물들

세상에는 멋지고 특이한 건축물들이 매우 많다. 볼수록 감탄사를 자아내는 멋진 건축물도 많지만, 말로 설명할 수 없는 불가사의한 건축물들도 있다는 사실이다. 과거 미국의 시사주간지 타임이 '세계 10대 불가사의 건축물'을 발표한 이후, 해당 건축물을 구경하기 위해 많은 관광객들이 몰리고 있으며 계속해서 많은 궁금증을 자아내고 있다. 끊임없이 논란이 되는 피라미드의 숨겨진 비밀- 현대의 그 어떤 과학적 기법과 첨단 분석을 한다고 하더라도 도무지 풀 수 없는 미스터리한 고대의 건축물과 현상들이 많이 존재하고 있는데 '세계 7대 불가사의' 중 하나로 꼽히는 기자 지구의 대 피라미드가 그것이다.

피라미드의 신비

사람에게는 불가사의 한 영역이 한두 가지 있게 마련이다. 지금까지도 불가사의하게 여겨지고 있는 이집트의 피라미드는 세계 7대 불가사의 가운데 정점이다. 피라미드란 고대 이집트에서 국왕, 왕족들의 무덤으로 건조된 사각뿔 모양의 큰 돌을 사각뿔 모양으로 쌓아 올린 탑의 유적을 말한다. 그 시대 건축물의 불가사의는 그 내용이 같다. 기자의 대피라미드가 불가사의한 건축물로 꼽히는 이유는 그 거대함 때문이다. 각 능선이 정확히 동서남북을 가리키도록 평균 2.5톤의 돌이 230만 개나 쌓아 올려져 있는데, 이 크고 무거운 석재들을 어떻게 옮기고 쌓아 올렸는지는 정확히 알려지지 않았다.

피라미드의 경위

그 당시 축조술로는 만들기 어려운 규모와 정교함, 공학 기술 그리고 의미이다.

이집트인들이 갖고 있던 기본적 생각은 영생이었다. 그들은 미이라나 그림이 다시 살아날 것이라는 믿음이 있었다. 그 때문에 그것들의 훼손은 있어선 안 될 일이었다. 그러니 왕을 지키기 위해 엄청나게 큰 요새가 필요했고 그것이 피라미드이다. 그런데 피라미드가 왜 신비냐, 간단하게 말해 축조에 이용된 벽돌은 한 장의 무게가 2,500킬로그램, 즉 사람으로 따지자면 뚱뚱한 남자 25명의 무게이다. 이걸 평균적으로 230만 개 정도 쌓아서 만든 것이 피라미드이다.

그런데 더 놀라운 것은 평균 오차가 0.1~0.2퍼센트라고 하니 세월의 흔적을 감안했을 때 거의 0퍼센트에 가깝다는 말이다. 이런 이유에 피라미드가 만들어지기 시작하였는데 이것은 그 당시 이집트에서 뛰어나게 발달한 삼각형, 사각형, 육각형의 면적 산출과 원주율 3.16의 공식이 있는 기하학을 이용하였다. B.C. 2700년에 처음 건축하기 시작해 많은 노동력과 기술을 소모하였으며 종교적 신앙의 행위의 근본적인 상징물이라고 할 수 있다.

대피라미드가 건축된 시기- 쿠푸왕 재위 때인 B.C. 2560년

B.C. 2560년 경이면 동양으로 따지면 신석기시대에 해당한다. 비교적 문명이 발달 정도가 빠른 서양이나 아랍지역은 이 시기가 청동기시대일 것으로 추정하고 있는데, 철기시대도 아니고 문명의 발달 정도가 미약했던 청동기시대에 이처럼 엄청난 높이의 엄청난 규모의 대규모 축조사업을 해낼 수가 있었는가 하는 것이 또한 의문점이다.

즉, 청동기 초기로 판단되는 이 시기에 아무리 많은 노예와 인부를 동원한다고 해도 지금 같은 철제 타워크레인이 전혀 없던 이 시기에, 어떻게 150미터 높이까지 그 무거운 돌들을 끌어올릴 수가 있었을까?

이것이 인간 문명이 이뤄낸 가장 놀라운 미스터리가 아닐 수 없다.

B.C. 2560년이면 우리 한반도에서는 최초의 국가인 고조선도 개국하기 전의 시대로 신석기시대의 사람들이 나뭇가지로 움집을 짓고 열매를 따 먹으면서 살아갔던 시대인데, 이런 시기에 아무리 문명이 빨랐다고 하는 이집트라고 해도 높이 150미터까지 230만 개의 돌을 쌓아 올린다는 것은 불가능한 일이다.

신석기시대에서 청동기시대로 넘어가는 과도기 때에 높이 약 150미터까지 2.5톤이나 되는 무거운 돌들을 230만 개나 쌓아 올렸다는 것은 지구 역사 이래로 가장 "미스터리한" 일이며 영원히 풀리지 않는 수수께끼로 남아 있다. 일각에서는 B.C. 2560에 대피라미드를 건축했던 주인공들은 외계에서 온 외계 문명인들이라고 주장하기도 한다. 지구인보다 훨씬 문명이 발달된 외계인들이 지구로 날아와서 지구의 특정지점에 그들이 식별할 수 있는 외계인들의 코드나 기지들을 남겨 놓았다는 것이다.

대피라미드 건설에 적용된 기술과 기능이 무엇인지 아직도 정확히는 모르지만, 오늘날보다 월등하게 우수한 것은 틀림없다. 이런 면에서 일부 고고학자들은 당시 이집트인들의 기능적인 능력을 극찬하면서 그들이 초인적인 노력으로 이런 성과를 거두었다고 평가한다. 그런데 성경은 이 미스터리한 일에 대해 한마디로 답변해 주고 있으니 바로 거인이다(민 13:32-33).

상자 속 편지 - 아홉 번째 장
"불가능한 것을 제외하고 나면 아무리 믿기 힘든 일이라도 그것이 바로 진실이지."

상자 속 편지 - 열 번째 장
"섬뜩한 가설이 진실로 다가오는 과정."

물고기가 물을 떠나면?
나무가 땅에서 뿌리가 뽑히면?
아기가 엄마 품을 벗어나게 되면?
생물체가 공기 없는 행성으로 내던져지게 되면?
생명의 근원에서 완전히 분리되어 나온 것이 창세기 3장 "선악과" 사건이다.

> 내 백성이 두 가지 악을 행하였나니 곧 그들이 생수의 근원되는 나를 버린 것과 스스로 웅덩이를 판 것인데 그것은 그 물을 가두지 못할 터진 웅덩이들이니라 _렘 2:13.

> 네 악이 너를 징계하겠고 네 반역이 너를 벌할 것이라 그런즉 네 하나님 여호와를 버림과 네 속에 나를 경외함이 없는 것이 악이요 고통인 줄 알라 만군의 여호와의 말씀이니라 _렘 2:19.

불행의 원인

왜 세상은 이토록 불행한가?

이 세상이 악한 것에 대해서는 더 이상 토론할 여지가 없다. 하나의 가설을 세우면 모든 게 맞아떨어진다. 너무나도 간단한 '가설'이라 오히려 믿고 싶지 않다. 그러나 이 가설이 그냥 가설이 아니라는데 함정이 있다 (선악과를 먹고 하나님을 떠난 사건).

모두가 갈망하는 자유!

자유란 무엇인가?

통제가 없는 상태를 말한다. 무한한 자유는 마치 행복만을 가져다줄 것 같지만 한 사람 이상 살아가는 사회 속에서 일정한 제재와 규율이 필요하다. 그것은 사랑일 수도 있고 법일 수도 있고 의무감일 수도 있다.

자유에는 책임이 따른다. 책임 없는 자유는 방종이요, 죄악이다. 그러기에 '통제 없는 자유'는 자유가 아니다. 모든 인간 사회와 집단에는 약속과 규율이 필요하며 시스템이라는 통제안에서 움직이게 된다. 통제를 받게 되면 시스템의 보호를 받게 된다. 인간은 인간의 자리에서 그렇게 자기의 분수와 주제를 알고(피조물임을 알고) 하나님을 하나님으로서(주인으로서) 그 법도에 순종하며 살아가야 한다는 게 에덴동산에 세워진 유일한 법도였다.

> 여호와 하나님이 그 사람에게 명하여 이르시되 동산 각종 나무의 열매는 네가 임의로 먹되 선악을 알게 하는 나무의 열매는 먹지 말라 네가 먹는 날에는 반드시 죽으리라 하시니라 _창 2:16-17.

모든 걸 다 가졌던 하와. 아무 문제 없이 모든 걸 누리기만 하면 되는데 하와에게 남의 것(하나님 것, 창조 능력)이 탐이 나기 시작했다.

그때부터 모든 문제는 시작되었다.

👍 추천 영상/치명적 유혹/한홍 목사/선악과 사건 1, 2
👍 추천 영상/삶의 신앙/최종 정리/ 교회에서 제대로 알려 주지 않는 진짜 성경적인 죄의 개념

우리는 오늘날 과학이 무섭도록 발달한 시대에 살고 있다. 정말 살기 편한 세상이다. 아이디어들이 어찌나 좋은지 … 기발한 상품들은 어찌 그리 많이 나오는지 … 버튼 하나와 음성만으로 작동되고 움직여지는 세상! 정말 신기할 뿐이다. 어떻게 그런 생각을 하게 되었는지, 처음에 만든 사람이 누구인지 정말 궁금하다. 일상생활에서 우리가 접하는 모든 것들은 누군가에 의해 만들어진 것이다.

우리가 살고 있는 지구는 어떨까?
누군가 만들지 않았을까?
누가 만들었을까?

성경은 세상에 존재하는 모든 만물이 "하나님"이란 사실을 알려준다.

> 태초에 하나님이 천지를 창조하시니라 _창 1:1.

장엄한 우주 탄생의 비밀은 성경 맨 첫 장을 열 때 풀어진다. 마치 육아일기를 쓴 엄마의 심경처럼 이 말씀을 대하는 모든 자의 가슴은 저격 당한다. 성경은 하늘과 땅과 거기 속한 모든 만물과 우리의 생명이 하나님에게서 나왔음을 알린다. 하나님은 모든 창조 세계의 주인이시다. 하나님은 모든 창조물에 대해 선한 목적을 가지고 계신다. 하나님은 주권자이시며 하나님은 당신의 주권을 통한 통치를 무한한 방법으로 운영하고 계신다는 사실을 알아야 한다. 하나님이 우리를 창조하신 주된 목적은 우리를 그분의 사랑으로 아주 예쁘게 머물 수 있는 대상으로 만드시

려는 데 있다.

> 하나님이 지으신 그 모든 것을 보시니 보시기에 심히 좋았더라 저녁이 되고 아침이 되니 이는 여섯째 날이니라 _창 1:31.

나폴레옹은 밤하늘의 별들을 가리키면서 말했다.
"다른 이유 없이 저 별빛만 보아도 하나님의 존재하심을 확신할 수 있다."
우리 우주의 고향인 은하계는 경이로운 곳이다. 약 1,000억~4,000억 개의 별과 수많은 행성, 놀랍도록 다양한 천체가 있는 은하계는 천문학자와 별을 관측하는 사람들 모두에게 보물창고와도 같은 곳이다. 그런데 이러한 은하계의 수가 우주에는 백만(그 이상)이 넘는다는 사실도 발견할 수가 있다. 그러므로 우리는 자기의 간단한 계산에 의해서 망원경으로 볼 수 없는 별이 얼마나 많은지 하나님 외에는 아무도 모른다. 뉴욕 하이덴 천문대의 한 천문학자는 말하기를 말했다.
"지금껏 무신론자인 천문학자를 만나 본 적이 없었고, 우주의 말할 수 없는 아름다움을 연구했기 때문에 위대한 설계자이신 하나님을 믿을 수밖에 없다."
다수결을 따르지 않는 게 있다면 그것은 인간의 양심이다.

- 👍 추천 도서/생명의 진화를 논하는 자들에게/안상규 저/『과학을 통한 성경으로의 회귀』
- 👍 추천 도서/다윈이 이 책을 읽었다면 자기 이론을 버렸을 것이다/무신론과 유신론을 최종 법정으로 초대하는 리 스트로벨 저/『창조설계의 비밀』

상자 속 편지 - 열한 번째 장

"네가 지금 먹는 밥이 하늘에서 떨어진다고 생각하니?"
"네가 살고 있는 집과 지붕이 저절로 지어진 것 같아?"

지구! 우주 한가운데 떠 있는 지구! 정말 너무 신기하다. 사람들의 무한 신뢰를 받는 과학. 신기하고 놀라움의 연속이다. 그런데 오늘날은 이 놀라운 과학을 통해 완벽하게 0.0000000 … 1퍼센트의 오차도 없이 성경이 사실임을 입증하는 시대가 도래됐다.

지금이야 지구가 우주에 떠 있다는 사실은 상식이다. 하지만 고대 사람들에게는 상상도 못 할 이야기였다. 지구가 네모난 모양이어서 해안선 끝으로 가면 떨어진다거나 편편한 땅을 반구 모양의 하늘이 덮고 있다고 믿었다. 세월이 흘러 지구의 모양이 구 형태임을 알았지만 지구는 우주의 중심에 정지해 있다고 생각했다. 16세기 천문학자 코페르니쿠스에 이어 갈릴레이가 '지구가 태양의 둘레를 주기적으로 회전한다.'는 것을 확인하고 '케플러의 법칙'을 발표해 이들의 주장을 옹호했다. 지동설은 17세기에 이르러서야 과학적으로 입증되었다.

과학자 뉴턴이 '이 세상 모든 물체 사이에 인력(공간적으로 떨어져 있는 물체끼리 서로 끌어당기는 힘)이 작용한다는 것을 알아내고 케플러의 법칙을 기초로 만유인력의 법칙'을 확립한 것이다. 그는 만유인력의 법칙을 통해 지구를 비롯한 행성들이 태양과의 인력 때문에 우주에 떠서 태양 주위를 회전한다고 밝혔다.

무식하다? 현실감이 떨어진다? 미신을 믿는다?

개미와 바퀴벌레와 메뚜기
개미 - 1차원
바퀴벌레 - 2차원

메뚜기 - 3차원

개미는 개미의 길로만 다니기 때문에 바퀴벌레와 메뚜기를 늘 만나지 못한다. 어쩌다가 한 번 만나더라도 순식간에 지나가 버리는 정도? 신경 쓰고 지켜보지 않는 한 다신 못 만날 확률이 높다. 개미가 말했다.

"메뚜기라는 건 없어!"

그대여, 우리는 우리의 시선과 우리의 현실에서만 인식하고 살기 때문에 하나님을 만나지 못한다.

우리가 만나지 못했다고, 우리가 느낄 수 없다고, 우리가 보지 못했다고 하나님이 없는 것일까?

우리는 다른 차원의 그 무엇을 열린 세계관으로 받아들일 것인가!

내 차원만 인정하며 닫힌 세계관으로 평생을 살 것인가를 선택할 뿐이다. 우리가 부정한다고 있는 게 없는 게 되진 않는다. '전능한 기만자'라는 극단적인 가정하에서도 의심할 수 없는 절대적으로 확실한 최초의 인식으로서의 나의 존재에 대한 인식을 확보한 후, 데카르트는 신 존재 증명을 시도한다.

데카르트는 나 외에 다른 존재에 대한 인식이 가능한지를 검토하기 위해 내 정신 안에 존재하는 관념들을 세 가지 부류로 분류한다.

첫 번째는 다른 사람 그리고 동물들의 관념이다.
두 번째는 물질적 사물들의 관념이다.
세 번째는 신의 관념이다.

데카르트는 첫 번째와 두 번째 부류의 관념은 나로부터 나오지 않았다고 볼 수 있는 이유가 없다고 보고, 신만이 유일하게 나로부터 기인한다고 볼 수 없다고 보며 이를 토대로 신 존재 증명을 시도한다. 무슨 말이냐면, 로봇에게 인간이 심어 놓은 프로그램 외에 자발적으로 다른 세계

(우주, 신, 천사, 악마)에 대해서 스스로 생각하고 고민에 빠질 수 있느냐 하는 것이다. 다시 말해 신도 없고 영원도 없는데 어떻게 인간이 영생을 꿈꾸거나 내세(사후심판)에 대한 불안감 속에 격앙된 심령을 갖게 되는지 그게 정말 가능한지 진지하게 묻고 있는 것이다.

> 하나님이 모든 것을 지으시되 때를 따라 아름답게 하셨고 또 사람들에게는 영원을 사모하는 마음을 주셨느니라 그러나 하나님이 하시는 일의 시종을 사람으로 측량할 수 없게 하셨도다 _전 3:11.

👍 추천 영상/창조의 비밀을 끝간데까지 파헤치는/김명현 교수/왜 창조인가?/창조과학 세미나 시리즈

성경은 창조주의 음성을 듣는 축복의 통로/자녀(연인)를 향한 하나님의 러브레터

구약성경(구약: 옛 약속)은 그로부터 메시아가 오시기까지의 시간이며, 신약성경(신약: 새 약속)은 오랜 시간을 두고 예언해 온 메시아(그리스도)가 마침내 인간의 모습으로 강림하신 탄생을 시작으로, 구약에 예언된 모든 말씀(거의 대부분)을 성취하신 십자가 죽음, 부활, 승천의 기록과 다시 오실 주님에 대해 역사의 현장 속에서 그분과 함께 몸소 부딪히고 뒹굴며 모든 것을 생생히 직접 보고 느낀 제자들에 의한 그리스도의 유일성과 (인성과 신성을 동시에 겸비한) 죄 사함의 원리, 구원받은 하나님의 자녀들에 주는 삶의 교훈과 명령, 지침에 대한 자세한 설명으로 이루어진, 시작부터 끝까지 시종일관 알파요, 오메가이신 성령 하나님의 완전한 주관하에 기록된 창조주의 입김으로 써 내려간, 전후 모든 세대를 살리기 위한 창조주 하나님의 뜨거운 사랑의 편지이다.

여기에는 인간의 나고 죽음과 그 시작의 원인을 알리며, 유일하게 하나님의 형상을 입은 인간의 탐욕이 불러온 타락의 현장과 참상을 고스란히 재현해 주고 있으며, 그 후 하나님 떠난 후손들의 비참과 죄악, 징계, 멸망 그리고 창조주의 사랑과 구원으로 나아올 수 있는 유일무이한 회복의 메시지가 증언되는 (예수님의 십자가 죽음, 부활) 이스라엘 1600년 역사, 구원의 대파노라마이다. 이스라엘은 인류의 축소판으로 이곳이 대표로 지명되어 하나님의 구원 계획을 이룬 민족이다.

> 또 어려서부터 성경을 알았나니 성경은 능히 너로 하여금 그리스도 예수 안에 있는 믿음으로 말미암아 구원에 이르는 지혜가 있게 하느니라 모든 성경은 하나님의 감동으로 된 것으로 교훈과 책망과 바르게 함과 의로 교육하기에 유익하니 이는 하나님의 사람으로 온전하게 하며 모든 선한 일을 행할 능력을 갖추게 함이라 _딤후 3:15-17.

행복의 궁극적인 근원

하나님의 특별 계시인 성경의 첫 막을 여는 창세기는 우주에 있는 모든 것들의 시작에 관한 책이다. 하늘, 땅, 동식물, 사람 등의 시작에 관해 알려 주는 책이다. 창세기를 통해 우리는 인간의 죄가 어떻게 시작되었는지 알 수 있다. 그리고 사람들이 타락했을지라도 하나님께서는 여전히 하나님의 백성들을 사랑하신다는 사실을 알 수 있다. 있는지 없는지 모르는 신의 일 따위 생각지 않고 살면 된다고 사람들은 무심히 말해버릴지 모른다. 그러나 그렇다면 곤란하다. 이 지구의 공기는 결코 부드러움만을 내뿜고 있지 않기 때문이다. 그에게는 분명한 목적과 뜻과 일정한 계획이 있다. 인간에게 있어 신의 존재는 모르더라도 어쨌든 신은 있는지 없는지의 어느 쪽이다. 일단 이 문제에 머리를 디민 이상 아무런 해결도 없이 그곳에서 되돌아오는 일은 우리로선 어쩔 수 없는 일인 것인가!

그럴 수는 없다. 절대로 그래서는 안 된다. 우리는 하나의 중대한 사실에 부딪혀야 한다.

별무리가 가득한 끝을 알 수 없는 저 광활한 우주를 마주할 때 드는 경외감! 그 온전한 '엑스타시스'는 신이 아니고서고는 우리에게 전해줄 수 없는 신비이니, 이제 우리는 그만 절대자 앞에 조용히 머리 숙여 나아오기를 힘써야 할 때다. 세상이 맨 처음 도래되기 시작할 그 무렵, 그 찰나에 있었던 음성!

> 태초에 하나님이 천지를 창조하시니라 _창 1:1.

우리는 이 말씀 하나로 그동안 인류가 풀지 못했던 모든 베일의 의문과 숱한 미스터리, 그 영원한 방황과 갈등과 저항에 단박에 종지부를 찍게 된다. 나의 존재, 세상의 존재 그리고 사후에 있을 구원과 심판에 대해, 영원히 거하게 될 나의 집, 나의 처소(천국)에 대해서 모두 다.

존재자 위의 존재자, 강자 위의 최강자 하나님!

광대무변한 우주생명의 역사의 흐름 속에 하나의 '점'에 불과한 우리 안에 하나님의 형상이 자리하고 있다는 사실, 이것만큼 더 놀라운 일이 또 있을까?

하나님은 온 세계를 품으시고, 또 세계는 또다시 우리를 품고, 우리는 또 다른 생명들을 품고 … 물질은 생명을 향해, 생명은 의식을 향해 그리고 그 의식은 양심을 향해 나아가는 놀라운 우주생명의 수레바퀴는 지금 이 순간에도 우리에게 주어진 절대가치의 가능성을 안고서 힘차게 돌아가고 있다.

하나님은 태초에 하나님이 천지를 창조하시기만 한 과거의 유물이 아니다. 주무시고 계시거나 무기력한 하나님이 아니라, 하나님은 언제나 현재 진행형으로 만물을 새롭게 빚어 가고 계시는 현재의 창조주요, 역사와 삶 속에서 끊임없이 당신은 계시해 주시는 계시자요, 칠흑 같은 흑암 속에서도 신비한 당신 섭리의 수레바퀴를 어김없이 돌리고 계시는 섭리자이시다.

우연의 일치? 자연의 힘? 저절로 이루어진 자연법칙 내지, 우연의 산물로 치부하기에는 너무나 놀라운 정교함이 감추어져 있다. 지구의 자전과 공전, 계절의 변화, 살아가기 적당한 지구의 온도 등 수많은 것에 숨겨져 있는 놀라운 비밀들 … 그 무한의 신비 속으로 우리 다 함께 떠나가 보자!

아름다운 행성, 지구에 온 것을 진실로 환영한다!

특별한 축복 속에서 주어진 특별한 날, 오늘이라는 이 시간 속에서 우리를 지으신 창조주의 사랑을 귓불을 스치는 바람결에서조차 느낄 수 있기를 바라며, 삶의 진정한 행복을 찾는 모든 이들에게 이 글을 전한다. 이 책은 인간인 나, 그 존재에 대해 심층 연구 분석해 나갈 것이며, 마침내 우리는 우리 자신이 어떤 한 지점에 다다르게 된 시점에서의 어쩌면 지금껏 전혀 생경한 나의 모습과 마주치게 될 것이다.

그것은 우리가 오다가다 얼기설기 어찌어찌하다 생겨난 존재가 아닌, 매우 특별한 가치로서 아주 특수하게 창조된 확고부동한 존재로서의 의미, 그 여부를 확인받게 되는 벅찬 희열로 우리를 힘 있게 몰아갈 것이다. 이 책을 접하게 된 모든 이들이 한 사람도 빠짐없이 하나님이 베푸신 놀라운 잔치에 참여해, 꿈에도 그리던 그분의 만찬을 영영토록 누리게 되는, 참 주인공들이 되기를 간절히 기도한다.

> 자녀이면 또한 상속자 곧 하나님의 상속자요 그리스도와 함께 한 상속자니 우리가 그와 함께 영광을 받기 위하여 고난도 함께 받아야 할 것이니라 생각하건대 현재의 고난은 장차 우리에게 나타날 영광과 비교할 수 없도다
> _롬 8:17-18.

사람에게는 하나님만이 채울 수 있는 마음의 빈 공간이 있다. 세상의 어떤 것으로도 채울 수 없는 이 공간으로 인해 허무를 안고 살아간다. 하나님 없이 세상을 산다는 것은 구멍 난 배로 바다를 항해하는 것과 같다. 세상의 것을 계속 싣고 채워서 이 구멍을 막아보려 하지만 배는 점점 더 가라앉을 뿐이다.

예수님께서 마음속에 들어오셔서 우리로 더불어 먹고 마실 때 공간은 채워진다. 문밖에 서서 두드리고 계시는 예수님을 삶의 중심으로 모셔야 한다. 예수님은 우리 인생의 주인이시며 거친 인생의 바다를 헤쳐 나갈 인도자이다. 그분은 신사로서 강압적이지 않으나 분명한 의사를 보이시며 모든 사람이 빛 가운데로 나아오기를 희망하고 계신다. 그곳은 인생이 지금껏 한 번도 경험하지 못했던 세계로 어두움이 존재하지 않는 찬란한 행복이 끊임없이 물결치는 곳이다.

죄와 더러움으로 점철된 우리 인생의 능으로 결단코 한 발자국도 내디딜 수 없는 황홀이 지극한 세계로, 누구든 잠시 맛보기만 하면 영원히 이 세계로 두 번 다시 고개 돌리고 싶지 않을 만큼의 지고한 신비와 불멸의 향연이 가득가득 넘쳐난다. 하나님께서는 우리를 이곳에서 안전하게 살게 하기 위해 믿는 자의 죄를 멸하셨는데 영원히 멸하심으로 죄, 악 그 자체를 영원히 소멸해 버리셨다.

> 동이 서에서 먼 것 같이 우리의 죄과를 우리에게서 멀리 옮기셨으며 아버지가 자식을 불쌍히 여김 같이 여호와께서 자기를 경외하는 자를 긍휼히 여기시나니 이는 그가 우리의 체질을 아시며 우리가 먼지뿐임을 기억하심이로다 _시 103:12-14.

'우리의 죄과를 우리에게서 멀리 옮기셨으며' 옮길 예정이 아니라 이미 옮기셨으며! 이것을 아는 것이 구원이다. 인류의 조상 아담의 원죄로 인해 모든 사람이 죄 가운데 빠져 하나님과 영원히 분리되어 심판의 운명에 처하게 되었을 때, 하나님께서는 그 후에 태어날 모든 후손을 살리기 위해 죄 없는 예수 그리스도(여자의 후손, 창 3:15)를 보내사 십자가에 죽게 하심으로, 그분으로 하여 그 후손- 우리의 죄값을 남김없이 청산해 버리셨다. 이것이 복음이다. 끝내버린 문제! 끝나버린 문제! 죄. 저주. 죽음. 이것을 믿는 자는 먼저 이 땅에서 후에 천국에서 누릴 축복을 온전히 누리게 되는 것!

> 그 후에 예수께서 모든 일이 이미 이루어진 줄 아시고 성경을 응하게 하사 이르시되 내가 목마르다 하시고 … 예수께서 신포도주를 받으신 후에 이르시되 다 이루었다 하시고 머리를 숙이니 영혼이 떠나가니라 _요 19:28-30.

상자 속 편지 - 열두 번째 장
"너의 입은 거짓말을 해도 너의 눈은 진실을 말하고 있지."
"분노가 제풀에 스러지고 나면 진실이 그 자리로 밀고 들어오는 법이야."

<이성과 믿음>

평생 감기 한 번 걸리지 않았던 중년 남자가 어느 날 느닷없이 위암 선고를 받았다. 그가 받은 충격, 좌절, 절망, 분노는 쉽게 짐작할 수 없었다. 하지만 죽음을 향해 한 걸음씩 다가가고 있는 자신을 막을 방법은 없었다. 상당한 시간이 흐른 어느 날, 그가 하나님을 믿고 있는 주의치에게 말했다.
"단 한 번이라도 좋습니다. 내 눈으로 하나님을 직접 확인할 수 있다면 나도 하나님을 믿고 모든 것을 위탁하겠습니다."
의사는 그를 데리고 병실의 창가로 가더니 아래 내려다보이는 곳에 개미가 보이느냐고 물었다. 그들이 서 있는 곳은 10층이었다. 아무리 눈의 시력이 좋아도 거기서 개미를 볼 수는 없었다. 환자는 매우 짜증스러운 얼굴로 의사에게 말했다. 여기서 어떻게 개미를 볼 수 있습니까? 말도 안 되는 소리입니다. 그러자 의사가 말했다. 그러나 분명히 개미가 살기는 하겠지요? 그야 물론이지요. 그래요, 저 아래 개미들이 수없이 살고 있지만 이곳에서는 단 한 마리도 볼 수 없습니다. 보이지 않는다는 것, 그게 없다는 것을 의미하지 않습니다. 저는 저 밑에 개미를 보지는 못해도 개미의 존재를 믿습니다. 하나님을 볼 수 없어서 믿지 못한다는 것은 발상부터 잘못입니다. 위암 환자는 하나님을 믿게 되었고 얼마 후 희망찬 얼굴로 이 세상을 하직했다.

증명되는 것만을 받아들이는 것은 이성에 대한 지나친 신뢰이다.

그러나 믿음은 볼 수 없고 들을 수 없고 만질 수 없는 것들을 깨닫게 하고 알게 한다. 하나님은 이성만으로 온전히 이해하기 어렵지만 믿음으로서는 충분히 이해할 수도 볼 수도 느낄 수도 있는 분이다.

> 믿음은 바라는 것들의 실상이요 보이지 않는 것들의 증거니 선진들이 이로써 증거를 얻었느니라 믿음으로 모든 세계가 하나님의 말씀으로 지어진 줄을 아나니 보이는 것은 나타난 것으로 말미암아 된 것이 아니니라 _ 히 11:1-3.

하나님의 영광의 증표가 세상 만물에 분명히 새겨져 있다

하나님을 아는 지식이 우주의 창조와 그 지속적인 운행에서 분명히 드러난다. 인생의 복된 삶의 최종적인 목표가 하나님을 아는 데 있으므로 (요 17:3). 하나님은 누구나 복을 접하는 데에서 제외되지 않도록 하시기 위해 이미 앞에서 논의한 종교宗教의 씨앗을 우리 마음속에 심어 놓으셨을 뿐 아니라, 우주의 구조 전체 속에 자기 자신을 드러내셨고 또한 날마다 자신을 드러내시기를 기뻐하셨다. 그러므로 사람이 눈을 뜰 때마다 하나님을 바라보지 않을 수가 없는 것이다. 사실 하나님의 본성은 사람이 파악할 수가 없고 그의 신성은 인간 지각의 한계를 완전히 뛰어넘는 것이다. 그러나 하나님께서 그의 지으신 만물들 속에 자기의 영광의 흔적들을 확실하고도 분명하게 새겨 놓았으므로 전혀 무지하고 어리석은 사람들조차도 무지를 핑계 삼을 수가 없는 것이다. 그러므로 시편 기자는 아주 적절하게 외치고 있다.

주께서 옷을 입음 같이 빛을 입으셨다 _시 104:2.

이것은 마치 이런 뜻과도 같다. '곧 주께서 자기의 의복의 광채 속에서 자기 자신을 보이기 시작하셨고, 우주 만물 속에서 그의 영광의 표지를 드러내어 보이셨으므로 언제든 우리의 시선이 가는 곳마다 그것들을 보게 된다.'는 것이다.

놀라운 하나님의 창조- 신비의 땅 지구

태양계의 다이아몬드 초록별 - 지구를 일컫는 말이다.

그는 북쪽을 허공에 펴시며 땅을 공간에 매다시며 _욥 26:7.

앞에서도 살펴보았듯이 3,800년 전 기록된 "욥기서"에 지구가 허공 중에 떠 있다는 사실을 정확하게 언급되었다는 사실은 실로 놀랍다.
지구가 둥근지, 지구가 도는지, 태양이 도는지조차 몰랐던 그 시대, 대체 누가 이 사실을 알았을까?
당연히 이 지구를 만드신 하나님과 하늘의 천사들 그리고 이 사실을 전해 듣고 기록한 '욥기'의 저자만이 이 비밀을 알았다.
무한히 넓고 광활한 태양계에서 생명이 존재하는 곳은 오직 지구뿐이다. 하나님께서는 이 작은 지구에 생명이 자라나기에 더없이 좋은 환경을 선사해 황량한 땅을 푸른 보석으로 만들어 놓았다. 둘레 약 4만 킬로미터, 그 중심은 섭씨 약 6,000도가 되게 하셨으며 만유인력과 원심력에 의해 정확한 궤도운동을 하게 하신 것이다. 매일 지구 구석구석에 수백만 톤의 물을 골고루 분배하면서 하늘을 유유히 떠다니는 구름, 소중한 생명의 메시지를 품속에 안은 채 미지의 땅을 개척하는 식물의 씨들, 생명을 가진 모든 동식물의 보금자리인 이 지구상의 바다와 강과 들판에서 조물주가 펼친 신비의 극치를 경험하게 하셨으니 ………

> 내가 땅의 기초를 놓을 때에 네가 어디 있었느냐 네가 깨달아 알았거든 말할지니라 누가 그 도량법을 정하였는지 누가 그 줄을 그것의 위에 띄웠는지 네가 아느냐 그 주추는 무엇 위에 세웠으며 그 모퉁잇돌을 누가 놓았느냐 그 때에 새벽별들이 함께 노래하며 하나님의 아들들이 다 기뻐 소리를 질렀느니라 _욥 38:4-7.

지구의 크기, 질량 등의 도량을 정확히 정하시고 먹줄을 사용해 땅의 길이와 곧기를 재면서 땅의 기초를 놓으시는 하나님의 창조 사역이 매우 계획적인 것을 보여 준다.

하나님께서는 거대한 불덩이 공을 만드시고 그것을 우주의 태양계 안에 정확히 배치하시면서 지구의 창조 사역을 완벽하게 진행하셨다. 실로 놀랍지 아니한가!

우주탐사선이 탐사한 바에 따르면 지금까지(6천 년 시간 동안) 태양계에서 물이 발견되는 곳은 지구뿐이다(발견되었다고 박박 우긴다고 해도 그 정도로는 하나의 생명도 살지 못한다). 그리고 지구의 흙과 비슷한 것을 가진 행성도 없다. 공기를 가진 행성들은 있으나 그 공기의 조성 성분이 지구의 그것과는 비슷하지도 않다. 다른 행성에서는 대부분 유독가스만이 분출되고 있을 뿐이다. 지구의 물, 공기, 흙 등 모든 요소 하나하나가 생물들에게 완벽한 환경으로 창조되었으며, 우리가 인위적으로 어느 한 요소라도 변화시킨다면 지구의 생태계는 유지될 수 없는 것이다(분석에 의하면 생물이 살아갈 조건을 갖추려면 무려 20만 가지의 조건이 충족되어야 한다고 한다).

지구처럼 생물이 살 수 있는 조건은 정밀하게 설계되어야 한다. 즉, 지구와 태양 간의 거리, 지구 자전축의 기울기, 자전 속도, 바다의 넓이와 깊이, 지각의 밀도와 두께, 기압과 기온 분포, 지구와 달의 거리 등이 전체적으로 알맞게 되어 있기 때문에 가능하다. 만약 지구의 자전축이 23.5도만큼 기울어져 있지 않아서 태양이 적도 위에만 있다면 지구에 생물이 살 수 있는 면적은 지금의 반으로 줄어들었을 것이다. 지구의 자전 속도가 지금보다 느리다면 낮에는 기온이 너무 높아서 생물들이 타 죽을 것이고, 밤에는 얼어 죽는 것이다. 자전 속도가 너무 빠르면 바람의 속도가 너무 거세고 온도편차가 줄어들며 해류의 속도가 너무 빨라서 바다에는 늘 폭풍이 일고 있을 것이다.

지구의 크기가 지금보다 10퍼센트 정도 더 크거나 작다고 하면, 이로 인해 만유인력의 변화, 공전 운동의 변화, 조석 작용의 변화, 기압과 기후의 변화 등이 초래되면서 지구의 환경은 지금과는 엄청나게 달라질 것이다.

지구의 크기가 지금보다 약 10퍼센트 클 경우에는 중력이 너무 커져서 물이 증발하지 못하게 되고 구름이 형성되지 못하며 모든 육지는 사막이 될 것이다. 반대로 지구의 크기가 10퍼센트만 작아져도 중력이 약하게 돼 모든 물은 증발하고 액체 상태로 물이 존재하지 않을 것이다.

달이 현재보다 10퍼센트 정도 더 지구에 가까워진다고 하면 달과 지구의 만유인력은 23퍼센트가량 더 커지게 될 것이고 밀물과 썰물이 거대해질 것이다. 그 결과 더 커진 만유인력 때문에 달에 의한 조류가 지구의 대륙을 쓸어버릴 것이다. 지구라는 거대하고 복잡한 "건축물"은 하나님께서 말씀하신 대로 정교하게 땅의 기초 위에 세워진 것이기에 가능하다. 지구 내부에 밀도가 큰 유동성 물질이 있고, 그 위에 밀도가 작은 지각이 아르키메데스 원리에 의해서 떠 있어 지각이 평형을 이루고 있다. 높낮이의 차이가 있는 지각이 마치 바다의 빙산 모양으로 맨틀 위에 떠 있어서 평형을 이루고 있다.

이러한 지각 평형은 지구의 중력을 측정해 연구되고 있다. 대륙의 고산지대에서는 중력이상이 음의 값이 되고, 깊은 해양에서는 정의 값이 되는 현상은 지각 평형을 잘 설명해 주고 있다. 지각의 높은 부분이 풍화나 침식에 의해서 삭박 되어 가벼워지게 되면 지각과 맨틀이 평형을 이루기 위해 지각은 서서히 융기하게 된다. 반대로 침식에 의해 생성된 퇴적물이 바람이나 유수 등에 운반되어 낮은 부분인 해저에 퇴적되면 그 퇴적물의 하중 때문에 해양 지각이 서서히 침강하면서 지각 균형을 이룬다.

지구의 기초는 과거 대홍수 시기에 동요된 적이 있고 마지막 날에 다시 근원적으로 요동될 것이다. 하나님이 창조하시고 지으신 최초의 심히 좋았던 지구는 대홍수 때에 격렬히 깨어진 이후, 그 결과로 오늘날에도 거대한 지진과 화산, 폭발 등을 경험하고 있다. 그러나 현재에도 우리의 지구는 수많은 다양한 생명체를 유지해 주기에 충분하도록 하나님이 능력의 말씀으로 붙들고 계시며, 하나님이 만드신 과학 법칙에 따라 보존되고 있다.

'그때에(하나님이 지구를 창조하실 적에) 새벽별들이 함께 노래하며 하나님의 아들들이 다 기뻐 소리 질렀느니라'

하나님의 창조과정이 너무 완벽하고 아름다워서 하늘의 천사들도 감탄하면서 기쁘게 노래하며 소리쳤다고 말한다. 그들은 하나님이 지구에 견고한 초석을 놓으시는 것을 황홀하게 바라보았으며 그 작업이 끝나자 소리치며 기뻐했다. 우리 인간들도 이 놀라운 창조과정을 연구하면서 하나님께 영광드리고 신묘막측하고 아름다운 모든 창조물을 보면서 즐거워하고 기뻐해야 하지 않겠는가?

진품과 모형

재미있는 일화가 있다. 뉴턴이 천체에 대한 모형을 정교하게 만들어놓고 그 집에 방문하는 지식인들에게 보여 주었다고 하는데, 그들이 "야 이거 잘 만들었는데 누가 만들었나요?" 하고 물으면 뉴턴은 계속해서 "우연히, 저절로 생겼지!"라고 대답했다 한다. 손님들이 "농담하지 말고 만든 사람을 가르쳐 줘!"하고 자꾸 다그치자 그제야 뉴턴은 "모형에 불과한 이것도 반드시 누군가 만들었을 것이라 생각하면서 어째서 이 모형에 대한 진품인 천체는 우연히 생겼다고 말하느냐? 천체야말로 정말 지혜로운 자가 만든 것이 아니냐?"라고 되묻고는 창조주 하나님을 소개했다고 한다. 이 이야기는 널리 알려진 이야기다.

👍 추천 영상/개그맨보다 더 잼있게 정은수/TV 시리즈/창세기 하마 (하나님 마음) 전체풀버전/창조 타락 심판 회복

생명은 우연인가? 창조인가?

우연에 의해 생명을 만들 수 있을까?

우연이라는 것이 얼마나 바보 같은 것인지를 알고 있는 사람은 그렇게 많지 않다.

예를 들어, 그대가 임의로 1에서 10까지 새겨져 있는 10개의 동전 중에서 하나씩 선택할 때, 우연히 1에서 10까지 순서대로 배열되기를 기대하는 것은 100억 분의 1의 확률과 같은 것이다. 매번 시도하는 데에 5초가량 걸린다고 한다면, 우연에 의해 1에서 10까지 순서대로 나오는 것은 밤낮을 가리지 않고 계속해도 약 1,500년의 세월이 흐른다. 그런데 생명을 우연에 의해 창조하려면 얼마나 많은 시간이 필요할까? 어떤 사람들은 불가능한 일도 우연히 일어날 수도 있다고 믿고 있다.

"충분한 시간만 있다면, 백만 마리의 원숭이가 백만 대의 타자기에서 타이핑한다면 우연히 셰익스피어의 작품이 만들어질 수도 있다."라고 주장한다. 아래와 같은 이유로 이것은 잘못된 비유이다.

첫째, 충분한 시간이 없었다. 우주는 시작을 두고 있었다. 우연적 사건이 영원히 일어날 수 없다.
둘째, 타자기는 고장 날 것이고, 원숭이들은 지겨워할 것이며, 죽게 될 것이다.
셋째, 글자들은 종이 위에 남아 있지 않게 될 것이다. 우연에 의해 생명이 발생하게 된 최초의 원시 수프(primordial soup)'에서 유용한 분자들은 생성되는 것보다 더 빠르게 파괴된다는 것이다.

영국의 천문학자. 우주공간에서 138억 년 전 대폭발(Big Bang)이 일어나 우주가 탄생했다는 이른바 '빅뱅' 이론의 창시자이며 케임브리지 대학을 졸업한 호일은 1958~72년에 이 대학교수로 근무했다. 호일 박사는 1950년 '우주의 본질'이라는 방송강의를 통해 유명세를 탔는데 이 강의 마지막 부분에서 '빅뱅'이라는 말을 처음 사용했다.

빅뱅이라는 어원을 처음 만들었지만, 그는 사망하는 날까지 "우주는 팽창과 더불어 물질을 창성하며 밀도 등이 시간이 지나도 크게 변하지 않는다."는 소위 "정상 우주론"을 주장했다. 그는 이 정상 우주론을 1940년 허만 본디와 토마스 골드 등 동료 과학자와 공동 발표했었다. 저서로는 공상과학소설로 1962년에 발표해 TV 연속극으로 방영된 '안드로메다 성운의 A' 1957년에 발표된 '흑운' 등이 있다. 향년 86세로 잉글랜드 남서안 본머스의 자택에서 2001년 8월 20일 사망했다.

프레드 호일 박사는 원래 진화론자였다. 그는 하나님 필요 없이 생명이 저절로 생길 확률을 계산해서 그 확률이 현실성이 있다면 하나님은 필요 없고, 진화가 옳을 것으로 생각해 생명이 저절로 생길 확률을 계산해 보았다. 결론적으로 가장 필요한 세포 하나가 저절로 생길 확률은 10의 167,000승분의 1(1/10167,000)이라는 지극히 작은 확률이 나왔다. 호일 박사는 깜짝 놀라게 되었다. 확률학자 보렐의 논문에 의하면 "10의 50승분의 1(1/1050) 보다 작은 숫자는 실제로는 0(제로)이다."라고 밝히고 있다. 호일 박사는 다음과 같은 말을 하면서 진화론의 허구성을 주장했다.

"생명이 우연히 생겨날 확률은, 수많은 부속품이 쌓여있는 고물상에 회오리바람이 불어와서 모든 부품을 하늘로 올려 보낸 후, 이 부품이 땅바닥에 떨어지면서 단 한 번에 우연히 보잉 747 점보 여객기가 조립될 확률보다 더 작다. 즉, 생명은 결코 저절로 생길 수 없으며 그런데도 지구상에는 생명으로 꽉 차 있다는 사실 자체가 바로 초자연적 존재, 창조주 하나님이 존재하신다는 사실을 증명하는 것이다."라고 밝히고 그는 창조론자로 돌아섰다.

존재의 목적

누군가 동산에 올라 소리 높여 외치는 사람이 있었다.

"여러분! 여러분이 태어난 이유는 2~3억 마리 정자 중 어쩌다 운 좋게 걸려들어 태어난 것인가요?

태양계에서 왜 하필 지구에서 태어난 걸까요, 그것도 한국에서요?

이것도 그냥 우연일까요? 모든 생명체가 태어난 건 정말 우연으로 된 일일까요?

그렇다면 그렇게 우연히 태어난 존재 이유는 무엇일까요?

우연이기 때문에 존재 이유 같은 건 따져 물을 가치도 없는 건가요?

그러나 여러분! 존재함에 있어서, 즉 탄생이 있으려면 어떤 필연적인 조건(요소)들이 갖춰져야 합니다. 예를 들어 자동차를 한번 생각해 보십시오.

자동차의 존재 이유를 묻는다면 무엇입니까?

먼 거리를 빨리 이동해야 할 목적이 있기 때문이지요. 그렇습니다. 이것이 자동차 존재 이유입니다.

그렇다면 어떻게 자동차가 저토록 힘차게 굴러가고 있는 걸까요?

설마 우연히 저절로 굴러가고 있다고 말하지는 못하시겠지요?

네, 엔진의 힘이 주어졌기 때문입니다. 누군가 자동차를 설계하고 세밀한 과학의 법칙에 의해서 움직이도록 힘을 가했기 때문이지요.

이쯤 되면 한 번 의심을 해봐야 하지 않을까요?

이 땅에 호흡하며 살아 꿈틀대고 있는 모든 것들의 신비가 정녕코 우연인가 하는 것에 대해서요.

자, 주목해 보십시오, 여러분! 생명체들의 존재 과정은 자동차보다 훨씬 더 복잡하고 정교하다는 사실을 잊지 마시기를 바랍니다.

내가 존재할 확률

내가 이 세상에 태어날 확률은?

- 볼링 경기에서 300점 퍼펙트게임을 할 확률은 11,500중의 한 번.
- 벼락에 맞을 확률은 576,000중의 한 번.
- 맨 처음 받은 카드로 로열 플러시를 할 확률은 649,740중의 한 번.
- 미국 대통령이 될 확률은 1000,000,000중의 한 번.
- 메가밀리언 로또 복권에서 약 3910억 원이 당첨될 확률은 약 175,000,000중의 한 번.
- 그리고 이 특정한 시간, 공간, 환경에서 당신이 태어날 확률은?

나는 약 60조의 세포로 이루어져 있다. 그리고 그 세포들은 살아있는 독립체다. 그래서 나는 세상에서와 같이 여러 공동체로서의 '나'를 구성한다. 하지만 나의 정신은 60조 세포를 위한 중앙정부이다. 나의 몸속의 각 세포는 안쪽은 마이너스 전압을, 바깥쪽엔 플러스 전압을 가지고 있다. 살아 있는 모든 세포는 배터리이다. 모든 세포는 약 1.4 볼트의 전압을 가지고 있으며, 몸속에 있는 60조 세포 곱하기 1.4 볼트를 하면 840조의 전압이 내 몸에 존재해 있다.

신묘막측한 인체의 비밀

자동차를 만드는 데에 약 1만 3천 개의 부품이, 747 제트여객기를 만드는 데에는 약 3백만 개의 부속품이 필요하다. 우주 왕복선을 만드는 데에는 약 5백만 개의 부속품이 필요하다. 이처럼 하나님께서는 '사람'이라는 피조물에 대한 모든 정보를 갖고 계셨다. '사람은 이렇게 만들어야겠다.'는 설계도를 갖고 계신 것이다. 그렇다면 과연 하나님께서 창조하신 사람은 얼마나 섬세하게 만들어졌을까? 시편 기자는 '나를 지으심이 기묘하심'이라고 고백했다.

진화론 신봉하려면 얼마나 큰 '믿음' 필요할까?

고도로 복잡하고 다양한 생물의 눈, 갑자기 생겼나?
눈(eyes)은 경이로운 기관이다. 시각이 생겨나기 위해서는 고도로 정교한 렌즈, 홍채, 안구, 망막, 시각세포, 뇌뿐만 아니라 영상 처리에 요구되는 정보처리 프로그램도 같이 생겨나야 한다. 그리고 모든 부분이 한 번에 올바른 순서와 각도로 정렬되지 않는다면 빛은 초점을 맞추지 못한다.
시각세포들은 시신경을 통해 데이터들을 빠르게 전송해야 하고, 뇌(brain)는 입력되는 데이터들을 적절하게 가공하고 조합해서, 정상적인 영상이 실시간으로 보이도록 빠르게 처리해야 한다.
이들이 모두 정확한 순서로 조직화되어 함께 작동되어야만 볼 수 있다. 그리고 이러한 구조들을 만드는 유전정보들과 유전자들이 만들어져서 후대로 물려줄 수 있어야 한다. 따라서 무작위적인 돌연변이들과 자연선택에 의해 점진적으로 하나씩 생겨나서 눈이 진화됐을 거라는 진화론의 설명은 전혀 이성적이지 않다. 영국의 기독교 변증가였던 윌리엄 페일리(William Paley)는 1802년 '시계공 논증'에서 눈의 디자인은 분명한 창조의 증거라고 주장했다. 그는 이것을 "고안품(contrivance)"이라고 칭했다.

그때 이후로 생물학자들은 현란할 정도로 복잡하고 정교하며 효과적인 동물 눈의 미세한 구조들을 발견해 오고 있다.

우리의 안구를 잠깐 들여다보자

우리의 눈은 컴퓨터화된 어떠한 TV 회로 시스템보다도 뛰어나다. 만들어 낸 색깔과 실제처럼 보여 주는 높은 질의 움직이는 동영상들도 눈과 비교될 수 없다. 각 렌즈들은 수정 벽돌 같은 22,000개의 투명 세포들의 미세한 층들로 이루어져 있다. 사람이 만드는 렌즈와 다르게 눈은 최고의 굴절률과 유연성, 다양한 초점을 맞출 수 있다.

눈의 조리개(홍채)는 불빛의 강도를 100에서 1까지 조절할 수 있다. 각막은 구면 수차를 최소화할 수 있도록 매우 얇게 고루 퍼져있다. 눈의 안쪽 부위는 난반사를 감소시키기 위해 어둡다. 눈은 자기의 방어를 위한 일종의 윤활 시스템을 가지고 있다. 눈은 두 개의 눈동자를 협력해서 움직일 수 있는 근육 시스템을 가지고 있다. 눈은 또한 1억 배나 되는 명암차이를 감지해 낼 수 있다. 망막은 1억 2,500만 개에 달하는 간상체(rods)와 추상체(cones)를 가지고 있다.

간상체는 마치 빠른 속도의 흑백 필름 같고, 추상체는 8백만 개의 색깔들을 인식할 수 있는 좋은 컬러 필름과 같다. 근육은 이러한 극도로 복잡한 세포들이 포화(피로화)되지 않도록 상들을 움직이게 한다. 망막의 중심부에는 원추체가 밀집되어 존재하는데 각각의 시신경들은 뇌로 연결되어 있다.

우리의 눈은 우리의 의식적인 노력 없이도 운영되고 있다.
그리고 아무런 수리 없이도 평생을 작동할 수 있다.

인간 너, 너는 누구인가?

인간은 오직 자기 자기 만족만을 위해 돌아가는 기계와 같다. 그러나 기계라고 하기엔 너무 묘연하다. 누구든 이 말을 반길 리는 없다.
그렇다면 우리는 인간으로 살기 위해 무엇을 해야 하는가?
지금 인간은 실재하는 공간과 가상의 공간, 두 개의 환경 속에 살고 있다. 가족과 식탁에서 밥을 먹는 와중에도 손에서 휴대전화를 놓지 못하는 아이는 식탁이라는 현실 공간과 온라인상의 공간 두 곳에 동시에 존재한다. 이것을 동시에 하는 존재는 인간밖에 없다.
인간 나, 나는 누구인가?
어떻게 존재하고 있는가?
인간의 지식은 언제나 한계가 있다. 알면 알수록 모르는 게 더 많아진다. 창조의 신비가 무한하기 때문이다.

신묘막측 神妙莫測

사람을 인식하는 수단으로 '지문'이나 '홍채' 등 신체의 일부를 활용하는 기술이 일반화되었다. 그러나 개인 식별 기술이 좋아질수록 복제나 위조 기술도 덩달아 좋아지다 보니 이제는 또 다른 식별 수단을 강구해야 할 때가 되었다. 말하자면 지금까지 발견된 생체 인식 기술을 통해서는 개인을 식별하는 것이 실패한 것이다.
그렇다면 이제 사람을 식별하는 독특한 특성으로 무엇을 사용할 수 있을까?

과학자들은 사람마다 혈관 구조가 독특해 위조가 불가능하다는 것을 발견했다. 각 개인의 '혈관 지도'는 지구상의 다른 어떤 사람과도 일치하지 않는 일종의 인식표와 같다는 것이다.

'생체인식기술'에 관한 이런 글을 읽다가 문득 지금 묵상하는 성경의 옛 버전인 '개역한글'의 한 구절이 생각났다. 우리를 지으신 창조주 하나님의 능력이 '신묘막측'하다고 표현한 것이 그것이다. 시인은 주께서 만드신 자기 몸이 신묘막측하다고 했지만, 그 말속에는 '하나님'은 더욱 위대하시다는 고백이 담긴 표현이다. 그래서 시편 기자는 또 다른 시에서 이렇게 찬양했다. '무릇 주는 위대하사 기이한 일들을 행하시오니 주만이 하나님이시니이다'(86:10)라고.

> 주께서 내 내장을 지으시고 나의 모태에서 나를 조직하셨나이다 내가 주께 감사하옴은 나를 지으심이 신묘막측하심이라 주의 행사가 기이함을 내 영혼이 잘 아나이다 내가 은밀한 데서 지음을 받고 땅의 깊은 곳에서 기이하게 지음을 받을 때에 나의 형체가 주 앞에 숨기우지 못하였나이다 _시 139:13-15.

"피가 부족합니다. 빨리 수혈받지 않으면 이 사람 죽게 됩니다."

"어떡하죠? 지금 너무나 많은 사람이 죽어 나가 피가 전부 다 동나버렸어요."

"그래요? 그럼, 이러고 있을 게 아니라 빨리 원숭이 피라도 받아와야죠!"

"네에? 원숭이 피라고요?!!!"

"네, 원숭이가 인간의 조상이라면 당연히 그 피도 수혈될 것이 아닙니까?"

특별한 피조물

　인간의 기원에 대한 신념은 우리가 삶에 접근하는 방식에 지대한 영향을 미친다.
　인간을 단지 고도로 진화된 동물이라고 믿는다면, 우리는 인생의 가치나 목적에 대해 심각하게 고민할 필요가 없다. 반면 인간을 창조된 특별한 피조물이라고 생각한다면 우리가 인체를 공부해야 하는 여러 가지 이유를 찾을 수 있다. 우리 몸이 얼마나 정교하게 만들어졌는지 알게 되면 창조주가 분명 존재한다는 것을 깨닫게 된다. 정교하게 설계된 인체는 알 수 없는 자연의 힘에 의해 서서히 단계적으로 진화되어 만들어질 수 있는 것이 아니다.
　창조주 하나님의 계획과 설계로 창조되었다는 설명만이 인체에서 발견되는 복잡한 메커니즘을 설명할 수 있는 최선이다. 성경에는 하나님이 우주와 그 안의 모든 것을 창조하셨다고 기록되어 있다. 그중 가장 소중한 작품인 인간은 "하나님의 형상"을 따라 경이로운 모습으로 만들어졌다.

> 하나님이 땅의 짐승을 그 종류대로 가축을 그 종류대로 땅에 기는 모든 것을 그 종류대로 만드시니 하나님이 보시기에 좋았더라 하나님이 이르시되 우리의 형상을 따라 우리의 모양대로 우리가 사람을 만들고 그들로 바다의 물고기와 하늘의 새와 가축과 온 땅과 땅에 기는 모든 것을 다스리게 하자 하시고 하나님이 자기 형상 곧 하나님의 형상대로 사람을 창조하시되 남자와 여자를 창조하시고 하나님이 그들에게 복을 주시며 하나님이 그들에게 이르시되 생육하고 번성하여 땅에 충만하라 땅을 정복하라 바다의 물고기와 하늘의 새와 땅에 움직이는 모든 생물을 다스리라 하시니라 _창 1:25-28.

<하나님이 창조하신 애>

주일학교 선생님이 아이들에 주의를 줬다.
"여러분 조금 있다가 목사님이 오실 거예요.
여러분이 그동안 무엇을 배웠는지 물어보실 건데 그때 당황하지 말고 배운 대로 잘 대답하세요."
아이들이 일제히 힘차게 대답했다. "네, 선생님!"
아이들의 자신 있는 대답에 기분이 좋아진 선생님은 맨 앞에 앉은 맹구에게 말했다.
"맹구야, 만약 목사님이 '너는 누가 창조했지?' 하고 물으시면 '하나님이요.' 하고 대답하는 거야. 알겠지?"
맹구는 고개를 끄덕였다.
그런데 갑자기 화장실이 가고 싶어진 맹구가 선생님께 말했다.
"선생님, 화장실이 급해요!"
선생님은 시계를 보면서 말했다.
"그래? 그럼, 목사님 오시기 전에 얼른 다녀오너라."
그런데 맹구가 화장실에서 오기도 전에 목사님이 들어오셨다.
아이들과 인사를 나눈 목사님이 맨 앞에 앉은 맹순이에게 물었다.
"얘야, 너는 누가 창조했지?"
그러자 맹순이가 대답했다.
"우리 엄마가요."
목사님이 다시 물었다.
"그래? 하나님이 창조하신 게 아니고?"
그러자 맹순이가 대답했다.
"하나님이 창조하신 애는 지금 화장실에 갔어요."

상자 속 편지 - 열세 번째 장
"넌 그게 문제야. 머리는 없고 심장만 있고 화는 있고 논리는 없고."

까마귀가 공작의 깃털을 주워 자기의 몸을 치장하고 공작들이 있는 곳으로 가서 친구를 자청했다. 그러나 자신들의 깃털을 꽂은 까마귀를 보고 부리로 깃털을 뽑아내 버렸다.
공작한테서 쫓겨난 까마귀는 어쩔 수 없이 자신이 무리로 돌아왔으나 까마귀의 행동을 알고 있는 다른 까마귀들 역시 부리로 쪼아 내쫓았다.
이 이야기는 오만한 자에 대한 이솝우화이다. 까마귀의 오만한 착각은 내쫓김을 초래했다. 참 웃기는 까마귀라고 생각할지 모르겠다. 그러나 인간은 더 웃긴다.
까마귀야 뻐기기 위해 그런다고나 하지, 인간은 무엇인가?
신, 또는 신의 아들을 마다하고 원숭이 자식(짐승)이 되지 못해 안달하는 기상천외한 아이러니 ………

내가 말하기를 너희는 신들이며 다 지존자의 아들들이라 하였으나 _시 82:6.

각자, 개인의 생각과 착각은 자유이고 커트라인은 없다고?! 착각은 자유가 아니다. 설령 그 착각이 자유일지는 몰라도 착각을 잘못하면 무덤 행이라는 것을 결코 잊어선 안 된다. 오르막이 힘들면 내리막길은 위험하다는 논리를 상식으로 알기 전에 먼저 이치로 깨닫고 조심해야 한다는 것을 인식해야 한다.

상자 속 편지 - 열네 번째 장
"우주 전체에 정말 아무 의미가 없다면 우주에 의미가 없다는 그 생각 자체를 아예 하지 못했을 것이다. 또한 죽음이 있기에 인간은 늘 죽음을 생각하게 되듯 내세도 영생도 지옥도 생각하게 된다."

꿈과 현실의 분기점

어느 날인가, 문득 잠에서 깨어나 보니 아파트 창문으로 시커먼 연기가 보이는가 싶더니 그것은 삽시간에 방안으로까지 침투해 들어왔다. 순간 이것이 꿈인가 싶게 내 눈을 의심할 수밖에 없었으나, 이내 요란한 사이렌 소리가 울려 퍼지자 그것이 환상이 아님을 증명해 주었다.

"이럴 수가, 어떻게 이런 일이, 어떻게 나에게 이런 일이!" 불과 몇 초 상간에 벌어진 일이다.

도무지 믿기지 않았으나 비극은 바로 코앞에서 벌어지고 있었다.

거실에서는 큰 조카가 자고 있었고 나는 재빨리 조카를 깨워 밖으로 나가야 한다는 일념뿐이었으나, 웬일인지 몸과 마음은 합일되지 않았다. 벌써 다리 부분이 타들어 가고 있었고, 점점 차 들어오는 연기로 질식해 버릴 것 같은 순간! 아, 그야말로 그 공포를, 그 충격을 어떻게 표현해 낼 수 있으랴!!

과거, 현재, 미래의 만감이 교차하는 순간, 의식에서는 벌써 두 가지 생각이 압축되고 있었다. 두려움과 환희! 죽음의 공포와 천국에 대한 황홀이었다. 그러면서도 의식은 살아야겠다는 일념이 더 크게 작용해 하나님을 향해 간절히 부르짖고 있었다.

"아버지, 저는 지금 잠깐의 고통 속에 아버지께 가는 것이 더 행복하지만, 아직 이루지 못한 꿈이 있으니 어떻게 하나요? 어떻게 하면 좋나요? 아버지! 아버지!! 아버지!!!"

그렇게 한참을 목 놓아 울부짖다 주위를 살펴보니 어느새인가 내 현실 세계로 돌아와 있었다. 정말이지 현실보다 더 현실 같은 그런 악몽은 처음이어서, 그것이 꿈이길 조차 바랄 수 없는 지옥 탐방의 기억으로 뚜렷이 기억되고 있다.

불~ 불~~ 불~~~

타오르는 불을 보면 황홀할 정도로 아름다울 때도, 혹은 형언하기 어려운 큰 두려움으로 다가오기도, 그리고 가끔은 마치 우아한 춤을 추는 사람과 같을 때도 있다. 타오르는 그 불은 가끔 불나방을 연상하게 하고, 죽을 줄 알면서 어째서 그렇게 불 속으로 들어가는 거겠냐는 의문은 …

종족 번식이 본능이라면 살아야 한다는 것 역시 본능일 텐데 어째서 그 반대일까 싶어서였다. 하지만 불나방만 그렇게 불 속으로 뛰어드는 것은 아니다.

나는 어렸을 적 불놀이를 즐겼다. (제재가 없던 시절)

논둑이고 밭둑이고 간에 태울 수 있는 곳은 어디든 다 찾아다니며 불을 질렀다.

분노! 절망! 절규!

왜? 왜?? 왜???

인간에게 깊은 상념(생각, 감정)의 세계가 왜 필요한가~

여러 가지로 거추장스럽고 오히려 없는 게 날 때가 많다.

그러나 잠재워지지 않는 마음속에서 꼬리에 꼬리를 물고 늘어지는 강렬한 의문들 …

이해할 수 없는 세계와 존재에 대한 급박한 물음들이 괴로워 그렇게 불 속으로 내던져 모든 걸 활활 다 태워버리고 싶었는지 모른다. 순간은 짜릿했고 희열을 느꼈다. 하지만 돌아서는 순간 더 큰 궁핍과 허기가 몰려왔다.

더 이상 아름다운 방황은 없다!

삶과 죽음 & 죄와 벌

죽음 하면 무엇이 떠오르는가?

칠흑보다 더 진한 어두움 …

영원한 수면 … **無** … 쉼 …

평화 … 고요 … 자유 … 해방 …
더 큰 외로움 … 더 큰 고독 …
더 큰 절망 … 더 큰 비애 …
더 큰 고통 … 그리고 더 큰 몸부림 …
더 큰 후회 … 후회 … 후회 …

사람들의 간절한 바람을 저버리고 …
죽음에 대한 진실은 전자가 아닌 바로 후자가 우리 인생을 기다리고 있다면 … 지독하게 불의한 인간들과 지독하게 이기적인 인간들이 만들어낸 부정의 드라마, 우리는 무엇에 의해 그토록 휘둘리며 휘말리는 삶을 살아가고 있을까 … ?
모두는 처절히 살고 싶기도 한 반면, 또 반대로 처절히 죽고 싶기도 하다. 그 죽음이 단순 죽음이 아닌 영멸 …
영혼이 영원히 멸해지는 그런 상태를 맞고 싶은 열망 …
존재가 존재에 대한 괴로움을 느끼고 이기지 못하는 것만큼이나 우리 자신을 더 힘들고 미치게 하는 건 없다.
나이가 많든 적든 세상을 인식하고 사고를 형성하는 그 순간부터 인간의 본질, '자아 정체성'에 대한 물음은 끈질기게 우리를 따라붙는다.
'나는 도대체 누구인가?'를 넘어 '나는 어디서 왔는가?'
'나는 어디로 갈 것인가'를 일관되게 깊이 인식하는 것이다.
진리를 찾아 몸부림치는 구도의 열망은 한여름 작열하는 태양만큼이나 뜨겁다.

> 하나님이 모든 것을 지으시되 때를 따라 아름답게 하셨고 또 사람들에게는 영원을 사모하는 마음을 주셨느니라 그러나 하나님이 하시는 일의 시종을 사람으로 측량할 수 없게 하셨도다 _전 3:11.

혼돈의 세상 … 상실과 고통으로 얼룩진 채 냉소적인 삶을 살아가는 현대인 … 하지만 그 속에서도 인간의 영, 혼 깊은 곳에는 무언가 이 세상보다 더 소중한 세계를 찾는 본능이 있다. 지금 얼마나 찡하게 기쁜 일을 경험하고 있던지, 얼마나 연일 좋은 일을 경험하든지 간에 그것은 앞으로 올 일들을 미리 잠깐 보는 예고편에 불과하다.

탐욕의 불이 꺼지다!
시공을 달리 한 세계~
하늘로 이어지는 높고 푸른 사다리~
가슴 벅찬 감동~ 푸른 자유~

이상하게도 우리에게는 가본 적이 없는 천국을 향한 그리움이 있다.
그런 마음이 내장되어 있다. 그런데 그것이 이상한 게 아니라 하나님이 우리 마음에 영원을 넣어 주셨기 때문이라고 성경은 말씀하고 있다. 이것이 바로 이 세상보다 더 소중한 세상을 찾는 본능이다. 스스로를 살리는 힘이다. 감정을 관장하는 뇌 부분에 심각한 손상을 입고 아직 자아(하나님의 형상)가 심각하게 변질하지 않았다면.
아뿔싸~!! 더 늦기 전 내가 마주하고 있는 이 세계를 관찰할 수 있는 의지를 불살라야 한다.
인간의 자유의지, 존엄성 그리고 영적인 존재들과 그 세계에 관한 것들 …

나는 누구인가?
나는 어디서 왔는가?
어디로 갈 것인가?
죽음 이후엔 무엇이 존재할까?
정말 죽음으로 인간의 모든 건 끝나는 건가?

우주와 나의 존재는 랜덤인가?
무작위로 생긴 우주에 그냥 내던져진 존재가 나일까?
그랬으면 좋겠는가?
정말 그랬으면 좋겠는가? 그렇다면 실망할 것이다.

어느 날, 죽음의 문턱에서 접하게 된 한 가지 소식(복음)은 놀랍게도 죽음이 모든 걸 삼켜버리는 게 아니란 사실을 깨닫게 해 주었다.
아니, 알아버렸다는 말이 정확하다. 순간 다른 세계로 들어가 버렸으니. 진실은 '구글'이나 '네이버' 검색이 알려 주는 게 아니다.
아무리 인터넷은 정보의 홍수로 넘쳐난다지만, 영원한 우주의 미아가 되지 않는 이런 중요한 정보는 웬만해야 잘 눈에 띄지도 않고 잘 검색하지도 않는다.
'불'과 '삶'은 그 모습이 매우 닮아있다. 화려했던 순간을 정점으로 서서히 내리막길로 향하는 인간의 삶과 매우 유사하다. 불은 한순간을 존재하며 떠나간다.
인생도 주어진 시간을 머물다 떠나간다. 서서히 타오르기 시작한 불꽃은 클라이맥스를 끝으로 한순간 그 화려한 자태를 자랑하다 서서히 내리막길을 향해 치달으며 점차 사그라진다. 그러나 불은 한순간의 광휘를 내뿜다 사라지면 그만이지만 인간은 죽음으로서 모든 게 끝나지 않음을
……….

이것을 비극이라 해야 할까?
축복이라 해야 할까?
이 비밀을 죽기 전 숨을 거두기 전 알게 되면 커다란 축복이다.

태어나 처음 선택이란 걸 했던 그때,
남들은 돈 잡고, 실 잡는 돌상에서 나는 아버지 손을 꼭 쥐었다.
장차 후계자의 자리를 놓고 한판 전쟁을 벌일 재벌가의 아기로서는

> 참 탁월한 선택이었다.
> 운이 필요한 선택에서도 감이 필요한 선택에서도 언제나 내 선택은 옳았다.
> 그래서 일생일대의 위기에서도 철썩같이 믿었다.
> 늘 그랬듯 내가 맞았을 거라고 … 이번엔 틀렸다.
> 딱 한 번 틀렸을 뿐인데 그 대가는 무시무시하다.
> 난 지금 북한에 와 있다.
>
> —드라마 〈사랑의 불시착〉 中

한 번 죽는 것은 사람에게 정해진 것이요 그 후에는 심판이 있으리니 _ 히 9:27.

경이로운 지구

끝이 없이 펼쳐지는 광활한 우주의 신비 속에서 그 속에 존재하고 있는 수많은 별 가운데 유독 생명체의 신비로 탄생된 지구. 그러나 광대한 우주에서 바라보는 지구의 모습은 그 존재의 가치에 있어 별다른 의미를 부여할 수 없겠으나, 그러나 다른 어떠한 행성에서는 결코 찾아볼 수 없는 존귀한 생명의 터전을 이루고 있다는 점에서 지구에 대한 문제는 그 자체만으로 커다란 논란을 불러일으켜 왔다.

지금 우리가 살고 있는 이 지구에는 인간을 비롯한 수백만 종의 생명체들이 살아가고 있으며, 그 모습은 마치 하나의 거대한 심장이 숨을 쉬고 있는 것처럼 끊임없는 신비로움을 자아내며 우리 앞에 다가서고 있는데, 우리는 누구나 이 지구를 "살아 있다."라고 한다.

그리스인들은 달에 비치는 지구의 그림자를 보고 지구가 둥글다는 것을 알게 되었고, 그 후 많은 사람은 꾸준한 연구 결과 끝내 장구한 역사를 지닌 지구의 내력을 과학적으로 설명할 수 있게 되었다.

그리하여 지구를 둘러싼 우주와의 관계에 있어 지구는 우주 만물의 핵심적인 요지로서 우주의 중심이 지구를 향해 있음을 알게 되었다. 그런데 이 놀라운 우주의 섭리 가운데는 또 하나 참으로 중요한 사실이 나타나는데, 우주의 모든 중심이 지구를 향하고 있음을 볼 때 지구상에 존재하고 있는 만물의 시초는 바로 인간을 위해 존속하고 있다는 사실이다. 즉, 모든 원인과 결과에 있어 그것은 결코 우연이 아닌 하나의 법칙으로써 그 관계가 올바르게 정립되고 있다.

끝없는 우주의 행성 가운데 오직 유일한 생명체의 신비로 탄생된 지구. 그리고 그 가운데 모든 생명체 가운데 가장 으뜸으로 창조된 인간. 우리는 이러한 인간을 만물의 영장이라고 일컬어 왔다.

그렇다면 우리는 지금까지 이 모든 우주 만물에 있어 그것이 어떠한 방법을 통해 존재하게 되었다고 생각했는가?

우연의 섭리 가운데 발생한 진화의 산물일 것으로 여겨 왔는가?

하지만 지구상에 인간이 만들어낸 사물들 또한 모두 사람의 힘과 공로 속에서 존재하게 되었다.

그렇듯 하물며 작은 지우개 하나라도 인간이 공들여 만들어내지 않으면 그것이 존재할 수 없는 이치이거늘, 어찌 이 거대한 우주 만물이 우연히 발생한 자연의 섭리일 거라고 단언할 수 있겠는가!

하나님의 설계도 DNA

'생명은 어디에서부터 생겨났을까?' 하는 점은 누구나 갖는 수수께끼로 옛날부터 많은 철학자나 과학자가 그 해답을 찾기 위해 최선의 노력을 기울여왔다.

일찍이 고대 사회에서는 하나님이 만물을 창조하셨다는 사실을 믿어 왔으나, 중세부터 근세에 이르러서는 자연계의 현상 따위를 주의 깊게 관찰하려는 시도가 이루어졌고, 이에 더러워진 밀가루에서 쥐가 생기거나 썩은 쓰레기나 수프에서 구더기가 생긴다는 자연 발생설이 대두하게 되었다.

19세기 말부터 금세기 초에는 우주의 어디에선가 발생한 생명체가 지구에 도달했다는 새로운 학설이 나오기도 했고, 그 후 생명은 바다의 진흙 속에서 생겨났으며 그것은 생물에서 태어나 환경의 변화에 따라서 차츰 고등동물로 진화했다는 진화론이 대두되었고, 네델란드의 디브리스는 생물에는 때때로 엉뚱한 것이 나타나는데 이 돌연변이체가 환경에 적응할 수 있으면 그 손이 자꾸 불어서 새로운 종이 되어서, 이것이 수십억 년 동안 되풀이된 결과 현재 볼 수 있는 다양한 종의 생물이 생겨났다고 주장해 왔다.

1865년 유전의 법칙을 발견한 멘델은 어버이로부터 자식에게 유전 형질을 전하는 무엇인가가 있을 것이라고 생각해 왔는데, 1869년 미셔는 상처에 감았던 붕대에서 묻어 나온 고름 속의 백혈구에서 핵산을 발견해 이를 뉴클레인이라고 이름 붙였다. 1905년 요한센은 이것을 유전자란 이름을 붙였는데 이것이 곧 핵산이며 핵산의 작용에 따라 생명의 특성이 결정된다고 주장해 왔다.

1950년대에 들어와서 이 핵산에는 유전자의 본체로 여겨지는 DNA가 있음을 발견했고, DNA에는 유전적인 특성을 갖고 있음을 확신하게 되어 계속 연구가 진행되던 중, 1953년 윗슨과 크릭이 DNA의 입체 구조를 발견해 이 발견은 생명의 수수께끼를 푸는 중요한 열쇠가 되어, 생명의 자기 중식이나 유전 현상의 연구에 박차를 가하게 되었다.

1962년 윗슨과 크릭은 생명의 근본 원리를 알려 주는 DNA의 분자구조를 밝힌 업적으로 노벨 생리의학상을 수상하게 되었는데, 이때 많은 과학자들이 이토록 놀랍게 감추어진 생명의 신비에 있어 그것은 전지전능한 조물주의 능력이 아니고는 가능할 수 없음이 언급되어, 새삼 이 모든 우주 만물의 주인이 되시는 하나님의 영광이 확인되고 있던 커다란 계기가 되었다.

 2000년 6월 말, 인간의 과학사에 큰 획을 긋는 일이 일어났다. 인간의 유전자를 구성하고 있는 핵산의 배열상태를 전부 밝혀낸 것이다. 물론 대부분의 매스컴은 이 업적의 가치에 대해서 약간 과장된 표현을 했다만 분명히 위대한 업적임에는 틀림없다. 인간의 유전자 게놈지도 초안이 공개됐다. 전 세계 18개국 350개 연구소에서 지난 10년간 진행된 게놈프로젝트 1단계가 완료된 것이다.

 당시 클린턴 대통령은 "우리는 신이 인간의 생명을 창조하면서 사용한 언어를 배우기 시작했다"라고 선언했다. 당시 게놈 연구를 주도한 프랜시스 콜린스 박사의 인생역정은 그래서 주목할 만했다. 그는 원래 무신론자였지만 게놈 연구 중에 신앙인으로 변한 것이다.

진리를 꿰뚫는 눈

 대 자연의 불가사의한 위대한 힘! 봄, 여름, 가을, 겨울, 그들 나름의 온갖 형태, 더구나 천태만상이라는 무궁무진한 변화, 일사불란한 질서, 이것이야말로 자연을 통해서만 알 수 있는 가장 위대한 힘이다. 우리들이 바라보는 하늘에 드높이 떠 있는 달. 지구와 함께 태양을 중심으로 돌고 있지만 먼 옛날부터 조금도 변화 없는 그 시간을 지키면서 한결같은 운동을 계속하고 있다. 파아카라는 사람은 "자연은 하나님의 구약성서이다."라고 말했는가 하면, 하아뷰우라는 사람은 "자연은 하나님을 작자로 하는 책이다." 또 호오프라는 사람은 "자연을 통해 신을 보아라"라고 까지 했다.

 이와 같이 하나님께서는 어떠한 방법을 통해서든지 우리에게 당신의 건재하심을 나타내고 계시는데, 지금 우리가 살고 있는 이 지구는 태양계 속에 속해있는 행성 중의 하나로, 그리스의 천문학자가 약 2,200년 전에 지구의 크기를 처음으로 측정하고 지구의 반지름을 7,370킬로미터로 계산하였다. 오늘날 실제 값인 6,400킬로미터에 비해 15퍼센트 정도 크다는 놀라운 측정이다.

지금까지 확인된바 이 태양계에는 약 천억 개(근로자가 정년퇴직할 때까지 수를 세어도 수억을 넘지 못함)나 되는 많은 별이 모여서 은하를 이루는데, 이 은하의 크기는 두께가 1만 5천 광년이며 길이는 10만 광년으로, 1광년이란 빛이 1년 동안에 가는 거리로 빛은 1초에 지구를 일곱 바퀴 반을 돌게 된다. 그러나 이렇듯 거대한 태양계에도 불구 우주에서의 태양계의 크기는 하나의 작은 티끌에 지나지 않고 있으며 우주에는 이러한 은하계의 모습이 수없이 등장하고 있다.

지구는 그 자체만으로 하루에 한 바퀴 돌면서 또한 지구는 태양의 둘레를 1년에 1회 돌게 되는데, 이때 지구는 23.5도 기울어져 돌고 있다. 이러한 지구 운동 때문에 낮과 밤의 현상을 일으키고 있는데 만약 지구가 움직이지 않고 정지한다면 태양 쪽을 향해 있는 곳은 항상 낮이 되며, 반대쪽은 항상 밤이 되어버리고 만다.

계절의 변화를 일으키고 있는 현상으로는 회전등과 종이를 태양과 지구로 비유한 간단한 실험을 통해 알 수 있는데, 회전등의 불빛을 종이 위에 바르게 비추게 되면 빛은 좁고 밝게 되며, 빛을 비스듬히 기울여 비추면 그 빛이 어두워지는 것처럼 기울어진 지구에 비추는 태양의 빛 또한 이처럼 같은 성질로써 계절의 변화를 일으키고 있는 것이다.

태양의 지름은 약 139만 킬로미터로 태양의 반지름은 지구의 109배나 크고, 부피는 130만 배인 이 태양은, 인간이 만든 폭탄 중에서 가장 강한 수소 폭탄을 폭파하는 것과 같은 힘으로 시뻘건 홍염을 뿜게 되는데, 이때 태양은 인류가 2백만 년 동안 사용할 에너지를 단 1초에 생산해 내고 있다.

태양의 대부분은 수소 가스로서 이 수소 그램이 완전히 헬륨으로 변화하면 1,500억 칼로리라는 막대한 에너지가 발생하게 되는데, 석유로 이

만큼의 에너지를 만들려면 15톤 정도가 필요하며 지구에 보내지는 태양열은 1분에 4억 톤의 석탄을 태운 것과 같은 양으로, 만약 지구에 태양이 존재하지 않는 지구를 상상하게 된다면 지구는 정확히 8분 19초 후에 완전한 암흑 속에 갇히게 된다.

현재 우리의 과학 문명은 과거의 우리 인류에게는 가히 추측을 불허할 수 없을 만큼 놀라운 경제 발전을 이룩해 온 것이 사실이다. 우주에는 거대한 우주 식민지를 건설할 계획으로 우주 연락선이 띄어지고 있으며, 생명공학 등 첨단과학이 총동원된 이 세계는 과학이 발전하다 하다 이제는 '인간 배아 복제'까지 성공했으며 지금도 인간은 끝이 없는 저 우주를 향해 무언가의 시도에 끊임없이 도전하고 있다. 하여 신의 창조적 섭리조차 조소하고 힐난할 만큼 고도로 발달한 과학 문명은 인간의 정서를 메마르게 하고 획일화시키고 있음을 주시하지 않을 수 없다.

우리가 여기서 한 가지 주목하고 넘어가야 할 사실은 현대의학이 시험관 아기를 탄생시키고 DNA를 해석하는 등 나날이 발전하고는 있으나, 생명을 잉태하고 생명 자체에 있어 그 생명력을 유발할 수 있는 새 생명의 신비는 결코 탄생하지 않는 점이다.

이렇게 생명 자체에 관한 한 그 어떤 인간에게도 시작과 끝을 주관할 수 있는 능력은 주어지지 않았음을 알게 되는데, 인간이 무언가를 창조해 낼 수 있었던 것은 그전에 반드시 무언가 존재(자원)하고 있던 상태에서만이 가능할 수 있었던 것으로, 애초의 인간 스스로 무언가를 창조해 낼 수 있었던 능력은 처음부터 존재하지 않았던 것이다.

하나님과 인간이 가지고 있는 능력의 차이를 비교해 본다면 하나님께서는 무에서 유를 창조하였다는 것과 인간은 유에서 유를 창출해내고 있는 현저한 차이를 발견하게 된다. 만일 누군가 과거의 우리 인류에게 미래에 변화될 인간 문명에 대해 설명해 주고 있다고 할 때, 아마도 그들 대부분은 그 사실을 믿으려 하지 않았을 것이다.

왜냐하면, 그때 그들의 능력은 너무도 미미한(국한된) 상태이기에 끝없는 의문과 혼란에 사로잡힐 수밖에 없는 것이다. 그러나 그 같은 기적은 실제로 현실화된 것처럼 지금 우리의 능력만으로 하나님의 창조 능력을 생각하게 될 때, 또한 쉽게 믿어지지 않는 까닭도 앞서 말한 원리에 해당하고 있다.

> 나의 생각은 너희의 생각과 다르며 너희의 길은 나의 길과 다르다 주님께서 하신 말씀이다 하늘이 땅보다 높듯이 나의 길은 너희의 것보다 높으며 나의 생각은 너희의 생각보다 높다 _ 사 55:8-9.

떠오르는 지구/달 지평선에서 바라본 지구/ 아폴로 8호 촬영

1968년 아폴로 8호는 지구 전체 모습을 처음으로 찍었다. 캄캄한 우주에 푸른빛 바다로 둘러싸인 지구는 허공에 떠 있었다. 신비하고 아름다운 모습이었다. 지구에서 끝없는 지평선을 보는 모습도 황홀한데 달의 지평선에서 보이는 것들에 대한 상상은 생각만으로도 설렐 것이다. 달의 지평선 너머로 보이는 지구의 모습!

인간- 처음으로 달을 탐사하다/인류의 가장 위대한 모험 아폴로

바야흐로 때는 52년 전, 아폴로 8호가 1968년 12월 21일 새턴 브이 로켓(Saturn V Rocket)을 타고 발사된다. 궤도선에 탑승한 채 달 주변을 열 번 선회하고서 같은 해 12월 27일 지구로 귀환한다. 사진은 아폴로 8호 궤도선이 달의 후면(뒷면)을 지나면서 촬영한 것으로 알려져 있다. 달의 지평선 위로 떠오르는 푸른 지구의 모습은 지금 봐도 참 아름다운 보석 같다. 인류에게 남겨준 감격스러운 우주의 한 부분, 지구의 모습을 담은 사진인 것이다.

지구에서 가장 가까운 천체 달. 인류가 달에 착륙한 지도 벌써 반세기가 지났다. 우주가 지구를 중심으로 돈다고 믿어온 인간이 500년 만에 달에 발을 디딘 것이다.

1969년 7월 20일. 이날 전 세계인이 텔레비전을 지켜보는 가운데 아폴로 11호(Apollo 11)가 달에 착륙하며 역사적인 인류의 첫 발자국을 찍었다. 그리고 이 놀라운 발전의 첫걸음에는 바로 아폴로 8호(Apollo 8)가 있었다. 달을 향한 인류의 여정은 아폴로 8호에서 시작됐다.

우주비행사인 프랭크 보먼, 윌리엄 앤더스, 짐 러벨 등 비행사 3명은 1968년 12월 21일 발사된 아폴로 8호를 타고 68시간을 날아, 인류 역사상 처음으로 달 궤도에 진입한 것이다.

달 뒤쪽은 통신마저 두절되니 '지구와 완전한 단절'을 처음으로 경험했다고 할만하다.

짐 러벨, 윌리엄 앤더스는 달 궤도를 약 20시간 동안 돌면서 최초로 달을 목격한 인류 최초의 인물이 됐다. 그중에서도 윌리엄 앤더스는 달의 뒷면을 처음으로 목격한 사람이다.

아폴로 8호는 달 궤도를 20시간 동안 공전하며 8개월 뒤 인간을 달에 착륙시킨 아폴로 11호의 성공을 뒷받침했다. 달의 지평선 위로 지구가 떠오르는 장면을 처음으로 촬영한 것도 아폴로 8호다.

달의 중력으로 속도가 높아진 우주선이 달 궤도에 안정적으로 진입하려면 엔진이 진행 방향 반대쪽으로 정확히 점화돼 브레이크 역할을 해야 했다. 허용되는 오차 범위는 0.0296퍼센트. 속도가 지나치게 떨어지면 우주선은 달로 자유낙하하고, 반대로 속도가 충분히 떨어지지 않으면 궤도 밖으로 튀어 나간다.

제프리 클루거 저 / 인류의 가장 위대한 모험 아폴로 8 中

"우리 세 사람이 달을 보면서 느낀 것은 각자 다릅니다. 저는 아주 거대하고 외로운 곳, 으스스한 곳, 혹은 무無의 확장 같다는 인상을 받았어요. 구름 같아 보이기도 하고, 부석들이 가득 모인 곳 같기도 합니다. 눌러살거나 일할 만한 장소는 아닌 것 같아요."

"짐, 자네 생각은 어떤가?"

"제 생각도 아주 비슷합니다."

러벨이 말했다.

"쓸쓸함이 가득한 이 드넓은 달을 보면 경탄이 절로 나옵니다. 그리고 제가 지구에 두고 온 것들을 새삼 깨닫게 되죠. 이곳에서 본 지구는 엄청나게 거대한 우주에 떠 있는 위대한 오아시스예요."

"빌, 자네 생각은?"

보먼이 물었다.

"제가 가장 감명 깊게 본 건 달의 일출과 일몰입니다."

사진기사로의 본분을 충실히 맡고 있던 앤더스가 대답했다.

"특히나 이렇게 황량한 곳에 드리운 아주 긴 그림자를 보면 마음이 차분하게 안정되는데, 지금 우리가 지나는 곳처럼 아주 밝게 빛나는 표면에서는 보기 드문 풍경이죠."

아폴로 8호가 단순히 많은 사람의 반대와 우려에도 불구하고 미션을 성공했다는 점 하나 때문에 중요한 것은 아니다. 아폴로 8호는 일단 지구를 벗어난 최초의 유인우주선이다. 따라서 아폴로 8호에 탑승해 있던 세 우주비행사들은 지구의 모든 것과 완전히 격리된 최초의 인간이 되었다.

나아가 달의 궤도에 성공적으로 진입해 역사상 최초로 지구의 1/6인 달의 중력을 경험한 사람들이 되었다. 그 후 1969년 7월 20일. 달에 무사히 착륙한 아폴로 11호의 착륙선 이글호에서 두 명의 우주인이 내렸다.

달 표면에 역사적인 발자국을 남기면서, 인류 최초로 달을 밟은 닐 암스트롱은 이렇게 말했다.

"이것은 한 인간에게는 작은 한 걸음이지만 인류에게는 위대한 도약이다."

그리고 하얀 우주복을 입은 한 우주인이 펄럭이는 성조기 옆에 서 있는 사진은 우리의 기억 속에 오랫동안 남아있게 된다.

그는 북쪽을 허공에 펴시며 땅을 아무것도 없는 곳에 매다시며 _욥 26:7.

장장 열네 번째 장까지 제대로 숨도 못 구르며 읽어온 나는 이제 마지막 한 장만을 남겨둔 채, 과연 어떤 내용의 글이 쓰여 있을까를 생각하며, 마지막 한 장을 떨리는 마음으로 조심스레 읽어 내려갔다.

상자 속 편지 - 열다섯 번째 장
"성경이란 무엇인가?"
"성경은 도대체 어떤 책인가?"
"성경은 왜 기록되었는가?"

성경은 하나님께서 직접 호흡을 불어넣으신 영감의 책이다.
성경은 과연 하나님의 말씀인가?
전혀 오류 없는 책인가?
그렇다. 성경은 사람의 뜻으로 말미암아 나오지 않았다. 성경의 기록은 전적으로 성령님의 감동으로 된 것이다 _딤후 3:15-17. 성경의 영적, 도덕적, 교훈적 측면에서만 영감이 주어진 것이 아니라 역사적, 과학적, 고고학적, 지리적, 생물학적, 의학적, 법률적인 면까지 전부 다 영감을 받았다 _벧전 1:19-21.

3초에 한 권이 팔리고 연 5천만 권 이상이 팔리는 베스트셀러! B.C. 1450년부터 A.D. 100년까지 거의 1600년에 걸쳐 쓰인 책. 66권으로 구성된 이 책은 40여 명의 저자가 기록했으며, 그들은 왕, 평민, 학자, 의사, 어부, 시인, 관리 등 다양한 배경을 가지고 있다. 성경은 부족사회부터 이집트, 아랍, 그리스, 로마 등 다양한 문화를 담고 있고 히브리어, 아람어, 헬라어로 쓰였다.

이렇게 다양한 문화와 언어, 시대 배경을 가지고 있는 성경은 하지만 내용에 있어서 완벽한 통일성을 가지고 있다. 그리고 과거 예언된 400여 개의 말씀이 한 사람 예수 그리스도를 통해 이루어지는 놀라운 정확성을 가진 책이다. 이 책은 단지 유명하고 위대한 문화유산일 뿐 아니라 살인자, 깡패, 도둑, 노예, 장사꾼, 창기, 부랑자 그리고 천하 없는 양귀비, 부르주아, 천재, 그 위세 높은 교수며 학자들까지 단번에 꺾어 전도자로 바꾸어 놓는 능력의 책이다. 참으로 놀랍고 희한하고 이상한 책이라고 여겨지지 않는가?

> 내가 전에는 비방자요 박해자요 폭행자였으나 도리어 긍휼을 입은 것은 내가 믿지 아니할 때 알지 못하고 행하였음이라 … 미쁘다 모든 사람이 받을만한 말씀이여 그리스도 예수께서 죄인을 구원하시려고 세상에 임하셨도다 하였도다 죄인 중에 내가 괴수니라 _딤전 1:13-15.

참으로 많은 사람이 이 책을 읽는다. 그리고 이 책을 읽는 자신만의 이유가 있다.

인류 역사상 최고의 베스트셀러로 알려진 성경은 유대교와 기독교의 경전이지만, 이들뿐 아니라 일반인도 다양한 목적에서 성경을 읽고 있다. 어떤 이들은 이스라엘의 역사와 그리스도의 생애를 담은 역사서로, 어떤 이들은 도덕적인 교훈을 담은 윤리서로 생각하나, 무엇보다 성경이 주목받는 것은 '하나님의 말씀'으로 시대를 앞선 많은 예언이 기록된 예언서라는 점이다. 성경 스스로가 밝힌 성경의 본질과 근원, 유익과 목적은 하나다. 구원! 구원자 하나님(예수님)께서 사람의 몸을 입고 이 땅에 오셔서 인간의 죄 때문에 대신 죽고 부활하심으로 인간에게 화해의 손길을 내민 사랑의 편지.

성경은 인류를 구원할 메시아를 예언(구약) 성취(신약)하며, 인류의 과거와 현재를 조명하며 미래에 대해 예언한다(구체적으로 명확히). 또한 영혼 세계와 천국(부활) 구원에 관한 그리스도와 선지자들의 가르침을 전한다.

> 오직 이것을 기록함은 너희로 예수께서 하나님의 아들 그리스도이심을 믿게 하려 함이요 또 너희로 믿고 그 이름을 힘입어 생명을 얻게 하려 함이니라 _요 20:31.

하나님으로부터 걸려 온 전화

여덟 번째 이야기

가자! 하나님과의 인터뷰 현장에

하나님 당신은 누구십니까?
당신은 어디에 계십니까!
하나님 당신은 어떻게 생기셨습니까?

갑자기 무료하고 나 혼자 있게 되면 무작정 버스를 타고 어디론가 떠난다. 차창 밖으로 푸른 풍경을 보며 또 여유로울 때 또는 한가할 때 생각나는 그분 …

이 나라를 전체 돌아보는 데는 얼마나 걸릴까 …

옛날처럼 걷거나 말을 이용하는 것이 아니라 자동차로 여행을 한다 해도 족히 몇 날 며칠은 걸릴 것이다. 이것만 봐도 한국도 작은 땅이 아닌데 이 지구는 얼마나 큰가?

또 이 우주는 … 생각만 해도 정말 까마득하다.

태양만 봐도 태양은 지구의 109배라는데 …
하나님은 저 태양도 지으셨다는데 …
도대체 하나님은 얼마나 크신단 말인가?

그분은 우리를 당신의 형상으로 지으셨다고 한다.
그런데 크기도 과연 우리와 같을 것인가?
크기까지 같겠는가?
아이처럼 무수히 이런저런 상상을 해본다.
그런 생각을 하면 그분의 눈에 우리는 개미와 같을 것인가?

어느 때는 정말 인간의 목숨이 각종 사고나 사건으로 파리떼처럼 죽는 것을 보면 우리의 목숨이 하찮고 우리는 미물과 같다는 성경 말씀이 실감 난다. 그런가 하면 그 같은 우리를 위해 그분의 아들은 죽기까지 하시고 하나님은 자신의 일을 완수하기까지 우리 인류에게 그 존재를 부인받기까지 한다.
나는 내 자녀가 날 조금만 무시해도 몇 날 며칠 분하고 맘이 상해서 어쩔 줄을 모르는데 …
하나님은 어떻게 이겨내시는지 …
하나님은 어떻게 생기셨고, 어떻게 스스로 계시고, 도대체 그 존재는 어떤 것이고, 어느 정도의 크기시고 … 하 …, 이런 생각이 들 때면 정말 마음이 쓸쓸하기까지 하다.
그분은 어떻게 생기셨고, 얼마만 하며 어디에 계시는 것일까 … ?
태양도 지으신 분이 눈과 코와 얼굴의 골격이 우리와 똑같게 생기지는 않으셨을 것 아닌가!
자기의 창조물보다 작을 리가 없고, 아, 도대체 어떤 형상으로 우리는 그분을 뵙게 될까 … ?
종잡을 수 없고 예측할 수 없는 그분의 존재는 우리 피조물이 더욱더 그분을 그리워 쓸쓸하게 만든다.

그분은 우리의 사랑이 그리운 것일까?
이 생겨난 감정들은 어떻게 수습될 것인가?

어떻게 치료되고 어떻게 완화되고 어떻게 자리 잡혀가 완전에 이르게 될 것인지 …

또한 완전이란 어떤 감정일까?
그는 충만함이라고 하셨는데 우리는 혹여라도 그런 충만함을 느껴 봤을까?
완벽하게 상대가 혹은 내가 서로 사랑하게 될 때 그런 느낌이 완전의 충만함일까?

> 기약이 이르면 하나님이 그의 나타나심을 보이시리니 하나님은 복되시고 유일하신 주권자이시며 만왕의 왕이시며 만주의 주시오 오직 그에게만 죽지 아니함이 있고 가까이 가지 못할 빛에 거하시고 어떤 사람도 보지 못하였고 또 볼 수 없는 이시니 그에게 존귀와 영원한 권능을 돌릴지어다 아멘 _딤전 6:15-16.

하나님과의 인터뷰

나는 꿈에 드높은 산악과 웅장한 폭포 굽이치는 바다와 계곡을 놀라운 솜씨로 만드신 하나님의 걸작품을 보았다. 믿을 수 없을 만큼 아름다운 일몰을 보면서 하나님이 어떤 분이신지에 대해 떨리는 생각이 드는 것과 함께 커다란 의문이 하나 생겼다. 마침내 꿈에 그리던 하나님과의 인터뷰가 시작되었다.

하나님께서 물으셨다.
"그래, 나를 인터뷰하고 싶다고?"
"예, 시간이 허락하신다면요"
하나님은 미소 지으셨다.
"내 시간은 영원이니라 … 뭘 묻고 싶으냐?"
"인간에게서 가장 놀랍게 여기시는 점은 어떤 것들이세요?"

하나님이 대답하시기를,

"어린 시절이 지루하다고 안달하며 서둘러 어른이 되려는 것!

그리고 어른이 되면 다시 어린애로 돌아가고 싶어 하는 것!

돈을 벌기 위해 건강을 해치고 나서는 잃어버린 건강을 되찾기 위해 번 돈을 다 써버리는 것!

미래에만 집착하느라 현재를 잊어버리고 결국 현재에도 미래에도 살지 못하는 것!

결코 영원토록 죽지 않을 것처럼 살다가 마침내는 하루도 못 살아본 존재처럼 무의미하게 죽어가는 것들이란다."

하나님은 내 손을 잡으셨다. 그렇게 한동안 말이 없었다.

내가 다시 여쭤었다. "저희들의 어버이로서 당신의 자녀들에게 줄 교훈은 어떤 것들이 있나요?"

"서로 사랑하기를 … 그런데 누군가 너희를 억지로 사랑하게 할 수는 없으니 오직 스스로 사랑하고 사랑받는 존재가 되는 수밖엔 없다는 사실을 배워야 한다. 그러기 위해서는 먼저 자기 자신의 가치를 아는 것과 또 타인의 가치를 아는 것이 무엇보다 중요하지.

남과 자신을 비교하는 일은 좋지 못하며, 서로 사랑과 용서를 실천함으로써 사랑하는 법을 배우기를 …

천국과 지옥은 이 사랑의 한 끗 차이로 결정되는 것임을.

화평(평화)은 오직 사랑 안에서만 가능한 것을 … 사랑하는 사람에게 상처를 주는 데는 단 몇 초밖에 걸리지 않지만, 그 상처를 치유하는 데는 여러 해가 걸릴 수도 있다는 사실을 …

사람들은 서로를 극진히 사랑하면서도 단지 아직도 그 사랑을 표현하는 방법을 모르고 있을 뿐이라는 것을 … 두 사람이 똑같은 것을 바라보면서도 그것을 서로 다르게 볼 수도 있다는 사실을 …

서로 사랑하고 용서하는 것만으로는 부족하니 너희 스스로 부족함을 인정하고 사랑하고 받아들여만 한다는 것을 …

너희의 급선무는 외형의 성형이 아니라 내면의 성형이 먼저 이루어져야 한다는 사실을 …

가장 많이 가진 자가 부자가 아니라 더 이상 필요한 것이 없는 사람이며 더 나아가 나누어 주는 선까지 이르는 사람이 진정한 부자라는 것을 …

인간이 할 수 있는 가장 거룩한 행위는 사랑이라는 것을. 그리고 가장 어려운 행위 역시 사랑임을 …"

살면서 듣게 될까
언젠가는 바람의 노래를
세월 가면 그때는 알게 될까
꽃이 지는 이유를

나를 떠난 사람들과 만나게 될 사람들
스쳐 가는 인연과 그리움은
어느 곳으로 가는가

나의 작은 지혜로는 알 수가 없네
내가 아는 건 살아가는 방법뿐이야
보다 많은 실패와 고뇌의 시간이
비껴갈 수 없다는 걸 우린 깨달았네

이제 그 회답이 사랑이라면
나는 이 세상 모든 것들을 사랑하겠네

-조용필/바람의 노래

새 계명을 너희에게 주노니 서로 사랑하라 내가 너희를 사랑한 것 같이 너희
도 서로 사랑하라 너희가 서로 사랑하면 이로써 모든 사람이 너희가 내 제자
인 줄 알리라 _요 13:34-35.

"시간을 내주셔서 감사합니다. 그밖에 또 들려주실 말씀은요?"
내가 겸손하게 여쭙자 하나님은 미소 지으셨다. 그리고 말씀하셨다.
"늘 명심하여라. 내가 항상 여기 있다는 사실을. 언제까지나 …
너희들에게 부족한 것이 있다고 느끼면 지체 말고 내게 나아오라!
내가 너희를 사랑하며 언제든 내게 다가오기를 기다리고 있음을 …
고통과 절망, 문제와 환란을 통해 너희가 나를 만날 수 있다면 그것이
진실로 진실한 축복의 통로가 되는 것임을 … "

주께서 인생으로 고생하게 하시며 근심하게 하심은 본심이 아니시로다
_애 3:33.

"구원의 조건(선물)은 너희가 생각하는 그런 차원(율법, 참선, 예배 행위,
헌금)의 것들이 아니라, 오직 너희 있는 모습 그대로 내게 나아오기만을
바란다는 것을 …
내겐 너희가 버려진 이 땅에서 목숨 부지하며 살아가고 있는 것만으로
심히 대견하고 가련하다는 것을 … 하여, 아무도 멸망(심판) 받지 않고 내
가 마련한 완전한 축제의 땅에 들어와 너희들 모두 나와 함께 영원히 행
복하게 살기만을 바란다는 것을 …
내가 너희들을 통해 얻고자 하는 것은 아무것도 없으며, 반대로 나는
너희에게 모든 것(완전한 행복)을 전부 다 주고 싶어 한다는 것을 … 너희
는 죽는 그 순간에 이르기까지 온전할 수 없고 허무투성이로 살아갈 수
밖에 없으며, 그리하여 그 연약함과 죄성을 예수를 대신 못 박음으로써
말끔히 그리고 영원히 해결해 놓았음을 영원히(요 19:28-30).

너희가 나를 믿고자 하는 마음만 있다면 그 증거는 세상에 헤아릴 수조차 없이 많으려니와 또한 믿지 않으려 들 때 역시 그만큼의 이유를 갖다 대려 한다는 것을 …

그러나 시간이 흘러 너희가 여전히 나약한 인간이고 결코 죄를 이길 수 없으며, 너희 자신의 의지와 노력만으로 완전한 선에 다다를 수 없음을 깨달을 때 그때 나의 내민 손을 잡는 데 훨씬 도움이 되고 있다는 사실을 …

나는 그 누구보다 너희에게서 먼 동시에 그 누구보다 너희와 가까운 존재라는 것을 …

너희가 갈구하는 자유나 안전은 너희 마음을 세상에 안주시킴으로써 나에게 돌아오지 못하게 만드는 걸림돌이 된다는 것을 …

사실 가장 안전한 지옥행 길은 한 걸음 한 걸음 가게 되어 있고, 그것은 경사도 원만하고 걷기도 쉬운 데다가 갈림길도 이정표도 표지판도 없다는 것을 …

세상에는 딱 두 종류의 사람밖에 없음을. 내게 '아버지의 뜻이 이루어지이다'라고 말하는 아이들과 내 입술에서 끝내 '그래, 네 뜻대로 되게 해 주마!'라는 말을 듣고야 마는 아이들 …

지금 지옥에 있는 아이들은 거의 대부분 자기가 선택해서 거기 있게 되었다는 것을 …

이 세상 모든 문제 가운데 그 속에 사랑의 부재가 모두를 지옥으로 몰아넣고 있다는 것을 … "

하나님께서는 마지막으로 물었다.
"너희의 모든 것이 잘되어 왔는가?
그대로 떠나도 미련이 없는가?"
그때 하늘로부터 밝은 빛이 쏟아져 내렸다. 그 빛이 너무 강했기 때문에 나는 더 이상 아무 말도 할 수가 없었고 … 베일이 걷히고 막 꿈에서 깨어나려는 순간 그때 귓전에서 어떤 소리가 들려왔는데, 듣는 순간 너무 애달파서 주르륵주르륵 눈물이 흘러내렸다.

> 우리가 아직 연약할 때에 기약대로 그리스도께서 경건하지 않은 자를 위하여 죽으셨도다 의인을 위하여 죽는 자가 쉽지 않고 선인을 위하여 용감히 죽는 자가 혹 있거니와 우리가 아직 죄인 되었을 때에 그리스도께서 우리를 위하여 죽으심으로 하나님께서 우리에 대한 자기의 사랑을 확증하셨느니라
> _롬 5:6-8.

👍 추천 영상/조정민 목사/구원, 문제 해결의 시작
👍 추천 영상/한홍 목사/구원이란 무엇인가?/한큐에 쏙쏙 총정리

하나님으로부터 걸려 온 전화

하나님의 자녀가 되는 영접 기도문

"사랑하는 예수님, 저는 죄인입니다.
저는 지금껏 인생이 어디서 와서 어디로 가는지 알지 못하고
헛된 것을 쫓으며 허망한 것에 매여 실패하는 인생을 살아왔습니다.
이제 이 복음을 듣고 예수님을 저의 구주, 저의 하나님으로
영접하기 원합니다. 제 속에 오시옵소서!
제 속에 오셔서 저의 모든 죄를 예수님의 보혈로
깨끗이 씻어 주옵소서! 지금부터 하나님 나라 가는 그날까지
주님 뜻에 순종하며 주님을 영화롭게 하는 삶으로 살아가길 원합니다.
지금 이 순간부터 저는 마귀의 자녀가 아니라 하나님의 자녀로
거듭나게 된 것을 믿습니다. 저의 삶을 의에 길로 지키시고
인도해 주실 것을 믿고 감사를 드리며,
나의 모든 문제를 십자가에서 해결하신 살아계신 우리 주
예수 그리스도의 이름으로 기도드립니다. 아멘!"

이 기도로 예수님을 진실로 구원 주로 믿고 영접했다면 그대는 하나님 자녀다. 축하드린다! 하늘에서는 벌써 거듭난 영혼들을 위한 신나는 축하 파티가 열리고 있다. 하나님의 자녀는 언제 어느 때 이 세상을 떠나도

그 사람은 걱정이 없다. 하나님께서 마지막 날 다시 일으켜 반드시 영원한 영생의 잔치, 다시 사는 부활의 잔치에 영영히 참여하게 할 것이기 때문이다.

> 영접하는 자 곧 그 이름을 믿는 자들에게는 하나님의 자녀가 되는 권세를 주셨으니 _요 1:12.

- 👍 추천 영상/하나님 자녀가 축복받기 위해 반드시 경청(이해) 해야 할 성경 여행/성경 에센스/이재철 목사님/새신자 반 시리즈 1~10편
- 👍 추천 영상/하나님 자녀가 영육 간에 회복되고 응답받기 위해 매일 드려져야 할 기도/질병 치유의 기도 40분
- 👍 추천 영상/한홍 목사/평생 도움될 기도법 모아서 총정리/시리즈 설교

하나님으로부터 걸려 온 전화

책을 펴내면서

많이 힘든 것 알아 얼마나 참기 힘드니
언제쯤 웃었는지 기억은 있니

많이 지친 것 알아 더 이상 걷기 힘드니
길이 없다고 해도 너 포기하지 마

지금은 너의 미래가 빛이 없다고 느낄지 몰라도
우리가 알지 못했던 새로운 빛이 저 너머에 있단 걸

너 포기하지 말고 너의 남은 산을 올라가
이곳은 정상이 아냐 너도 알잖아 너의 정상은 더 위인 걸

너 제발 용기를 내 너의 날갤 여기서 꺾지마
조금만 더 힘을 내고 견딜 수 있다면
넌 정상에서 웃을 수 있어

- 찬양·시와 그림/정상을 넘어

나는 요즘 수년간 계속되는 불가항력적인 재해들을 바라보면서, 앞으로도 이러한 일들로 고통당할 수많은 사람들을 생각하며 마음 한쪽이 떨어져 나가는 듯한 아픔이 느껴졌다.

하루를 시작할 때면 으레 아무에게도 방해받지 않는 혼자만의 세계로 떠나가 말로 형용 못 할 감미로운 행복감에 젖어들어 본다. 그것은 전능자 하나님을 만나는 은혜의 시간(기도)이다. 그러나 그 꿈속 같은 시간을 흘려보낸 지 불과 얼마 안 되어 이내 난 복받치는 눈물로 절규하고 만다.

"하나님, 어찌 이 감당할 수 없는 평온을 저에게만 허락하시는지요. 당신을 알지 못한 세상의 모든 이들에게도 이와 같은 축복을 허락하여 주옵소서! 하나님 많은 사람들은 생각합니다. 하나님은 참으로 사랑이라 하심인데 어찌 인간에게 계속되는 문제와 고통이 끊이지 않는지, 그 저의가 과연 무엇인지 사람들은 모두가 그렇게 생각하고 있습니다.

그러나 하나님의 사랑의 편지인 '성경' 말씀을 보면 금방 인간에게 왜 이런 고통의 문제들이 시작되었으며 또 그 문제의 해결책이 무엇인지도 알게 되는데, 사람들은 모두 자신의 편견과 생각 안에 갇혀 도무지 말씀을 들으려고조차 하지 않습니다.

하나님, 많은 분이 교회(기독교)에 다녀본 경험이 있을 것입니다. 그러나 교회 다니고 있는 사람을 통해 아무런 답을 얻지 못하고 도리어 실망만 느꼈을 것입니다. 그러나 하나님의 말씀에는 분명한 해결책이 있음에도 교회에서나 교회 다니는 사람을 통해 확실한 답을 얻지 못하는 것은 하나님과 성경이 잘못된 것이 아니고, 그 사람들이 성경을 잘못 전해 주고 또 잘 못 알고 있기에 그렇습니다. 올바르게 성경을 알고 있으면 큰 축복을 받을 수 있으며(세상 기준의 복·형통이 아님), 여러 가지 고통에서 해방되는 길이 있는데도 사람들은 하나님을 오해하고 더욱 깊은 고통 속에서 몸부림치고 있습니다.

👍 추천 도서/조정민 저/『고난이 선물이다』

　사랑의 하나님, 하나님의 은총으로 새 생명을 얻고 살아간 지 벌써 삼십 년이란 세월이 흘렀습니다. 하지만 그간 하나님의 자녀 된 저에게 있어서도 많은 시련과 아픔의 시간이 있었음을 아실 것입니다. 처음 참 복음을 알게 된 후, 몇 년 동안은 저에게 참으로 행복한 나날이 계속되었습니다.

　그러다 어느 날부터인가 또다시 제 인생에 있어 시커먼 먹구름이 끼기 시작했습니다. 그동안 예수님을 믿고 해결되었다고 믿고 있었던 문제들과 또 저 자신조차 알지 못했던 가문 가운데 숨겨진 영적 문제들이 드러나기 시작했고, 그것은 급기야 저의 가정을 파탄의 위기로까지 몰아가게 되었습니다.

　수년 동안 오직 하나님과 함께하며 하는 것이 가장 큰 행복이라 여겨졌던 저 자신이, 철저히 가면 속에서 위장하며 살아왔다고 느껴질 만큼 저의 문제는 그 심각성을 더해만 갔습니다(산모 우울증에서 시작된 조현병). 그렇게 해를 넘기며, 저는 하루에도 몇 차례씩 닥쳐오는 삶에 대한 고통과 절망 속에서 당신께 이렇게 부르짖을 수밖에 없었습니다.

　"하나님, 제가 이대로 망해야 합니까?
　하나님 자녀인 제가 이렇게 망해야 합니까?
　아닙니다, 저는 절대로 망할 수 없는 하나님의 자녀입니다. 하나님께서는 분명 말씀하셨습니다.

　　그러므로 이제 그리스도 예수 안에 있는 자에게는 결코 정죄함이 없나니 이는 그리스도 예수 안에 있는 생명의 성령의 법이 죄와 사망의 법에서 너를 해방하였음이라 _롬 8:1-2.

그러므로 하나님께서는 저를 반드시 이 모든 죄와 저주와 고통 가운데서 구원하여 주실 것을 믿습니다."

이미 지난 일들이긴 하지만 이 책의 문제로 인해 많은 오해와 질타를 받으며, 한때 차라리 집필을 포기하고 싶을 만큼, 아니 삶 자체를 포기해 버리고 싶을 만큼 커다란 위기 가운데 처하기도 했다.

힘을 보태 주는 분들도 있었으나 의심과 불신앙의 눈초리들이 에워쌌다. 말 한마디의 위로와 격려는 사람을 살리기도 죽이기도 하는 만큼 당시의 나로서는 매우 상심이 컸다. 그만큼 인간은 결코 홀로 설 수 없고 홀로 강인해질 수 없는 존재이기에 … 그러나 결국 만물 위에 뛰어나신 하나님께서 실로 모든 것을 아름답게 이루도록 역사해 주셨다.

본서 1부 자체는 어쩌면 서론에 불과하다. 1부에 담을 내용을 선별할 때 소요된 시간과 고민은 이루 말할 나위가 없었다. 애초에는 지금 내용의 두 배 이상을 실을 계획이었으나 현실은 매우 냉정하다. 책과 점점 멀어져 있는 현세대에 아무래도 그것은 너무 큰 무리로 여겨져 그중 일부의 메시지만을 먼저 담아냈다.

계속해서 이 책은 시리즈로-
우리가 영원히 거할 아름다운 천국! 그곳이 얼마나 익사이팅 하며 신비롭고 놀라운 것으로 가득 차 있는 곳인지에 대하여-
창조의 신비- 진화의 허구(사기극)-
선악과 속에 숨겨진 비밀: 선악과 & AI(인공지능)와의 관계-
더욱 가까이 다가온 재림의 징조- 약속하신 시기- 때-
성경을 바르게 읽는 법- 특히 요한계시록에 대하여- 많은 것을 다룬다.

인간 개개인이 가지고 있는 죄악, 폭력성, 잠재돼 있는 파괴력, 분노로 인해 이 세계가 마귀의 계략대로 영멸永滅을 향해 달려가고 있지만, 이러한 마귀의 세력을 멸하시기 위해 역사 가운데 임하신 예수 그리스도로 인해 죄와 저주와 사망으로부터 구원해 내신 그리스도의 '죽음'과 '부활'을 상세히 다룬다.

그분은 우리 과거- 현재- 미래에 태어날 모든 인류의 죄를 대속하시고 부활하셨다. 사람의 몸을 입고 온 성자 하나님(예수 그리스도)은 인류의 구원 사역을 마치고 본래의 자리, 하나님의 자리로 돌아가셨다. 그리고 그분은 이제 심판자로 이 땅에 곧 오신다! 그것이 주의 재림이다.

> 그날 환난 후에 즉시 해가 어두워지며 달이 빛을 내지 아니하며 별들이 하늘에서 떨어지며 하늘의 권능들이 흔들리리라 그때에 인자의 징조가 하늘에서 보이겠고 그때에 땅의 모든 족속들이 통곡하며 그들이 인자가 오는 것을 보리라 그가 큰 나팔소리와 함께 천사들을 보내리니 그들이 그의 택하신 자들을 하늘 이 끝에서 저 끝까지 사방에서 모으리라 _마 24:29-31.

처음에는 모든 것이 캄캄했다. 심지어 책의 제목도, 책이 진정으로 다룰 영역, 서론의 범위, 각 장의 구분, 이야기 순서 등 분명한 것은 아무것도 없었다. 힘들게 쓰인 글들이 무수히 버려져 나갔고, 정작 중요한 내용이 실수로 지워지기도 할 때는 눈앞이 캄캄했다.

순서를 배열하는 일은 그 무엇보다 혹독했다. 헤아릴 수 없이 내용을 바꿔가며 이야기를 맞추어 나가야 했다. 지면은 한정돼 있고 … 들려주어야 할 이야기는 너무나 많고 … 그 과정에 또 다른 이야기들이 끊임없이 전개되고 … 그러기를 27년 … 이제는 되었는가 싶으면 또 다른 말씀을 주시고 … 이제는 되었겠지 싶으면 또 다른 말씀들을 주시고 …

이스라엘 백성이 애굽에서 출애굽 해 나와 광야 시대를 맞이했던 그런 현상과도 같은 시간들 … 세상에서 가장 어려운 퍼즐을 맞추는 것과 같은 시간 속 여행 … 그것은 필경 나 자신의 복음 확립과 신앙 성장을 위해 단련되는 일련의 과정에 놓인 시간이 되었으리라. 오롯이 그릇이 준비되는 시간 …

> 나의 가는 길을 오직 그가 아시나니 그가 나를 단련하신 후에는 내가 정금같이 나오리라 _욥 23:10.

너무 어렵고 고된 시간과 마주할 때는 솔직히 원망 아닌 원망이 저절로 쏟아져 나왔다. '왜 이렇게 나약한 나에게 … 어쩌자고 나 같은 자에게 … 이런 막대하고 엄중한 일을 맡길 수가 있는지 … 세상에 얼마나 훌륭한 분들이 많은데 …' 실수라 여겨지기도 했고 도저히 헤아려 이해할 수 없을 때면 거침없는 항변도 했다.

그러나 주님께서 언제나 일률적으로 내 항변에 있어 되돌려 주는 메아리는 하나님의 입에서 한 번 나간 말씀은 결코 어떤 이유로든 거둬 드려지지 않는다는 것과 그분의 뜻을 거스를 자 세상 누구도 없다는 것을 더욱 견고히 알아갈 뿐이었다. 끊임없는 항복만이 필요했고 굴복만이 필요했으며 완전히 나 자신을 억눌러 죽여가야만 했다.

> 여호와의 말씀이 내게 임하니라 이르시되 내가 너를 모태에서 짓기 전에 너를 알았고 네가 배에서 나오기 전에 너를 성별하였고 너를 여러 나라의 선지자로 세웠노라 하시기로 내가 이르되 슬프도소이다 주 여호와여 보소서 나는 아이라 말할 줄을 알지 못하나이다 하니 여호와께서 내게 이르시되 너는 아이라 말하지 말고 내가 너를 누구에게 보내든지 너는 가며 네게 무엇을 명하든지 너는 말할지니라 너는 그들 때문에 두려워하지 말라 내가 너와 함께하여 너를 구원하리라 나 여호와의 말이니라 _렘 1:4-8.

내 인생 서사의 큰 줄기 끝에

내가 이 책을 쓰게 된 이유는 결코 잘나서도 아니요, 영성이 뛰어나서도 아니요, 더욱이 완전한 사람이어서는 더더욱이나 아니다. 누가 되었든 이 일은 반드시 실행해야만 했는데 그게 필자로 지명된 것뿐이다. 바울의 고백처럼 만삭 되지 못하고 태어난 팔삭동이, 죄인 중에 괴수, 만물의 찌끼… 이 같은 나에게 이 일을 맡기셨다는 것은 나 자신조차 믿기지 않는 아이러니. 이유는 간단하다. 교만하지 말라고. 나대지 말라고. 하나님이 하셨다고.

  수많은 설교, 책, 잡지, 신문, 인터넷, 유튜브, TV, 영화, 음악 등…. 그리고 수없이 부딪히는 사람들과의 만남과 대화 속에서, 인간 문제의 해결 방안에 대한 하나님의 뜻과 음성을 분별해 내어 그것을 글로 옮겨 내야 하는 일은 결단코 만만한 일이 아니었다.

  아픔을 겪은 후에 더욱 성숙한다는 말, 살면서 자주 듣는 격려이다. 인생을 살다 보면 어려움을 당하기도 하고 뜻밖의 문제를 만나 당황할 때도 있다. 그러나 하나님은 우리의 모든 것을 알고 계실 뿐만 아니라 아픔과 문제 뒤에 숨은 뜻과 깊은 계획을 갖고 계신다. 오히려 어려움(어둠) 속에서 하나님과 더욱 친밀해지고 이전보다 더 큰 은혜를 받게 되기도 한다. 아픔을 통해 한층 성숙해진 자기 내면을 볼 수 있게 되는 것이다.

  이 글을 쓰는 지난 시간 실로 눈물겨운 인내와 노력 그리고 지칠 줄 모르는 믿음과 용기, 연구, 행동 등이 덕성으로 필요했을 뿐만 아니라, 일생일대의 혼과 열을 다한 총력을 기울여 작품에 몰입해 왔다. 지난 시간은 너무도 처절한 나 자신과의 싸움이었다.

  하나님의 계획, 그 약속의 성취를 고대하지 않았던들 수없이 좌절했을 순간이 너무나 많았다. 이 작품에 대해 거는 기대(믿음)는 세상 전부를 준다 해도 바꿀 수 없는 것이었다. 잠시 머물다 갈 이 세상… 모든 것 다 놔두고 떠나야 할 이 세상… 무슨 미련이 그리도 많은지… 마른풀처럼 떨어질 꽃잎같이 유한한 것이거늘…

  이 책은 세계 복음화를 위하여 이미 예수께서 인류를 위해 십자가에서 돌아가신 '불멸의 사랑과 희생정신'을 수여받아 기록된 문서이다. 지난 시간 속에서 수많은 이의 행로와 그들의 심정을 보고 느끼고 말하고 행동하는 모든 것에 이르기까지, 나의 마음, 생각, 영혼 속에 와닿을 수 있도록 주관해 오신 참사랑과 능력의 하나님께 무안한 감사와 영광을 올려 드린다.

> 내가 너희 무리를 위하여 이와 같이 생각하는 것이 마땅하니 이는 너희가 내 마음에 있음이여 나의 매임과 복음을 변명함과 확정함에 너희가 다 나와 함께 은혜에 참여한 자가 됨이라 내가 예수 그리스도의 심장으로 너희 무리를 얼마나 사모하는지 하나님이 내 증인이시니라 _ 빌 1:7-8.

양해를 구할 것은 여기 실린 글들 가운데에 작자의 승인을 미처 받지 못한 채 실려진 글 부분에 대하여 매우 송구스럽게 생각한다. 그런데 그것이 실례임을 알면서도 그렇게 한 것은 모든 인류에 대한 하나님의 사랑 때문이다.

내가 이 책 속에 다른 분들의 글을 조금씩 첨부하게 된 까닭은 그동안 하나님을 떠나 고통 가운데 처한 인류에게 지구 만상의 문제와 해결책을, 진리 되신 하나님의 말씀과 접목해 선포해야만 했는데, 그러기 위해서는 지금까지 인류의 행복을 위해 기록된 문서(자료)가 필요했기 때문이다.

복음을 전하는 데에 있어 어떠한 면에서 사실 이 부분은 한정되어 있고, 또 그러기에 이 책은 다른 어떤 보통의 책들과는 달리 "복음"이라는 특수한 내용을 다루고 있는 부분이기에 더욱 그러하다. 마치 이러한 경우는 우리가 어떤 중요한 행사나 파티가 있을 때 마침 그곳에 어떤 옷이 내게 꼭 어울릴 것을 발견했다고 할 때, 다른 옷은 눈에 들어오지 않고 오직 그 옷에만 온통 정신을 빼앗기는 것과 같다.

그러므로 복음을 전달하는 표현기법에 있어 그보다 더 우수하고 완전하며 절대적으로 표현해 낼 도리가 없다고 인정되었을 때, 나는 인간의 심사를 만연히 감동케 할 수 있는 그러한 훌륭한 감흥적 글들을 이 책 속으로 흘러 들어오게 할 수밖에 없었음을 고백한다.

이러한 걸작들은 분명 한 사람의 개인의 글이기 이전에 이미 하나님과 이웃에게 드려진 작자의 충정과 중심이 담긴 영원한 하늘의 예물이자 곧, 하나님을 향한 진정한 감사와 고백들이므로 할 수만 있다면 더욱 많은 사람에게 읽히는 것이 하나님의 분명한 뜻이라 여겨졌기 때문이다.

이에 대해 또 한 가지 말할 것은 이 책에 글쓴이의 이름을 기재하지 않게 된 것은, 이 책은 필자를 비롯해 많은 사람의 글과 시, 찬송, 노래 등이 어우러져 한 권의 책으로 완성된 것이기에, 일일이 부분 부분을 나누어 글쓴이의 이름을 표기한다는 것은 무척이나 어렵고 난감한 일이었다.

또한, 그로 인하여 복음을 이해하는 데 있어 조금이라도 지장을 줄 것을 우려해, 뜻이 있는 부분(시, 노래, 간증)을 제외한 나머지 부분은 기재하지 않기로 한 것이다. 모쪼록 복음이 지니고 있는 고유의 특별한 가치와 특성을 감안하여서, 하나님 나라를 위해 감사히 드려질 것이라 믿으며 이분들을 위한 하늘의 큰 상급을 주님께 부탁드린다(본서에 들어간 문서 내용 중 50퍼센트 이상, 필자가 하나님으로부터 직접 감동을 받아 기록했다).

> 전도자는 지혜자이어서 여전히 지식을 가르쳤고 또 깊이 생각하고 연구하여 잠언을 많이 지었으며 전도자는 힘써 아름다운 말들을 구하였나니 진리의 말씀들을 정직하게 기록하였느니라 지혜자들의 말씀들은 찌르는 채찍들 같고 회중의 스승들의 말씀들은 잘 박힌 못 같으니 다 한 목자가 주신 바이니라
> _전 12:9-11.

성 어거스틴은 그의 책 『참회록』에서 하나님 나라의 '일'에 대하여 다음과 같이 설명한다.

"사람들 앞에서 어떤 일이 옳게 보이건 그것이 무슨 상관이 있겠습니까? 사람들 앞에서 옳게 보이는 일도 주님에게는 얼마든지 잘못된 일일 수도 있고, 사람들 앞에서 잘못되어 보이는 일도 주님에게는 얼마든지

옳은 일일 수 있기 때문입니다.

그러므로 주님께서 우리에게 별안간 전에 없던 일을 명한다고 하더라도 그리고 꿈에도 생각할 수 없었던 일을 명한다고 하더라도 우리는 주저 없이 행해야 할 것입니다. 나아가서 설사 그 명령이 인간 사회의 윤리 기준에 어긋난 것이라 하더라도 우리는 주님의 명령이란 사실 하나만 두고서도 주저하지 않고 실행해야 할 것입니다.

이는 주님을 섬기는 사회만이 바른 일을 구현할 수 있게 되고 주님의 명을 따른 자만 복을 받을 수 있게 될 것이기 때문입니다. 참으로 주님을 섬기는 사람들이 행하는 일은 다 그때에 가장필요한 것들이고, 미래에 필요한 것까지도 제시하여 줍니다."

성경에는 이미 하나님께서 당신의 뜻을(세계 복음화) 이루기 위하여 종종 인간 사회의 윤리 기준에 어긋난 일들마저도 그의 백성들과 함께 이루어 오심으로써, 그분의 거룩하신 뜻(사랑)은 모든 만물 위에 먼저 계시며, 또한 하나님의 계획은 이 세상의 그 어떤 법보다 위에 계심을 성경을 통해 보여 주고 계신다.

천재는 태어나는 것이 아니라 만들어진다

단순히 웩슬러 검사와 같은 지능검사로 천재와 영재를 구별해 내는 시대를 지나 지금은 다중지능 시대!

2006년 가을, 천재들을 연구한 논문을 최초로 집대성한 책이 《케임브리지 편람》이라는 이름으로 출간됐다. 편집을 맡은 미국 플로리다 주립대의 심리학 교수인 앤더스 에릭슨은 "천재는 태어나는 것이 아니라 만들어진다."라고 주장했다.

이 책에서 과학자들은 천재는 1퍼센트의 영감, 70퍼센트의 땀(노력), 29퍼센트의 환경과 가르침으로 만들어진다고 분석했다. 예술과 과학 분야에서 위대한 성취를 이룩한 사람들의 IQ는 115-130 정도로 보통 사람들보다 약간 높은 수준에 불과하다고 한다. 전 인구의 14퍼센트에 해당하는 숫자인데 이론적으로 100명당 14명 정도 사람들이 세계적인 업적을 낼 수 있는 지능지수를 갖췄다는 말이 된다.

실제로 천재들은 보통 사람들보다 다섯 배 정도 더 많은 시간과 노력을 쏟아부어 위대한 업적을 드러낸 것이다. 이 말은 천재들은 반드시 좋은 머리를 가지고 태어나는 것이 아니라 자신만의 땀과 노력으로 이룬 결과임을 알 수 있다. 그러나 아무리 노력하더라도 좋은 환경과 가르침이 없으면 천재가 될 수 없다.

만약 천재적인 잠재력을 가지고 태어난 아인슈타인에게, 잠재적인 재능을 발견할 수 있는 좋은 만남의 축복과 자기 계발이 없었다면 그는 평범한 사람으로 사라졌을 것이 틀림없다. 이상에서와 같이 천재가 되려면 좋은 환경이 절대적으로 필요하고, 창조적 노력을 갖춘 훌륭한 스승과의 만남이 필요하다. 만남의 축복과 더불어 자기 계발이 절대적으로 필요한 것이다(물론 기도를 통해 응답을 받고 하나님 나라와 그 나라의 확장을 위해).

> 그런즉 너희는 먼저 그의 나라와 그의 의를 구하라 그리하면 이 모든 것을 너희에게 더하시리라 _마 6:33.

많은 이가 천재적인 재능을 가지고 최고의 자리의 서길 원할 것이다. 빌 게이츠는 "나는 결코 천재가 아니다. 다만 항상 변화를 시도했을 뿐이다."라고 했다. 항상 변화한다는 것은 자기 관리를 통한 자기 계발을 의미하는 것이다. 지금 사람들에게 필요한 것은 자기 관리를 통한 자기 계발에 성공하는 것이다.

카네기의 성공철학을 엮은 『생각하라 그리고 부자가 되어라』라는 책에 드라마틱한 일화가 있다. 신출내기 잡지사 기자였던 나폴레온 힐이 카네기의 성공담을 듣기 위해 인터뷰를 하러 갔다. 당시 거대한 철강 산업을 일으켜 막대한 부를 이룬 카네기는 성공철학을 완성할 수 있는 적임자를 찾고 있던 중이었으며, 이미 250명 이상의 젊은이들과 면담을 끝낸 상태였다. 카네기는 힐이 오랫동안 찾던 성공철학을 정리할 수 있는 적임자인지를 알아보기 위해 테스트를 시작했다.

"이 일을 맡아서 끝까지 완성할 자신이 있습니까?"

"예."

곧이어 카네기는 두 번째 질문을 던졌다.

"내 성공철학을 완성할 기회를 준다면 아무런 보수도 받지 않고 20년이라는 세월을 당신의 힘으로 생활하면서, 그 세월 동안 성공과 실패의 원인에 대한 연구에 기꺼이 바칠 수 있겠습니까?"

힐은 충격을 받았지만 잠시 생각한 후 대답했다.

"그렇게 하겠습니다."

카네기는 질문을 하면서 스톱워치를 손에 쥐고 있었고, 대답을 듣기 위해 정확히 60초를 정해놓고 있었다. 그리고 힐이 실제로 대답하는 데 걸린 시간은 29초였다. 카네기는 비로소 뚜렷한 목표와 결단력을 가지고 대가를 바라지 않으며 목표를 달성하려는 '천부적인 그릇'을 찾게 된 것이다.

나폴레온 힐은 카네기로부터 다양한 지식을 얻었다. 그 결과로 탄생한 책은 전 세계적으로 엄청나게 팔렸으며 힐을 돈방석에 앉혀 놓았다. 많은 우여곡절 속에서 실제로 이 책이 세상 밖으로 나오는 데 걸린 시간은 20년이었다.

"스스로 할 수 있거나 꿈꾸는 일이 있거든 당장 추진하라. 대담함 속에는 재능과 힘과 신비함이 모두 깃들어있다."

이는 괴테의 말이다. 그의 말대로 당장 추진하고자 하는 의욕은 인생의 행복과 성공을 기약하는 중요한 요소임이 틀림없다.

오그 만디노의 소설 가운데 『아카바의 선물 중: 세상에서 가장 위대한 기적』에 나오는 주인공 '시몬 포터'는 하나님으로부터, 인생의 문제에 대한 특별한 해결 방안을 찾지 못한 채 무지 속에 살아가고 있는 사람들에게, 살아있는 하나님의 희망 메시지를 전파하라는 특명을 받고 지구상에 파견된다. 그는 소설 속에 등장하는 작가 '오그 만디노'와의 만남 가운데서 이와 같이 말한다.

"하나님께서 우리에게 의사를 전달하기 위해 자주 인간의 역할을 하시는데 이것은 하나님도 인간 없이는 어떤 일도 할 수 없으며, 그의 기적은 언제나 인간을 통해 나타나기 때문이다. 이 세상의 책들은 각각 나름대로 이 세상의 가장 위대한 기적의 일부분을 설명해 주고 있는데 어떤 음악, 예술작품, 소설과 희곡들은 작가에 의해 만들어진 것이 아니라 하나님에 의해 만들어졌으며, 우리가 작품을 만들었다고 생각하는 사람들은 하나님께서 우리에게 의사를 전달하기 위해 고용한 사람일 뿐이다."

이런 연유로 인해 시몬은 하나님의 지시에 따라 하나님의 교시가 깃들어있는 산더미 같은 책 속에서, 수천 톤의 바위를 녹여 한 덩어리의 금을 만들 듯 그 정수만을 뽑아 중계자를 생략한 채 하나님의 직접적인 전달체를 만든다. 그리고 이 전달체를 통해 비참함과 불행함을 느끼면서도 그런 생활을 계속하는 사람들에게 새로운 희망의 신념과 방향을 주입해 죽음과도 같은 생활에서 벗어나, 영원한 기쁨을 누리게 하는 세상에서 가장 위대한 기적을 일으키게 한다.

오그 만디노는 시몬에게 이 일에 대하여 사람들이 불경하다고 생각하지 않겠냐고 하자, 그는 다음과 같이 자신의 입장을 표명한다.

"절대로 불경이 아니다. 불경이라고 하는 것은 하나님의 일을 조롱하거나 모욕하는 것이다. 내가 행하는 것은 사랑과 경의에 의한 것이지 결코 나 개인의 이익을 위한 것이 아니다. 지금 현재(수십 년 전) 우리나라에서 950만 명 이상이 자살을 시도할 것이며, 그중에서 백 명 이상이 성공할 것이며, 여기에다 40명의 새로운 마약 중독자가 앞으로 24시간 이내에 생길 것이며, 37명이 알코올 중독으로 죽게 되고, 거의 4천 명 이상의 새로운 정신질환자가 생길 것이다.

이 사람들은 자신이 놀라운 피조물임을 조금도 이해하지 못하고 있다는 것을 증명해 주고 있는 것이 또 있는데, 다음 24시간 이후에는 거의 6천 명에 이르는 병들고 방황하는 사람들이 과음과 경범죄로 체포될 것이며, 150명 이상이 과속으로 생명을 잃거나 다른 사람의 죽음을 유발할 것이다. 이 일은 미국은 물론 세계적으로 점차 증가하고 있다."

만약 어떤 책이 하나님의 손길에 의해 인도된 작가가 쓴 것인지를 알 수 있는 사람이라면 그 사람은 틀림없이 하나님의 특별한 친구일 것이다. 지금껏 이 책이 나오기까지 나에게 참 복음과 하나님의 무안한 사랑과 능력을 깨닫도록 영감과 도전을 주신 많은 목사들님과 성도님들께 진정으로 감사를 드린다.

또한, 영적인 문제로 신앙의 침체기 속에서 어려움을 겪고 있을 때 만남의 축복을 갖게 된 교우님들의 아낌없는 관심과 기도 속에서 진행되게 됨을 감사드리며, 아울러 쉽지 않은 결정이었음에도 불구 하나님의 기쁘신 뜻에 따라 이 책의 출판을 감행해 주시고 수고해 주신 밀알서원 대표님과 가족 여러분들께 진실로 감사의 말씀을 전한다. 역시 이분들에 대한 하늘의 큰 상급을 기도드린다.

이 책의 출판은 그동안 세계 복음화의 영적인 전쟁에 참여해 주셨던 이 땅의 모든 그리스도인의 공로이다. 그분들께 감사를 드린다. 그분들이 하나님께서 공급하시는 영감으로 기도하지 않고 또 글을 써 주시지 않았더라면 이 책을 완성하기에 앞으로 얼마만큼의 시간이 더 소요될지 모른다(이 책은 앞으로 약 5~6부까지 더 출간될 예정이다).

세계 복음화를 앞당기기 위하여 하나님께서 이 같은 일들을 각자에게 맡기셨다는 사실은 실로 감동적이지 않을 수 없다. 저 '은밀하고도 낮은 자리'에 숨기어진 주 예수님을 닮은 헌신자들에게 이 지면을 빌어서라도 깊은 감사를 드린다. 다시 한번 이분들에 대한 하늘에서의 큰 상급을 부탁드릴 따름이다.

또한, 지난 시간 동안 어려움 속에서 이 책을 위해 많은 날을 수고와 격려로 함께 해 주신 사랑하는 나의 남편과 두 자녀 그리고 양 가족 모든 분께 깊은 감사를 드리며, 특별히 부족한 딸자식을 위해 많은 나날을 눈물로 기도하시며 애써 주신 세상에서 가장 사랑하며 존경하는 나의 어머니께(2022년 작고하심)이 지면을 빌어 감사의 말씀을 올려 드린다. 계속해서 알게 모르게 이 일을 위해 도움의 손길로 함께해 주신 친구 … 지인 여러분 모두께 깊은 감사의 말씀을 전하며 마지막으로 지금까지 이 일을 계획하시고 특별한 은혜 가운데 세밀히 인도하신 사랑의 하나님께 모든 영광을 올려 드린다. 할렐루야!!

우리 하나님의 긍휼하심과 은혜, 동행, 역사하심이 없었다면 결코 오늘에 있어 이 책은 완성되지 못했을 것이다. 다시 한번 이 모든 것이 완전하신 하나님의 계획 속에서 인도받게 되었음을 고백하며, 앞으로 계속 발간 되어질 "하나님으로부터 걸려 온 전화"를 통해 지금껏 진리를 찾아 헤매이던 갈급한 영혼들이 인생 모든 문제 해결자 예수 그리스도를 영접하여, 하나님이 주시는 영원한 축복에 참여할 수 있게 되기를 간절히 소원한다. … 이어지는 '천명을 받들어' 편을 통해 이 책을 쓰게 된 배경과 경위를 전함으로 본서를 모두 마친다.

- 👍 추천 영상/내가 매일 기쁘게/살아계신 하나님을 만난 사람들의 이야기/길요나 목사/하나님께서 나를 부르시는구나
- 👍 추천 영상/새롭게 하소서/이상준 목사/인생의 바닥, 깨질 때는 바싹 깨져야 하는 이유

'이 책'을 쓰게 된 경위, 발단

천명을 받들어- 가라, 니느웨로!
하나님의 명령이었다. 28년 전 하나님께서 내게 오사 이 책을 쓰라고 명령하셨다. 얼마동안이었을까… 얼마간의 실랑이가 있었고, 그러나 그것은 이내 묵살되고 말았다.
'천명'을 거부할 자 누구이겠는가!
1996년 7월, 그날 이후… 흘러간 시간이 한 편의 파노라마처럼 가슴을 훑고 지나간다. 지난 모든 시간이 그러한 것처럼, 흘러간 세월은 어느 한 곳에 정체된 듯 바로 엊그제 일같이 느껴지기도 하고, 또 반대로 아득한 옛일처럼 여겨지기도 한다.

> 여호와의 말씀이 아밋대의 아들 요나에게 임하니라 이르시되 너는 일어나 저 큰 성읍 니느웨로 가서 그것을 향하여 외치라 그 악독이 내 앞에 상달되었음이니라 하시니라 그러나 요나가 여호와의 얼굴을 피하려고 일어나 다시스로 도망하려 하여 욥바로 내려갔더니 마침 다시스로 가는 배를 만난지라 여호와의 얼굴을 피하여 그들과 함께 다시스로 가려고 배삯을 주고 배에 올랐더라 여호와께서 큰 바람을 바다 위에 내리시매 바다 가운데에 큰 폭풍이 일어나 배가 거의 깨지게 된지라 _욘 1:1-4.

죽고싶어도 죽을 수도 없었고, 도망치고싶어도 도망칠 수도 없었다. 도망쳐 살아가다 어김없이 잡혀 들어와 난 또다시 하나님의 말씀을 대언해야만 했다. 방황할 때(십 수년 전) 자동차 사고가 세 번 났었다. 도합 세 번 모두 폐차했으나 내 몸엔 뼈 하나 금 간 곳이 없고 피 한 방울 나지 않고 멀쩡했다.
어떻게 이런 일이 있을 수 있을까! 졸음운전 속에서 1차선에 주차해 놓은 8톤 트럭을 들이받기 직전 0.0001초의 찰나에 눈을 떠 정면을 들이받지 않고 가까스로 측면을 들이받으므로 구사일생한 나의 목숨! (정면으로 충돌할 경우, 마치 유리 조각처럼 트럭 밑으로 빨려 들어가 오징어포가 되어 버린다) 그 이전에도 이후에도 수십 번(그 이상)도 더 요단강을 건널 수 있었던 순간에 나의 생명을 건져 주신 하나님, 이유는 무엇일까?

속 핀까지 촘촘히 꼽아가며 썼던 가발이 벗겨져 나가고, 안경이 박살 날 정도의 충격이었음에도 내 몸엔 자그마한 타박상에 그쳤다. 한 번은 난간으로 추락할 때 머리에 꽂았던 머리핀이 차면 어딘가에 부딪히면서 쇳덩이 부분이 떨어져 나갈 정도로 엄청난 파열이 발생했음에도 이 역시 내 머릿속은 멀쩡했다.

너무도 신기해 난 이 머리핀을 지금까지 보관하고 있는데, 나의 뇌는 강철도 아닌 것이 피 한 방울 흘러내리지 않고 뼈 한 군데 금 간 곳 없이 너무도 멀쩡한 것이다 (차량 자체가 안팎으로 처참히 뭉개졌다는 것은 두말할 필요가 없다). 그것은 과학적으로나 상식적으로나 도저히 납득할 수 없는 상황이다. 이 핀(쇠)은 성인 남자가 날 선 도끼를 이용해 위에서부터 이래로 있는 힘껏 내리쳐야만 떨어져 나갈 수 있는 것이기에! 부딪히는 찰나 그 순간, 주의 천사가 내 머리와 핀 사이에 강력한 보호막을 형성해 머리통이 부서지지 않도록 특단의 조처를 한 것이다. 한마디로 초비상 사역이 그 날밤 그 시각에 일어난 것이다. 모함 속에서 사자 굴에 던져진 다니엘을 주의 천사가 그 맹수들의 입에서 그를 넉넉히 구원해 냈던 것처럼, 풀무불에 내던져진 다니엘의 세 친구가 그들의 솜털 하나, 머리털 하나 상하지 않고 그 무시무시한 용암 속에서 되살아나오게 된 것처럼…

후에 어떤 영상 하나를 봤다. 마네킹의 가슴에 넥타이 핀을 꽂은 채 그대로 돌진 … 충돌했을 때 어떤 일이 벌어지는가 하는 실험이었다. 넥타이핀이 그대로 가슴팍을 뚫고 들어가면서 이것이 내장까지 급격히 파괴하는 영상이었다. 고개를 돌렸다. 과연!! 내가 살아난 것이 어떤 기적 속에서 살아난 것인가를 재확인받았다.

그런 상상을 해봤다. 너무 힘들 때 ⋯ 기차 레일 위에 누워 달리는 열차가 내 몸 위를 지나가, 온몸의 모든 뼈와 살이 다 부서지고 찢겨 가루가 된다고 할지언정, 하나님께서는 그 모든 걸 하나하나 붙이고 조립하여 다시금 초기화해 날 내 책상 앞에 데려다 놓으실 거라는 것(물론 하나님은 눈 깜짝할 사이, 0.0000001초 이내에 그렇게 하실 것이다).

그렇게 나는 죽지도 못하고 도망치지도 못했다. 하나님의 명을 어기고 다시스로 도망한 요나가 물고기 배 속에서 삼일 밤낮을 거의 죽었다 되살아나와 다시 니느웨로 가 회개의 복음을 전할 수밖에 없었듯이, 나 역시 하나님의 레이더망에서 한 발짝도 벗어나지 못하고 온전히 사명을 감당해 내야 했다(그 속사정을 누가 다 알랴).

마침내 드러난 사랑(공의)의 메시지!

이토록 모든 것이 전면에 드러난 적은 일찍이 세상 가운데 없었다. 제1부는 단지 시작에 불과할 뿐 지금껏 세상 역사 속에 감추고 드러나지 않은 모든 부분을 하나님께서는 가마니 속에 숨어있는 벌레들을 들추어내듯 '본서'를 통해 낱낱이 다 드러내 보이실 것이다. 마지막 때에 이르러 온 세계만방 땅끝까지 이르러 하나님께서는 세상 속 모든 중심에 당신이 오롯이 건재해 계시며, 세상 모든 나라, 왕, 족속들, 그들 머리 위에서 세계역사를 통치- 역사하고 계시며 인간 한 사람 한 사람 모두의 '생-사-화-복'을 주관하시는 주권자가 되심을 선포하고자 하시는 그 뜻, 그 계획을 누가 감히 변경하고 변개할 수 있으랴!

이 이야기를 재차 강조하는 까닭엔 이유가 있다

누구든 이 일(세계 복음화)에 대하여 하나님의 동역자(전도자)가 되어야 하기에 그렇다(이 일에 대하여 앞에서 자세히 설명했다). 이 책에 실려진 글에 대하여(신자, 불신자 모두) "어, 이 글 내가 쓴 글이네?" 하면서 '저작권'을 주장하는 일이 있어서는 안 된다는 말을 전하기 위해서이다. 왜냐, 그 글들은 하나님께서 마지막 때를 겨냥해 세상의 하나님 떠난 많은 사람을 추수하기 위하여 성령을 통해 각 사람에게 영감과 감동을 주사, 그때그때마다 특별한 메시지들을 기록하도록 하신 것이기에 그렇다.

누가 사람을 만드셨는가? 하나님이다.

소유자는? 하나님이시다. 사람 속에서 나온 것, 그 역시 하나님의 것이라는 뜻이다. 그런데도 혹여 이 일에 대하여 저작권 시비로 왈가왈부하는 일이 발생할 경우, 그건 나(필자)를 상대로가 아닌 주인(하나님)을 상대로 대응하고 있다는 사실을 필히 기억해야 하는 것으로, 이에 대해 일어나는 불미스러운 모든 상황에 대해서는 사람 스스로 책임을 져야 한다는 사실이다.

누가 주의 앞길을 막아서고 누가 그의 계획을 수포로 만들어버릴 수 있는가!

벽돌 한 장 한 장이 모여 거대한 건축물을 이루고, 세포 하나하나가 모여 사람이 되며, 원자 하나하나가 모여 거대한 세계(우주)를 이루듯 단어 한 자 한 자가 모여 한 권의 성경이 되고, 많은 사람의 글이 한 데로 모여 오늘 이 문서가 사람 살리는 책으로 탄생하며 이제 이것을 통해 하나님께서는 온 세계 속에 당신의 살아계심과 영예를 만방에 선포하고 계심이다.

땅끝에서부터 땅끝까지 흩어진 주의 백성들을 불러 모아 천국으로 들이시고자 함이다. 이날을 위해, 이 마지막 때를 위해 하나님께서는 만반의 준비를 끝내시고 이제 우리 각 사람 각 사람을 초청하고 계심에 세상은 마침내 기쁨과 환호 속에서 주 여호와를 뜨겁게 뜨겁게 영접하게 된다!

이를 위해 이 작고 보잘것없는 인생들이… 하나님이 거두시기 전에는 한낱 우주 속 떠도는 먼지처럼 의미 없이 사라져 갈 존재들이… 그의 나라와 영광을 위해 쓰임 받는 중요한 일꾼이 되고, 각각의 선지자들이 되어 그의 계획안에 부르심 받았다는 사실 자체가 얼마나 크고 놀라운 영광이 됨인가!

> 땅의 모든 끝이 여호와를 기억하고 돌아오며 모든 나라의 모든 족속이 주의 앞에 예배하리니 나라는 여호와의 것이요 여호와는 모든 나라의 주재심이로다
> _시 22:27-28.

'하나님으로부터 걸려 온 전화' 작자 미상으로 출간된 이유

앞에서 말한 그 모든 사실과 관련해 이 책을 '노네임(작자 미상)'으로 출판한 이유에 대해 잠깐 이야기를 전하면 … 이 책의 저자는 하나님이기 때문이다. 성경이 많은 기자에 의해 기록되었으나 원저자가 하나님이셨듯이, 이 책 또한 마찬가지로 원저자는 하나님이시다. 하나님께서는 당신의 나라와 의를 이루시기 위하여 사람들로 하여 합력하여 선을 이루도록 하셨다. 그러므로 이 일은 단지 부족한 한 사람이 그분의 하신 수많은 일 가운데 잠시 한 부분 도구로 쓰임 받게 된 것의 일부일 뿐 … 하나님의 자리를 가로챌 그 어떤 이유나 명분을 찾지 못했기 때문이다.

사람들은 신격화하길 좋아한다. 우상화하길 좋아한다. 영웅을 만들어 내고 스타를 양산해 내고, 높이 높이 떠받들길 너무너무 좋아한다. 죄다. 그래서 이단이 나오고, 이단 소리를 듣고 사이비 종파들이 일어나 수많은 문제를 일으킨다. 처음에 순수했던 사람도 명성이 높아지고 유명해지기 시작하면 다른 마음, 이상한 생각이 점차 그 안에 자리 잡기 시작한다.

그것이 죄인(인간)이 갖는 첫 번째 속성이다. 첫 마음, 지고했던 그 순결한 지향은 온 간데없이 사라지고 자신이 조금만 높아진다고 여겨지면, 어느 사이엔가 하나님의 자리를 넘보고 그 자리에 앉아 하나님 행세를 하고 있다. 이러한 사실을 우리는 역사 속에서 숱하게 보아왔다.

하나님께 돌아가야 할 영광이 한낱 비천한 인간에게로 향해질 때 그것은 맨 처음 조상 아담이 자신이 있어야 할 자리를 망각하고, 하나님의 보좌를 넘봤을 때의 모습과 하등 다르지 않다. 또한 이 원초적 죄는 한 발 더 거슬러 올라가 – 찬양을 담당하던 천사장이 타락해 사탄이 되었던 것처럼, 각자의 본분과 위치에서 이탈되면 죄다. 잊지 말아야 할 것은 그것이 영원한 멸망의 시초가 된다는 점이다.

노네임으로 출간되어야 할 이유 … 더 이상 장황히 설명하지 않아도 충분하리라 본다. 홍성건 목사의 -올바른 권위자의 신임장- 이 설교 영상을 통해 "하나님 나라의 일과 그 뜻"에 대해 보다 정확히 보게 되는 눈이 열리게 될 것이다.

- 👍 추천 영상/홍성건 목사/올바른 권위자의 신임장
- 👍 추천 영상/피난한 자들의 하나님/고성준 목사/피할길 없는 밑바닥에서 정신차리고 기억할 것들!!

이에 대하여 모든 이의 이해와 용납이 되어야 함은 물론, 이 일이 하나님의 분명한 뜻인 이상 단지 심부름꾼에 불과한 '한 사람(필자)'에 대하여 세상과 언론은 일체 그 어떤 궁금증과 관심을 두지 말아야 한다는 점과 이 책을 통해 앞으로 많은 이들이 하나님께로 돌아오게 될 때… 그때에 모든 영광을 오직 살아계신 우리 하나님께만 올려드리길 바란다. 다만 인간 그간의 수고와 노고에 대하여는 마땅히 순전한 감사와 고마움이 있어야 할 것이며, 더불어 이 사명을 온전히 마치는 그날까지 또 주님 오시는 그날까지 모든 이 땅의 교회들은 함께 기도와 격려로 성령 안에서 세계 복음화를 위해 뜨겁게 동참해야 할 것이다.

때가 아직 낮이매 나를 보내신 의의 일을 우리가 하여야 하리라 밤이 오리니 그때는 아무도 일할 수 없느니라 _요 9:4.

> 우리는 하나님의 동역자들이요 너희는 하나님의 밭이요 하나님의 집이니라
> _고전 3:9.

하여, 이에 대하여 다시 한번 말할 것은, 이 책(저자)에 관한 모든 사적인 관심과 취재는 어떤 식으로든 일절 시도하지 말아야 한다는 점과 이것은 하나님의 분명한 뜻인 동시에 또한 명령이고, 그 명령에 대한 불복종은 곧 앞으로 그 불복종을 저지르게 될 이들에게 미칠 모든 불미스러운 일들에 대하여 스스로 책임을 져야 한다는 사실과 성령의 뜻을 거스름으로 인해 오는 그 어떠한 불이익이나 불명예를 단 한 사람도 받지 않게 되기를 간절히 바란다. 생사화복을 주관하시는 분, 하나님이시란 것이다.

이 같은 사실을 깨달은 만물은 하나님 앞에 잠잠하며 그의 은총을 기다려야 한다. 더불어서 한 가지 더 공포할 것은 이같이 하나님이 뜻하시고 계획하신 이 같은 일(책)은, 지구상에 딱 한 번 주어진 "전무후무한" 일로 혹여 이 비슷한 일이 무지한 사람들에 의해 모방되거나 흉내 내는 사례가 결단코 나와져서는 안 된다는 것을 엄포하는바, 만일에 그와 같은 일들이 자행된다고 할 때 하나님께서는 그 일과 그 사람에 대하여 그 어떤 책임도 져 주지 않을 것은 물론, 그것은 온 세상 만방에 조롱거리가 될 뿐이고, 약속받지 못한 일에 대해서는 모든 책임을 스스로 감내해야 한다는 점을 재차 공포한다. 하나님은 절대 속지 않으신다. 우리는 그 사실에 대하여 우리 모두 뿌리 깊은 인식(각인)을 해두어야 할 필요가 있다.

> 누구든지 내 이름으로 전하는 내 말을 듣지 아니하는 자는 내게 벌을 받을 것이요 만일 어떤 선지자가 내가 전하라고 명령하지 아니한 말을 제 마음대로 내 이름으로 전하든지 다른 신들의 이름으로 말하면 그 선지자는 죽임을 당하리라 하셨느니라 네가 마음속으로 이르기를 그 말이 여호와께서 이르신 말씀인지 우리가 어떻게 알리요 하리라 만일 선지자가 있어 여호와의 이름으로 말한 일에 증험도 없고 성취함도 없으면 이는 여호와께서 말씀하신 것

이 아니요 그 선지자가 제 마음대로 한 말이니 너는 그를 두려워하지 말지니라 _신 18:19-22.

진짜 내 것! 그것은 이 세상에는 없다. 세상에 올 때 우리는 덩그러니 몸 하나 가지고 왔다. 그 몸, 앞으로 주인에게로 돌아가게 할 것인지, 아니면 다른 곳으로 가게 할 것이지는 순전히 우리 선택에 달려있다. 하나님의 손 잡아드리기를 원한다. 그분께로 돌아가기를 바란다.

하나님께서 사랑하는 그의 자녀들에게 베풀어 주시는 사랑의 속삭임! 그 영원한 사랑의 축제로 들어가 그분이 주시는 가히 놀랍고도 기이한 은총을 우리 모두 마음껏 누리는 축복의 사람들이 되길 두 손 모아 기도한다.

- 2부에서 계속

책을 펴내면서

눈이 부시게 푸르른 어느 여름 오후, 보랏빛 머플러를 흩날리며 궁남지 연꽃 축제 속으로 나도 그렇게 물결치듯 흘러 들어갔습니다. 한들거리는 바람 따라 나부끼는 수많은 연꽃들의 자태가 그날따라 유난히 가슴에 와닿았던 순간이었습니다. 평화! 그것은 평화이었겠죠. 그러나 그것은 평화만은 아니었습니다. 무슨 이유로 자연은 저토록 아름다움을 발산하고 있는지,

저 많은 사람 가운데 그 까닭을 아는 사람이 과연 얼마나 될지를 생각하니 가슴이 미어지는 듯 휘청거렸습니다. 그 뿌연 베일의 장막이 걷힌 지 어언 28년의 세월이 흐른 지금 이 순간까지 참 많이도 흘린 눈물이었지만, 그날도 나의 가슴에선 여지없이 뜨거운 눈물이 골을 타고 흘러내렸습니다.

……….

나의 발걸음을 멈추게 하는 화폭과도 같은 한 풍경이 있었습니다.

새끼오리와 병아리, 이런 앙증맞은 것들이 올망졸망 모여서 어미와 더불어 모이를 쪼아대며 서로 부대끼는 모습이 너무도 정겹고 나사로와 그만 목이 콱 메어왔습니다. 왜 그 화평스러운 풍경 속에서 목이 메어왔냐고요? 있지요. 이유가 있지요.

어느 날 난 인간의 이기가, 인간의 사욕이 극치에 다다라 하늘의 저주를 불러오고 있는 한 광경을 목격했기 때문이랍니다. 연분홍빛 고기 살을 쳐드시기 위해 인간들은 태어난 지 하루도 채 안 된 송아지를 어미 소와 격리시켜, 그 애절한 울음소리를 뒤로한 채 끌어다 폭 60cm도 안 되는 틀 속에 가둬놓고(앉지도 못한 채) 온갖 약물을 투여하며, 몇 주간 고통을 준 뒤 결국은 인간님들의 고귀한 미각을 만족시켜 드리기 위해 처참히 사라져 간 송아지들의 슬픈 눈망울이 자꾸만 생각났기 때문이랍니다.

그런데 내 눈앞에 보이는 저 사랑스러운 것들은 참 주인을 잘도 만나 마냥 행복해하고 있으나, 반면 그 여린 송아지들은 지지리도 주인을 잘못 만나 지금도 도축장의 어딘가에서 비운의 죽음을 맞이하고 있을 모습들이 너무 대조 있게 교차되면서,

진정 인간의 참 주인이신 하나님을 모르는 인생들 또한 저 악독한 소 주인과 같이 자신들의 운명을 사로잡고 있는 흉악한 마귀에게 붙들려, 이 땅에서도 처참히 고통받다 결국엔 마귀 따라 지옥에 가 심판받게 될 것을 생각하니 어찌 같은 인간으로서 가슴이 메이지 않을 수가 있었겠습니까!

그날 난 어느 슬픈 여인의 울음 진 고백을 들었습니다.

결혼 후 이유 없이 반복되는 남편의 모진 구타를 견디다 못해 끝내 돌이 갓 지난 아들아이를 떼어놓고 나온 세월을 회상하며, 비록 죄인이지만 언젠가는 그 아들을 멀리서나마 볼 수 있게 되기를 바란다며 흐느끼는 한 여인의 한 서린 눈동자를 보았습니다.

아직도 그때의 후유증으로 몸이 많이 불편하다고 했습니다.

막걸리 한 잔씩을 나눠 마시며 나의 가슴에도 한가득 눈물이 고여 들었습니다. 그 아이가 벌써 스무 살이 넘었을 거라며 앞으로 자신에게 돈이 생긴다면 그 아이에게 모두 주고 싶노라며, 혹 자기가 일찍 죽게 된다면 그 일을 내가 대신해 줄 수 없겠냐며 내 손을 꼬옥 잡았습니다. 자식 잃은 어미와 어미 잃은 자식이 그렇게 오랜 세월을 떨어져 살던 그 한이 고스란히 술잔에 떨어져 내리자 여인은 떨리는 손으로 술잔을 비웠습니다. 그래서 나는 말했습니다. 기다리라고! 기다리다 보면 언젠간 반드시 그때가 오지 않겠냐고! 모자가 상봉하는 그날을 하나님이 반드시 준비하셨을 거라고 …

'존재의 이유'란 노래가 한없이 듣고 싶던 비 개인 날의 오후였습니다.
 하나님께서 하나님 떠난 인생을 각자 그토록 만나시기를 학수고대하고 계심을 알고 있었기에... 그날 난 집에 돌아와 '존재의 이유'를 틀어놓고 한참을 울었습니다. 그 아이는,
 이미 장성해 버린 그 아이는 그동안 자기를 떠나버린 엄마를 얼마나 오랜 시간 그리며 또 원망을 하면서 살았을까를 생각하니 가슴의 먹구름이 걷히질 않았습니다. 어머니의 슬픈 사연 다 모르고 얼마나 많은 시간 긴 고독과 외로움에 떨어야 했을까요.

 모르시지요. 당신이 바로 그 아이인 것을. 모르시지요? 당신이 바로 그 비운의 아이인 것을!
 무슨 말이냐고요? 네, 그러시겠죠. 그러실 밖에요. 네, 당신은 정녕 꿈에도 몰랐을 겁니다.
 당신의 영적 부모가 악한 자 마귀이며, 당신을 지금껏 귀신처럼 감쪽같이 속여왔다는 사실을. 네 그렇습니다. 그는 정말 귀신 같이 가 아니라 진짜 귀신이었던 것입니다. 마치 자기 존재는 절대 존재하지 않는 양 인간을 두 눈 다 멀쩡히 뜨게 한 채 속여온 것이지요.
 웬 자다가 봉창 두드리는 소리냐고요?
 글쎄요. 자다가 봉창 두드리는 소리인지 아닌지는 더 두고 보면 알게 될 것입니다.